# 金融机构党建
# 与科技创新

《金融机构党建与科技创新》编写组 ◎ 编

中国财经出版传媒集团
中国财政经济出版社

## 图书在版编目（CIP）数据

金融机构党建与科技创新 /《金融机构党建与科技创新》编写组编 . -- 北京：中国财政经济出版社，2023.1

ISBN 978 - 7 - 5223 - 1420 - 4

Ⅰ.①金… Ⅱ.①金… Ⅲ.①中国共产党－金融机构－党的建设－研究 ②金融－科学技术－技术革新－研究－中国 Ⅳ.①D267.4 ②F832

中国版本图书馆 CIP 数据核字（2022）第 075556 号

责任编辑：李昊民　高　青　　责任校对：胡永立
封面设计：关　雪　陈宇琰　　责任印制：张　健

金融机构党建与科技创新
JINRONG JIGOU DANGJIAN YU KEJI CHUANGXIN

中国财政经济出版社 出版

URL：http://www.cfeph.cn
E - mail：cfeph@ cfeph.cn

（版权所有　翻印必究）

社址：北京市海淀区阜成路甲 28 号　邮政编码：100142
营销中心电话：010 - 88191522
天猫网店：中国财政经济出版社旗舰店
网址：https://zgczjjcbs.tmall.com
北京密兴印刷有限公司印刷　各地新华书店经销
成品尺寸：170mm×240mm　16 开　16.25 印张　241 000 字
2023 年 3 月第 1 版　2023 年 3 月北京第 1 次印刷
定价：98.00 元
ISBN 978 - 7 - 5223 - 1420 - 4
（图书出现印装问题，本社负责调换，电话：010 - 88190548）
本社质量投诉电话：010 - 88190744
打击盗版举报热线：010 - 88191661　QQ：2242791300

# 编委会

主　任：陈景武
副主任：霍学文　韩　松　赵玉章　何占峰
编　委：赵维久　卢　杰　蔡子元　孙　达
　　　　叶子鹏　陈世博　杨旭东　高惺惟
　　　　关　雪　何　静　王　朔　陈　静

# 前 言

金融是现代经济的核心,是推动经济社会发展的重要力量。我党历来高度重视对金融工作的领导,特别是党的十八大以来,党中央高度重视金融在经济社会发展中的重要地位和作用,持续深化对金融本质和规律的认识,强调金融回归服务实体经济的本源,中国金融发展取得新的重大成就,金融产品日益丰富,金融服务普惠性增强,金融改革有序推进,金融体系不断完善,金融监管得到改进,守住不发生系统性金融风险底线的能力增强,为持续推动经济发展质量变革、效率变革、动力变革提供了重要支撑。这些成就的取得,一个根本原因就在于坚持了党对金融工作的领导。从我国的金融改革发展实践看,正是因为党的坚强领导和正确指引,我国的金融事业才能一次又一次实现跨越发展,才能取得当前的巨大成就。加强党对金融工作的集中统一领导,既是以往我国金融改革发展的成功经验,也是新时代做好金融工作的本质特征和最大优势。

因此,以党建引领金融创新,凝聚金融力量,履行金融担当,推动新型金融机构主动适应新发展格局,是当前金融机构的首要课题。习近平总书记多次强调,做好新形势下金融工作,必须加强党对金融工作的领导,确保金融改革发展正确方向。要加强金融系统党的建设,要增强党领导金融工作的能力。习近平总书记的重要论述为我们深刻把握金融本质和发展规律、进一步做好金融工作提供了根本遵循。

习近平总书记在党的二十大报告中指出,"深化金融体制改革,建设现代中央银行制度,加强和完善现代金融监管,强化金融稳定保障体系,依法将各类金融活动全部纳入监管,守住不发生系统性风险底线"。金融业高质量发展的每一步,都必须以坚强有力的党建为保证。金融机构应始终把党的政治建设摆在首位,持续创新党的建设,提升党建工作水平,凝聚起强大的奋进力量，不断开辟金融业高质量发展新境界。首先，要进一步深化理论武装，把学懂弄通做实习近平新时代中国特色社会主义思想作为长期政治任务，作为党委会、党员干部培训及支部组织生活的中心任务，持续推进理论武装走深、走实。既要做到真学真信，又要做到真懂真用，把理论学习与联系实际结合起来，找准党建和业务工作的结合点，推动党建和业务深度融合。把党史学习与习近平新时代中国特色社会主义思想学习贯通起来，强化广大党员干部的初心使命。其次，要进一步突出政治能力建设。提高政治站位，不断增强政治判断力、政治领悟力、政治执行力，善于站在政治立场上用政治眼光观察经济金融问题，以强烈的政治意识和政治责任贯彻落实党中央的大政方针。要将国家战略和金融机构自身可持续发展统筹兼顾，要以越是困难越向前的精神状态，直面金融服务中出现的挑战，彰显金融机构的政治担当。再次，要进一步锻造干部人才队伍。落实好干部标准，严把政治关、能力关、素质关，切实遴选任用那些真心干事、善于干事、干净干事的干部。加强政治历练、思想淬炼、实践锻炼、专业训练，使金融机构事业薪火相传、后继有人。突出实践导向，激励广大党员干部到新发展格局第一线干事创业、担当作为。提升学习能力，增厚党员干部的现代科技素养，更好应用大数据、人工智能等现代信息技术推动金融创新、服务新发展格局构建。最后，进一步落实从严治党要求。始终保持正风反腐高压态势，坚持严字当头、严格监督执纪问责，紧盯重点领域，对违规违纪违法行为"零容忍"。以反复抓、抓反复的韧劲，不断加强作风建设和纪律建设，持续破除形式主义、官僚主义，重点整治那些群众反映强烈、基层反映集中的突出问题，坚持办实事求实效，大兴求真务实之风。

金融机构在落实服务实体经济、防控金融风险、深化金融改革三项任务，实现高质量发展的过程中，还必须高度重视发挥好金融科技的作用。在现代金融活动中，金融科技作为技术驱动的金融创新，是深化金融供给侧结构性改革、增强金融服务实体经济能力的重要引擎。特别是数字经济的蓬勃兴起为金融创新发展构筑广阔舞台，数字技术的快速演进为金融数字化转型注入充沛活力，金融科技逐步迈入高质量发展的新阶段。

党的二十大报告明确提出，要加快构建新发展格局，着力推动高质量发展；实施科教兴国战略，强化现代化建设人才支撑。因此，如何顺应时代潮流，深化金融与科技融合，发挥金融科技的正面作用，同样是目前摆在金融机构的另一项重大课题。目前，我国金融科技发展从星星之火到百舸争流、从基础支撑到驱动变革，呈现出旺盛的生机与活力，有力提升了金融服务质效，高效赋能实体经济，为金融业高质量发展注入充沛动力。但金融科技的发展也同时面临诸多挑战，发展不平衡不充分的问题不容忽视。数字化浪潮下智能技术应用带来的数字鸿沟问题日益凸显，区域间金融发展不平衡问题依然存在，部分大型互联网平台公司向金融领域无序扩张造成竞争失衡，大小金融机构间数字化发展"马太效应"尚待消除，技术应用百花齐放而关键核心技术亟须突破。这些不平衡不充分的问题正是未来一段时期推动金融业数字化发展亟须攻关的重要任务。

鉴于上述思考，本书聚焦金融机构党建和金融科技两大课题，并力求从实务的角度出发，建立起做好金融机构党建和金融科技工作的理论框架和方法论。同时，从大量基层实践中精心挑选了党建和科技创新的优秀案例，期冀对相关理论工作者和实务界人士有所启发，起到借鉴作用。

本书在编写过程中，学习借鉴了一些专家学者的研究成果，在此一并感谢。囿于能力有限，本书必然还存有不少需要改进之处，我们衷心期望读者朋友不吝批评指教。

**本书编写组**
2023 年 1 月

# 目 录

第一章 金融机构党组织概况 / 1

一、金融机构党组织的性质与地位 / 2

二、金融机构党组织设置的原则与程序 / 5

三、金融机构党建现状 / 7

四、金融机构党组织的选举与任期 / 12

五、金融机构党组织的职责与任务 / 15

六、金融机构党建工作存在的问题 / 18

第二章 金融机构党的政治建设 / 21

一、金融机构党的政治建设的内涵 / 21

二、金融机构党的政治建设的意义 / 22

三、金融机构党的政治建设的路径 / 24

第三章 金融机构党的思想建设 / 35

一、金融机构党的思想建设的重要意义 / 35

二、金融机构党的思想建设需要处理几种关系 / 37

三、落实金融机构法制宣传教育责任 / 40

第四章 金融机构党的组织建设 / 43

一、建立严密科学的组织体系 / 44

二、有效扩大金融机构党组织覆盖面 / 45

三、选优配强金融机构各级领导班子 / 47

四、加强金融更高端人才党员发展工作 / 49

五、强化党员日常监督管理，保持党员队伍纯洁性 / 51

六、加强金融机构基层党组织建设 / 53

## 第五章　金融机构党的作风建设 / 57

一、作风建设，必须紧紧围绕保持党同群众的血肉联系 / 58

二、以上率下，严防"四风"反弹，坚决反对特权 / 63

三、坚持开展批评和自我批评 / 71

## 第六章　金融机构党的纪律建设 / 75

一、金融机构党的六大纪律 / 75

二、加强纪律教育，强化纪律执行 / 80

三、抓早抓小，防微杜渐 / 84

四、强化监督执纪问责 / 86

五、夺取金融系统防腐败斗争压倒性胜利 / 88

## 第七章　金融机构党的制度建设 / 91

一、完善和落实民主集中制 / 91

二、加强"三会一课"制度 / 93

三、推进"两学一做"学习教育常态化制度化 / 94

四、完善金融机构学习型党组织建设长效机制 / 96

五、完善金融机构干部考核、激励和容错纠错机制 / 98

六、完善金融机构党建工作考核方法 / 99

七、探索金融机构海外党建工作机制 / 102

## 第八章　金融机构党员干部本领提升 / 104

一、增强学习本领 / 105

二、增强政治领导本领 / 106

三、增强改革创新本领 / 108

四、增强科学发展本领 / 109
　　五、增强依法执政本领 / 111
　　六、增强群众工作本领 / 113
　　七、增强狠抓落实本领 / 114
　　八、增强驾驭风险本领 / 116

**第九章　中外金融科技发展情况及其差异 / 119**
　　一、中国金融科技发展情况 / 119
　　二、国外金融科技发展情况 / 122

**第十章　中国金融科技的未来展望 / 126**
　　一、金融科技发展指导思想与原则 / 127
　　二、金融科技发展六大目标 / 127
　　三、金融科技发展的八个方面 / 128
　　四、金融科技发展的三个注意事项 / 129
　　五、金融科技核心技术及标准自主可控的重要趋势 / 130

**结语 / 132**

## 党建案例篇

党建案例一：胸怀"两个大局"心系"国之大者"　以高质量党建引领
　　　　　　金融业高质量发展
　　　　　　——新时代全国金融系统党建百优案例述评 / 135
党建案例二："一帮一、结对红"　打造"五联共建"党建新模式 / 147
党建案例三：以中台思维推进基层党建数字化、智慧化转型 / 151
党建案例四：以"四个五"为抓手　全方位开创党建工作新局面 / 156
党建案例五：创新党建工作机制　将党支部标准化规范化建设落到
　　　　　　实处 / 160
党建案例六：五步同心强队伍　融入战略促发展 / 164

党建案例七：构建"四梁八柱"党建工作体系　促进党建与业务深度
　　　　　　融合 / 168

党建案例八：坚持党的全面领导　深度融合推动高质量发展 / 172

党建案例九：紧跟新形势　落实新要求　锚定新任务　以党建新成效开创
　　　　　　改革发展新局面 / 176

# 科技创新案例篇

科技创新案例一：元宇宙双碳数字经济与金融科技创新研究 / 191

科技创新案例二：商业银行数据要素价值发掘与探究 / 218

科技创新案例三：数字化经营大潮下如何纵深推进金融科技发展 / 225

科技创新案例四：金融科技支持绿色金融发展研究 / 230

科技创新案例五：利用金融科技支持制造业中小企业发展
　　　　　　　——关于破解制造业中小企业金融困境的思考 / 240

**参考文献** / 247

# 第一章 金融机构党组织概况

金融机构是构建新发展格局的重要组成部分。一方面，在扩大内需战略指引下，金融机构在生产、分配、流通、消费各环节都能够发挥重要作用，通过多层次、广覆盖、有差异的金融体系和融资结构，促进资源要素的流动与配置，服务好供给侧结构性改革主线和扩大内需战略基点，从供需两端升级服务，助力培育完整内需体系，促进需求牵引供给、供给创造需求的更高水平动态平衡；另一方面，在国际大循环背景下，我国金融机构可以立足国内大循环，充分利用国内国际两个市场两种资源，实施更大范围、更宽领域、更深层次的对外开放，进一步拓展跨境金融业务，加强与国际金融机构合作，吸引全球资源要素，促进内需和外需、进口和出口、引进外资和对外投资协调发展，参与和推动全球金融治理机制变革，提高国际竞争力。随着新发展格局的加快构建，我国超大规模市场优势将充分发挥，双循环发展格局也必将有力推动我国经济发展再上新台阶，进而为我国金融机构改革发展搭建良好平台。

金融机构是专门从事货币信用活动的中介组织。我国的金融机构按地位和功能可分为四大类：第一类，中央银行，即中国人民银行。第二类，银行。主要包括政策性银行、商业银行、村镇银行。第三类，非银行金融机构。主要包括国有及股份制的保险公司、城市信用合作社、证券公司（投资银行）、财务公司等。第四类，在境内开办的外资、侨资、中外合资金融机构。以上各种金融机构互相补充，构成了一个完整的金融机构体系。党的十八大以来，我国金融机构改革取得新的重大成就，金融业保持快速发展，金融产品日益丰富，金融服务普惠性增强，金融改革有序推进，金融体系不断完善，人民币国际化和金融双向开放取得新进展，金融监管得到改进，守住不发生系统性金融风险底线的能力显著增强。

习近平总书记在党的二十大报告中指出，严密的组织体系是党的优势所在、力量所在。当前我国社会主要矛盾已经转化为人民日益增长的美好生活需要和不平衡不充分的发展之间的矛盾，随着改革开放的不断深入，市场经济的不断发展，金融机构改革发展面临新的机遇和挑战。新时代新形势下，明确金融机构党组织的性质、设置、选举与任期及其主要职责，确立金融机构党组织在金融治理中的政治核心地位，是新时代中国特色金融机构的本质要求，也是推动金融工作的重大课题。

刚结束不久的党的二十大开辟了马克思主义中国化时代化新境界，吹响了全面推进中华民族伟大复兴的嘹亮号角，擘画了推进中国式现代化的宏伟蓝图，在党和国家发展进程中具有划时代的里程碑意义。随着改革开放事业的深入推进，金融改革和稳定的任务更加艰巨繁重。当前，新一轮机构改革正在稳步推进，银保监会合并已经完成，一批优秀金融干部正在充实到领导岗位上，金融机构党的建设已经置于更加突出的地位，以党建引领金融事业发展正在成为金融机构的普遍共识，也是金融行业必须下大力气研究深化的时代命题。

## 一、金融机构党组织的性质与地位

《中华人民共和国宪法》第一条规定："中华人民共和国是工人阶级领导的、以工农联盟为基础的人民民主专政的社会主义国家。"《中国共产党章程》开宗明义："中国共产党是中国工人阶级的先锋队，同时是中国人民和中华民族的先锋队，是中国特色社会主义事业的领导核心，代表中国先进生产力的发展要求，代表中国先进文化的前进方向，代表中国最广大人民的根本利益。"既然我们国家是工人阶级领导的国家，我们党是工人阶级政党，理所当然，我们党就是执政党，就是中国特色社会主义事业的领导核心。

中国共产党是根据自己的纲领和章程，按照民主集中制原则，由党的中央组织、地方组织、基层组织有机结合起来的统一整体。党的各级组织在整个党的组织体系中，由于居于不同的层次，因而具有不同的、不可相互代替的职责和作用。党的中央组织是领导和团结全党的核心，对全党和全国各个方面的工作实行政治、思想和组织的领导。党的地方组织介于党的中央组织和基层组织中间，在执行中央路线和保证全国政令统一的前提下，对本地区的工作实行全面领导；党的基层组织是贯彻实施党的政策、主张的前沿阵地，是党在社会基层单位中的政治核心和战斗堡垒。党的基层组织包括基层党委、总支部、党支部，党支部处在最基层。党的一切任务的完成，都离不开党支部的卓有成效的工作。离开了党支部，党的领导机关只能是"空中楼阁"，也就失去了维系党的工人阶级先锋队性质的组织基础。

对党组织而言，金融是现代经济的核心，是国家重要的核心竞争力。在社会主义市场经济条件下，党需要有效引导并充分发挥金融在市场经济中的积极作用，将金融资本为我所用，以金融服务来推动实体经济的稳步发展，促进人民群众收入水平的提高和生活质量的改善。对金融机构而言，其生存与发展在很大程度上会受到所处制度环境的影响。每一次党的金融思想的重大转变、党领导下金融体系的重大改革都会对金融机构产生深远的影响，因此金融机构要想在既有的制度环境下取得长足的发展就需要与党的金融思想同步，与党领导下的金融改革合拍，尽可能地争取政治资源的支持，拉动和提升金融机构的自身发展。综上所述，在金融机构中推动党的建设，除了依靠外部压力外，更重要的是寻找内部的需求，将党组织和机构纳入一个开放的系统下，动态地寻找两者之间现实的需求点，以需求为导向去推动金融机构党建的发展。一旦基层党组织发挥自身优势能够满足金融机构在改革、发展过程中的具体需求，它就为自身找到了在系统中持续存在与高效发展的空间。

金融机构党组织是党在金融机构的战斗堡垒。这个"战斗堡垒"包括两个方面的含义，既包括自身强有力的含义，又包括所起作用强有力的含义。前者是后者的内在根据，后者是前者的外在表现。金融机构党组织的"战斗堡垒"地位主要体现在三个方面。第一，贯彻执行党的路线方针政策，保证本单位生产、工作任务的完成。金融机构党组织要保证党的路线方针政策和上级党组织的决定在本单位得到正确的贯彻执行。第二，坚持党要管党、从严治党的原则，加强对党员的教育管理，充分发挥党员的先锋模范作用。金融机构党组织自身建设的内容很多，其中最重要的，就是要把加强对党员的教育管理、提高党员的素质摆在重要位置。因为党组织是由党员组成的，党员是党组织的细胞，党员的素质如何，直接关系到党的性质、党的领导和党的形象。党员能否发挥先锋模范作用，是衡量党支部战斗力的重要标志之一。第三，密切联系群众，做好群众的思想政治工作，调动广大群众的积极性和创造性。党的事业是人民群众自己的事业。因此，金融机构党组织能否把广大群众团结在自己的周围，教育他们正确地认识到自己的根本利益同党的目标的一致性，并把他们组织起来，为实现党的目标而奋斗，也就成为衡量金融机构党组织是否有战斗力的重要标志之一。

坚持党的领导，充分发挥党组织政治核心作用，是我们党改革发展的宝贵经验，也是新形势下加强和改进金融机构党的建设必须坚持的重大原则。无论金融机构的领导体制、经营机制、产权结构和治理结构如何变化，都要始终坚持党对金融机构的领导，充分发挥党组织"把方向、管大局、保落实"的领导核心和政治核心作用。把方向，就是要在思想上政治上行动上同以习近平同志为核心的党中央保持高度一致，坚决维护中央权威，坚决贯彻中央决策部署，确保党的路线方针政策在金融机构有效落地，始终保持改革发展的正确方向。管大局，就是审慎决策事关全局和长远发展的体制机制等重大问题，坚定不移地落实金融机构改革部署，把中央的决策部署与金融机构的工作实际结合起来。保落实，就是要充分发挥党的思想优势和组织优势，充分发挥金融机构党委的领导核心、政治核心作用，各基层党支部的战斗堡垒作用，党员的先锋模范作用，推动金融机构各项决策的全面落地。

## 二、金融机构党组织设置的原则与程序

《中国共产党章程》规定:"企业、农村、机关、学校、科研院所、街道社会、社会组织、人民解放军连队和其他基层单位,凡是有正式党员三人以上的,都应当成立党的基层组织。"党的基层组织,根据工作需要和党员人数,经上级党组织批准,分别设立党的基层委员会、总支部委员会、支部委员会。加强金融机构党建工作,首先要积极倡导"支部建在基层机构"的理念,不断提升基层机构单独设立党组织的覆盖面,确保业务发展到哪里,党的建设就跟进到哪里,党组织的战斗堡垒作用就体现在哪里。

### (一) 金融机构党组织设置的基本原则

金融机构党组织是党实现对金融机构领导的组织基础。金融机构党组织的设置,必须遵循党的执政规律和金融机构的发展规律,充分结合党的建设和金融机构改革发展的新要求,着重把握好三个方面的原则。

一是坚持党的领导。牢牢把握党对金融机构的领导这一原则不动摇,以党章为依据,贯彻新时代党的建设的新任务,加强党的基层组织建设,保证党组织在金融机构的领导核心地位。按照党员人数以及地域和单位设置党支部,是设置党支部的一般原则。按照党员人数设置党支部,可以使基层党的上级组织和下级组织、党组织的领导干部和普通党员保持适当比例,有利于基层党组织的精干高效,有利于基层各级党组织的效能得到充分发挥。同时,要严格按照基层党组织要求,对照政治过硬、作风优良、业务精通的标准,选好、建强基层党组织班子,尤其是加强基层党组织负责人队伍建设,使基层党组织成为宣传党的主张、贯彻党的决定和各级党组织具体工作部署和要求的坚定执行者,增强对金融机构工作的组织力和领导力。

二是坚持服务金融机构发展。遵循金融机构改革发展的一般性规定,

坚持"发展是第一要务"，积极适应金融机构全面深化改革的新要求，合理设置金融机构党组织，有效发挥党组织的政治优势，促进金融机构核心竞争力的提升。

三是坚持因地制宜。尊重金融机构改革发展的特殊性和差异性，灵活设置党的组织形式，强化党组织设置的功能性，突出党组织设置与调整的实效性。

根据上述原则，设置金融机构党组织，凡有正式党员3人以上不足50人的基层单位，设立党的支部委员会；党员50人以上不足100人的，可设立总支部委员会，下设若干支部委员会；经上级党组织批准，党员超过50人的也可不设总支部委员会，而设支部委员会；党员超过100人的，可设立党的基层委员会，但经上级党组织批准，也可不设党的基层委员会，而设总支部委员会；正式党员不足3人，没有条件单独成立党支部的单位，可与邻近单位的党员组成联合党支部；凡有正式党员3人以上，执行临时任务时间较短或因某种原因暂时不能成立正式党支部的，可成立临时党支部。

党员数量多的金融机构党支部，可根据党员数量和分布情况，合理划分党小组。

对已经成立党支部的金融机构，由于种种原因，正式党员减少至3人以下（不含3人）时，如工作需要，且在短期内（一般不超过6个月）能增加党员，经上级党组织同意，党支部可暂时保留。但此类党支部不能形成决议或作出决定。如该党支部在短期内不能增加党员，则应予以撤销。撤销后，原党支部党员可与邻近单位（部门）党员组成联合党组织。

金融机构海外单位党组织设置与调整，是近年来金融机构党组织适应"走出去"战略实施所面临的一个新问题。金融机构海外党组织具有点多、线长、面广、党员分散等实际特点，应按照"灵活、简便、安全、保密"的原则，根据海外单位实际情况，灵活设置海外党组织。对于海外党员规模较大、相对集中的项目式单位，可设立党委或党支部；对于在同一国家、党员人数较多的党支部，可根据距离远近、业务联系程度等情况设立党小组,以利于党建工作的统一组织;对于同一个区域、不同企业集团的海外项目,可设立联合党支部,以便资源共享、协作配合;对于临时派出的、党员人数少且在同一区域的单位,可设立临时党支部,将不同隶属关系的党员编入同一党组织中,保证党员在境外受到组织管理;对于项目相对集中的国别市场,可结合党员少、流动率高的实际,成立区域党工委,由上级派出单位归口管理海外机构的党建工作。

**(二) 金融机构党组织设置的一般程序**

第一,向上级党组织写出建立党组织的请示。请示内容包括:建制单位的工作性质、人员数量等简要情况;现有正式党员、预备党员的数量,建立党组织的依据和理由;所建党组织的性质;党组织委员会组成人数和委员设置方案等。

第二,上级党组织批准建立党组织以后,应召开党员大会,以无记名投票方式差额选举产生党组织委员会。

第三,召开党组织委员会,等额提名或直接选举产生党支部书记、副书记,并对委员进行分工。

第四,向上级党委写出党组织委员会组成的请示。请示的主要内容包括:选举党组织委员会的依据;党员大会进行选举的简要情况,包括时间、出席大会的党员情况、候选人名额与应选人名额差额情况、选举结果等;党组织委员会选举书记、副书记的情况;党支部委员会的分工情况。

第五,上级批复。党组织委员会开始工作,履行自己职责。

## 三、金融机构党建现状

习近平总书记在全国金融工作会议上强调,必须加强党对金融工作的领导。防范金融机构风险是防范系统性金融风险的重点环节。当前,要深入学习贯彻习近平新时代中国特色社会主义思想,坚持党管金融,完善党对金融机构的领导体制,更好地维护金融安全。使企业党组织成为公司治理体系的有机组成部分，确保金融机构既坚决贯彻党中央对金融工作的要求，又遵循市场运作规律，不断提升服务实体经济的能力。当前金融机构党建工作的主要任务是，贯彻落实好党的二十大精神，将党建工作和金融机构的业务工作结合起来，把党建融入业务，把业务融入党建，实现党建和业务的互融共生。在党的二十大报告中，习近平总书记进一步指出，严密的组织体系是党的优势所在、力量所在。各级党组织要履行党章赋予的各项职责，把党的路线方针政策和党中央决策部署贯彻落实好，把各领域广大群众组织凝聚好。坚持大抓基层的鲜明导向，抓党建促乡村振兴，加强城市社区党建工作，推进以党建引领基层治理，持续整顿软弱涣散基层党组织，把基层党组织建设成为有效实现党的领导的坚强战斗堡垒。全面提高机关党建质量，推进事业单位党建工作。推进国有企业、金融企业在完善公司治理中加强党的领导，加强混合所有制企业、非公有制企业党建工作，理顺行业协会、学会、商会党建工作管理体制。

当前，大多数金融机构党组织能够认真贯彻执行党中央的路线方针政策和各级党委的要求，密切配合企业改革和发展实际，端正党建工作的指导思想，不断加强党组织的思想作风、制度建设，使党组织的凝聚力、吸引力和战斗力得到增强。近年来，金融改革力度不断加强，精简机构、分流职员的任务十分繁重，在这种情况下，基层党组织和广大党员发挥了积极作用，保持了金融机构和社会的稳定，推动和保证了改革的顺利进行。

### （一）金融机构党建工作目前存在的问题

1. 党的领导落实不到位

部分国有控股公司党的领导与公司治理机制联系不够紧密。一是党委重大问题前置研究有待加强；二是未将党建工作要求纳入公司章程；三是党组织建设有待加强，党的领导作用发挥不充分。

2. 股东股权行为存在违规

一是存在隐藏实际控制人、隐瞒关联关系、股权代持等问题；二是股东股权质押比例过高；三是投资人使用非自有资金出资；四是大股东直接干预公司经营管理。

3. "三会一层"运作不规范

一是不按规定报告控股股东、实际控制人及其变更和关联关系、一致行动情况；二是董事会构成、董事换届、独立董事履职不符合监管要求；三是监事会作用发挥不到位，监事会人员组成和运作方式不符合监管规定；四是未建立明确的董事、监事和高管人员问责机制；五是履职和考核激励机制不合规；六是董事、监事和高管人员在取得任职资格前存在实际履职问题。

4. 风险内控管理有待完善

一是未配备足够数量、符合任职要求的内审人员，未建立内审信息系统，高管任中经济责任审计工作开展不到位且问责不到位；二是未建立整体独立的风险管理信息系统，相关制度不完善，风险和合规管理体系未覆盖所有业务流程和环节。

5. 关联交易管理有待加强

一是未设关联交易控制委员会或关联交易管理办公室，关联交易管理制度不完善，未按照"实质重于形式"原则，对关联方和关联交易进行准确识别与及时更新；二是部分关联交易未经审批、报告和信息披露，关联交易超出监管限额；三是存在关联方信息档案不完备、未按规定逐笔报告关联交易情况等问题。

### （二）如何以高质量党建推动金融机构高质量发展？

1. 聚焦政治引领，深入推动党的建设把关定向

筑牢政治信仰，在强化理论武装上用功。以开展党史学习教育为契机，依托新兴载体，推动党的理论创新成果进基层、进条线、进部门；进一步深化"党委会首议题""理论中心组""党支部学习"等学习制度，推动理论学习制度化、规范化、常态化。

坚守政治本色，在落实"两个维护"上对标。把增强"四个意识"、坚定"四个自信"、做到"两个维护"融入对干部的日常监督，督促党员干部学深悟透新思想。切实把思想和行动统一到中央要求上来，不折不扣

地把党中央各项决策部署落到实处。

锤炼政治品格，在严肃党内政治生活上较真。严格尊崇党章，严格执行新形势下党内政治生活的若干准则，严格执行领导干部双重组织生活制度，把党员干部参加党内政治生活情况作为年度述职和考核评价重要内容，推动党内政治生活落实落地。培育健康向上的党内政治文化，把弘扬忠诚老实、公道正派、实事求是、清正廉洁等价值观融入党组织的一切活动，融入党员干部日常工作生活，真正做到浚其源、清其流、涵其林。

2. 聚焦政治功能，持续推动基层党组织全面过硬

突出从严要求，打造坚强有力的基层组织。深入推进基层党组织标准化规范化建设，着力推进教育管理标准化规范化、组织生活标准化规范化、基本保障标准化规范化，充分发挥基层党组织的政治核心作用，推动党支部标准化规范化建设各项工作落地生根、开花结果。统筹党建宣传工作，以凝聚人心、鼓舞信心的主流思想舆论筑牢意识形态领域主阵地。

坚持党管干部，建设坚强有力的领导班子。着力增强班子政治领导力、科学决策力、推动发展力、改革创新力、风险防控力、群众组织力和狠抓落实力。进一步优化班子配备、合理改善结构，使班子成为整体能力强、专业素质高、协作精神强的领导集体。细化、深化干部研判，综合运用考核、巡察等结果，全面准确把握各级行班子和干部情况，适时进行调整补充，确保始终保持旺盛的战斗力。

着眼选用育管，锻造坚强有力的干部队伍。严把政治关这个首要之关、定性之关，坚持沙场点兵、一线选将，重实干、重实绩、重担当，做到在赛马场上选"千里马"，在实践实战中选实干家。

3. 聚焦政治规矩，持续推动严管党政向纵深发展

围绕坚决做到"两个维护"，推进政治监督更加完善。紧盯"两个维护"这个新时代政治监督的根本任务，坚决贯彻执行党章党规党纪和宪法法律法规、党的路线方针政策和党中央决策部署情况，紧盯关键决策、关键领域、关键岗位，深化政治巡察工作，及时与党中央重大决策部署对标对表，将政治监督融入日常、抓在经常，做到监督常在、形成常态。切实

在日常管理和监督上下功夫，使批评教育成为常态，关口前移，防患于未然。充分认清金融机构党风廉政建设的形势任务，找准着力点、突破口，探索有效的方法和手段，不断提高预防和治理腐败效能。始终聚焦关键重点加强监督检查，立起从严执纪问责的鲜明导向。

4. 聚焦发展大局，持续推动党的建设示范领航

把握发展态势，在"落实精神"的成果转化上求实效。围绕金融机构的发展任务和推进措施，提振发展信心，凝聚发展共识，确保各项年度目标任务顺利实现。牢牢把握新发展理念的"根"和"魂"，切实把贯彻新发展理念作为严肃政治纪律、作为检验践行"两个维护"的重要尺度抓实抓好抓出成效。

紧扣重点工作，在"创建品牌"的成果转化上求实效。开展党建品牌评选活动，挖掘基层鲜活经验和有效做法，培树一批立得住、叫得响、受欢迎的党建品牌。积极发挥党组织政治功能和保障职能，聚焦重点领域、重点项目、重点产业和重点工作，促进党建工作与中心工作深度融合。

宣传先进典型，在"示范作用"的成果转化上求实效。充分发挥先进典型的引路作用，注意培育和挖掘在工作中勇于攻坚、敢于担当、埋头苦干的先进典型，通过典型的示范和带动，激励广大党员干部干事创业热情。

5. 聚焦时代脉搏，持续推动党的建设与时俱进

深化思想认识，筑牢抓好基层党建工作的坚定信念。坚定"抓党建是最大政绩"的意识，在抓党建上用心用力用劲。积极开展"党建+"活动，强化融合理念触动、推广宣传典型带动、强化载体融合促动。

深化系统思维，转变抓党建工作的固有观念。及时掌握党建工作最新动态、最新经验，全面弄清内情和下情，做好结合文章。牢固树立从党建领域思考问题、解决问题的思维，善于从业务工作的薄弱环节背后查找党建的短板，善于从拉长补齐党建短板入手推动业务工作上水平。注重把党建引领意识传导给基层党组织书记，从思想上解决"两张皮"问题，自觉做到把党建与业务融为一体抓。

深化创新理念，找准抓党建工作的方式方法。强化"书记抓、抓书记"

的责任导向,增强"抓好党建是天职、不抓党建是失职"的责任意识,形成一级抓一级,一级带一级,构建强有力的党建工作格局。强化"重点抓、抓重点"的问题导向,聚焦新时代、新形势下出现的新问题、新课题,开展好调查研究,形成问题清单、措施清单,不断提高谋划工作的质量、制定政策的质量、推进落实的质量、自身建设的质量。强化"考党建、看实绩"的考评导向,建立科学的评价体系,坚持把功夫下在平时,综合运用实地调查、现场观摩、一线考察、交叉检查等多种形式,考出实绩、考出实效。

## 四、金融机构党组织的选举与任期

健全基层党组织的选举制度,明确金融机构党组织的任期是加强党的基层组织建设的一个重要环节。按照《中国共产党章程》和《中国共产党基层组织选举工作条例》的相关规定,党的基层组织设立的委员会任期届满,应按期进行换届选举。金融机构党组织任期届满,依法选举新一届党组织,是坚持党的民主集中制的重要体现,是增强金融机构党组织凝聚力、战斗力,促进金融机构和谐健康发展的重要抓手。

### (一)关于金融机构基层党组织的任期

金融机构中的党的基层委员会、总支部委员会、支部委员会应按期进行换届选举,如需延期或提前进行换届选举,应报上级党组织批准,延长期限一般不超过一年。党的基层委员会是否设立纪律检查委员会,由其上一级党组织根据具体情况决定。

### (二)金融机构党的基层组织设立的委员会组成人员名额

金融机构中的党的支部委员会一般设委员3~5人,最多不超过7人,其中书记1人,必要时增设副书记1人;党的总支部委员会一般设委员5~7人,最多不超过9人,其中书记1人,副书记1人;党的基层委员会一般设委员5~9人,最多不超过11人,其中书记2人,副书记1~2人;党员人数不足7名的党支部,只设书记1人,必要时可增设副书记1人。

### (三) 关于任职条件

思想政治素质好，能够认真贯彻执行党的路线方针政策，年纪较轻，有文化，有一定的管理能力和组织协调能力，能开拓创新，受职工拥护，组织关系在本机构的中共正式党员。

在确定正式候选人时，直系亲属应予以回避，防止金融机构党组织班子家族化。

### (四) 金融机构党员代表大会构成比例

《中国共产党基层组织选举工作条例》规定，党的基层组织设立的委员会一般由党员大会选举产生。党员人数在500名以上或者所辖党组织驻地分散的，经上级党组织批准，可以召开党员代表大会进行选举。代表的名额一般为100名至200名，最多不超过300名。

党员代表大会代表既要考虑先进性，也要考虑广泛性，适当提高生产和工作一线代表的比例。各级党员领导干部、企事业单位的各级管理人员代表所占比例一般不高于2/3，各类专业技术人员、各方面先进模范人物等基层一线代表所占比例一般不低于1/3，要注意推荐工人（含农民工）、专业技术人员中的先进模范人物。妇女代表所占比例不少于本单位妇女党员所占党员总数比例，且高于上次党员代表大会时的比例。少数民族代表所占比例一般不少于本单位少数民族党员所占党员总数比例。

### (五) 金融机构党组织选举过程中的人数问题

进行选举时，有选举权的到会人数不少于应到会人数的4/5，会议有效。实行差额预选时，赞成票超过应到会有选举权人数半数的，方可列为正式候选人，委员候选人的差额不少于应选人数的20%。进行正式选举时，被选举人获得的赞成票超过应到会有选举权人数半数的，始得当选。获得赞成票超过半数的被选举人数多于应选名额时，以得票多少为序，至取足应选名额为止。如遇票数相等不能确定当选人时，应当就票数相等的被选举人再次投票，得赞成票多的当选。获得赞成票超过半数的被选举人数少于应选名额时，对不足的名额另行选举。如果接近应选名额，经半数以上选举人同意或者大会主席团决定，也可以减少名额，不再进行选举。当选的党员代表大会代表、委员会委员，其名单以姓氏笔画为序排列。当选的常务委员会委员和书记、副书记，其名单按照上级党组织批准的顺序排列。

### （六）加强对金融机构换届选举组织领导

一是认真落实领导责任。把基层党组织换届选举作为全面从严治党的重要内容，坚持问题导向，做到即知即改、善作善成，成立领导机构和工作机构，挑选政治可靠、公道正派、作风过硬的干部参加换届选举的筹备和组织，把可能遇到的问题考虑周全，把困难估计充分，把工作做深做细。党组织主要负责同志要认真履行第一责任人责任，发扬担当精神，投入足够精力，精心研究和组织换届选举工作。

二是严格按照规章办事。严格遵守《中国共产党章程》，认真贯彻《中国共产党基层组织选举工作条例》等党内法规，严格执行换届选举工作的政策要求和工作程序，切实做到坚持原则不动摇，执行标准不走样，履行程序不变通。认真进行换届人选的推荐和考察，充分听取广大党员、群众和基层党组织意见，听取纪检机关和有关部门的意见。

三是切实做好思想工作。搞好思想发动和政策宣传，讲清基层党组织换届选举的重要意义、程序步骤和工作要求，统一思想认识，教育引导党员、代表把发挥党内民主与贯彻党组织的主张统一起来，贯彻党组织意图，正确行使民主权利。深入开展谈心谈话，教育引导党员干部讲政治、讲党性、顾大局、守纪律，正确对待选举结果，自觉服从组织安排。注意做好落选同志的思想工作，努力营造良好的舆论氛围。

四是严格遵守换届纪律。坚持教育在先，警示在先，预防在先，严明换届选举的纪律要求，引导党员干部带头坚持原则、带头正风肃纪。加强对换届选举全过程监督，坚决防止和纠正跑官要官、买官卖官、拉票贿选等不正之风，坚决整治各种干扰破坏选举的现象，严肃处理违反换届选举纪律行为，努力营造风清气正的换届环境。换届过程中遇到重大问题应及时向上级党组织请示报告。

## 五、金融机构党组织的职责与任务

新时代金融机构党组织要发挥好政治引领作用,组织广大党员和员工认真学习习近平新时代中国特色社会主义思想,强化"四个意识",增强"四个自信",确保日常经营管理行为符合党的二十大作出的各项战略部署,在回归本源、服务实体经济和供给侧结构性改革中发挥好重要引导和服务保障作用。

### (一) 新形势下金融机构的工作重点

金融是国民经济的命脉,做好金融工作关键是围绕党和国家的经济金融政策和重大决策开展工作。

第一,回归本源,服从服务与经济社会发展。金融要把为实体经济服务作为出发点和落脚点,全面提升服务效率和水平,把更多金融资源配置到经济社会发展的重点领域和薄弱环节,更好地满足人民群众和实体经济多样化的金融需求。

第二,优化结构,完善金融市场、金融机构、金融产品体系。坚持质量优先,引导金融业发展同经济社会发展相协调,促进融资便利化,降低实体经济成本,提高资源配置效率,保障风险可控。

第三,强化监管,提高防范化解金融风险能力。要以强化金融监管为重点,以防范系统性金融风险为底线,加快相关法律法规建设,完善金融机构法人治理结构,加强宏观审慎管理制度建设,加强功能监管,更加重视行为监管。

第四,市场导向,发挥市场在金融资源配置中的决定性作用。坚持社会主义市场经济改革方向,处理好政府和市场的关系,完善市场约束机制,提高金融资源配置效率。加强和改善政府宏观调控,健全市场规则,强化纪律性。

## （二）金融机构党组织的主要职责

坚持党中央对金融工作集中统一领导，确保金融改革发展正确方向，确保国家金融安全。落实全面从严治党要求，建好金融系统各级领导班子，强化对关键岗位、重要人员特别是一把手的监督。扎实抓好金融机构党的建设，加强理想信念教育、党性教育和纪律教育，不断强化党风廉政建设。

第一，贯彻执行党的路线方针政策和上级党组织及本机构党员大会的决议，把中央精神和监管要求融入金融机构内部规章制度，并在日常经营管理中执行到位。整治行业风气和反"四风"、反腐败，杜绝不良行业作风和行业廉洁风险，确保中央方针政策有效贯彻落实。

第二，讨论决定本机构改革发展中的重要问题。党组织参与金融机构重大问题的决策作为一种组织行为，是发挥政治核心作用的基本途径，是党章赋予金融机构党组织的一项重要职责。金融机构党组织参与决策的主要方法是：党政主要领导商量确定决策议题；开展调查研究，广泛听取职工及有关方面的意见；在党委会议或者党委扩大会议上进行集体研究后提出意见和建议；重大问题决策后，党组织发挥党员的先锋模范作用，团结带领广大职工，保证决策的实施。

第三，领导和推进民主选举、民主决策、民主管理、民主监督。领导本机构的工会、共青团、妇联等群众组织，支持和保证这些组织依照国家法律法规及各自章程充分行使职权。

第四，加强金融机构党组织自身建设。前些年，金融业的市场乱象、风险事件和违法违规行为，与党的领导弱化、党的建设缺失和从严治党不力有一定关系。新时代金融机构党组织要不断检查自身建设情况，通过制定包括认真履行全面从严治党"两个责任"、落实党建工作责任制、加强基层党组织建设、加强党员队伍建设等内容在内的金融机构党建工作评价办法和支委会或党组织负责人党建工作述职机制，将党建工作目标与经营管理目标有机结合起来，实现党建工作与业务发展、经营管理同部署、同检查、同考核、同评价，将基层党建工作成果更好地体现在推进基层金融机构业务发展、提升管理水平上。

第五，对党员进行教育、管理、监督和服务。严格落实"两学一做"常态化制度化要求，坚持"三会一课"制度，充分运用"党建+互联网"，并结合基层金融机构的晨夕会、例会等形式创新组织生活方式方法，丰富组织生活内容。

第六，负责制定本机构干部和管理人员的选用标准。坚持管政策、管标准、管程序，在金融机构选人用人，包括确定用人标准、研究推荐人选、完善评价体系、加强监督管理、培养后备人才上发挥主导作用，把党管干部原则和用人标准真正落到实处，努力营造一个公平公正、人尽其才、才尽其用的良好用人环境。

第七，领导好本机构的文化建设工作。"领导精神文明建设"是党章赋予金融机构党组织的重要任务，社会主义核心价值观在金融机构落实的最好载体就是文化。按照全面从严治党和持之以恒正风肃纪的要求积极推进金融机构廉洁文化建设，严格执行"三铁"制度，加强警示教育，始终做到依法经营、依规经营、防范金融风险。

### （三）金融机构党组织的基本任务

第一，发挥领导核心作用。因地制宜，制定正确决策；充分发挥党员先锋模范作用，团结组织党内外的干部群众；做到深入细致的思想政治工作，坚持说服教育；坚持群众路线，树立群众观点，为群众服务。

第二，组织党员认真学习马克思列宁主义、毛泽东思想、邓小平理论、"三个代表"重要思想、科学发展观、习近平新时代中国特色社会主义思想，推进"两学一做"学习教育常态化制度化，学习党的路线方针政策和决议，学习党的基本知识，学习科学、文化、法律和业务知识。

第三，对党员进行教育管理监督和服务，提高党员素质，坚定理想信念，增强党性，严格党的组织生活，开展批评和自我批评，维护和执行党的纪律，监督党员切实履行义务，保障党员的权利不受侵犯，加强和改进流动党员管理。

第四，密切联系群众，经常了解群众对党员、党的工作的批评和意见，维护群众的正当权利和权益，做好群众的思想政治工作。

第五，充分发挥党员和群众的积极性与创造性，发现培养和推荐优秀人才。

第六，积极做好经常性的发展党员工作，重视在生产、工作第一线和青年中发展党员。

第七，监督党员干部和其他任何工作人员严格遵守国家法律法规，严格遵守国家的财政经济法规和人事制度，不得侵占国家集体和群众的利益。

第八，教育党员和群众自觉抵制不良倾向，坚决同各种违法乱纪行为作斗争。

## 六、金融机构党建工作存在的问题

### （一）党的建设弱化

弱化问题主要表现在党的组织机构不健全，党的领导地位弱化，党的各项制度未能得到很好落实。一是党的组织建设方面没有实现全覆盖，银行、证券、保险等金融企业的基层机构党员比例较低，人员分散，因此，在基层组织设置上存在空白点，存在有党员无组织的情况。二是金融企业用工偏向以经营为导向，前台人员编制较多、后台人员编制较少，专业人员较多、党务工作者较少，且党务工作者多为兼职，专业水平不足，工作力量薄弱，难以高质量地开展工作。三是党组织的核心领导作用不能有效发挥，有的机构党委议事制度、"三重一大"制度没有有效贯彻落实，存在以经营工作会议取代党委会议或者多个会议套开等现象，党组织在重大问题决策上没有发言权。

### （二）党的建设淡化

淡化问题主要表现在全面从严治党的主体责任未能有效落实，存在重业务轻党建的思想，党内政治生活不规范。一是党建主体责任未能有效落实。一些党员领导干部"一岗双责"意识淡薄，只重视自己的行政职务，忽视党内职务；有的国有金融企业属于混合所有制，造成领导干部在思想上存在偏差，不能正确处理坚持党的领导与建立现代企业制度之间的关系；个别党员领导干部认为经营业务才是硬杠杠，党建工作可有可无，不支持党的工作开展。二是一些党组织党内政治生活不规范、不健全。有的机构没有定期召开民主生活会和组织生活会，或是组织生活会表扬多、批评少，有的搞无原则的一团和气，党内政治生活娱乐化、庸俗化；有的党员领导干部未能履行双重组织生活制度。三是党员管理不到位。有的党组织管理不严，客观上造成了失联党员和口袋党员的存在；有的对党员缺乏教育管理，造成党员不按规定转组织关系、长期不参加组织生活、不按时交纳党费等，基层党组织的战斗堡垒作用发挥不正常。

### （三）党的建设虚化

虚化问题主要表现在党的组织软弱涣散，"三会一课"制度执行不严格，党建工作责任制没有很好落实。一是党组织从严治党不力，有些金融企业因客户营销需要未能严格执行中央"八项规定"，在落实中央和上级党委的各项决策部署时打折扣、搞变通，想方设法规避制度约束。二是基层单位经营压力大，在执行"三会一课"等支部基本制度时不到位。有的会议召开的频度不符合要求，有的会议搞形式主义，集体学习走过场，形式单一，吸引力不足；有的组织活动记录不全，不能如实反映会议全貌；有的支部书记长时间不给党员上党课或将会议发言当作上党课。三是没有严格履行党建工作责任制。考核检查力度不够，对落实不力不严等问题问责不到位。四是纪委监督作用发挥不充分，有的纪检组织不能从严查处违规违纪问题。

### （四）党的建设边缘化

边缘化问题主要表现在党的政治引领作用不强，经营工作与党建工作不能有机融合在一起。一是金融企业面临的市场竞争压力大，经营工作与党建工作存在不能同步规划、同步部署、同步落实、同步考核，造成"两张皮"现象；一些党组织书记抓党建积极性不高，没有牢固树立"抓好党建是最大的政绩"的正确观念。二是党建工作方式方法缺乏创新，不能与时俱进，工作开展形式老旧，不能有效指导下级党组织开展工作，已不适应新形势的需要。三是有的机构将党务部门视为"二等部门"，将党务工作岗位当作"退休中转站"或者"干部安置所"，将一些能力素质不高、没有工作热情的人员安排到其不适合的岗位上，或是党务工作者在待遇上受到"歧视"，造成工作效率不高。

# 第二章　金融机构党的政治建设

党的二十大报告指出："要落实新时代党的建设总要求，健全全面从严治党体系，全面推进党的自我净化、自我完善、自我革新、自我提高，使我们党坚守初心使命，始终成为中国特色社会主义事业的坚强领导核心。"金融机构党的建设，要以党的二十大关于党的政治建设要求为统领，持续推进党的政治建设，不断筑牢金融机构广大党员干部的政治底线。

## 一、金融机构党的政治建设的内涵

党的政治建设内涵丰富，一般来讲，包括政治原则、政治方向、政治立场、政治路线、政治纪律、政治生态等方面。加强党的政治建设的目的是在政治上保持党的纯洁性和先进性，使党始终成为中国特色社会主义事业的领导核心。

### （一）政治意识

政治意识是从思想要素方面进行规范，表现为从政治角度认识、分析、处理问题。要求金融机构的党员坚持政治原则、坚定政治方向、保持政治定力。党的政治建设最重要的是要坚持以人民为中心的立场。"四个意识"体现政治立场和政治要求，把政治意识列为"四个意识"之首，表明政治意识在政治建设中的作用最重要。

### (二) 党内政治生态

党内政治生态是党内政治生活的环境因素，是党风政风的集中体现。加强金融机构党的政治建设，必须在整个系统营造一个风清气正的政治生态。

### (三) 政治规矩和政治纪律

政治规矩和政治纪律是从制度方面规范党内政治生活。政治规矩是党员在党内政治生活中应该遵守的行为准则，政治纪律是党员在党内政治生活中必须遵守的行为准则。加强金融机构党的政治建设就是要加强党员的规矩意识、纪律意识，争做遵规守纪的模范。

### (四) 党内政治文化

党内政治文化是从文化角度规范党内政治生活。在党内政治生活中，政治文化潜移默化影响党员的政治行为。加强金融机构党的政治建设，就是要建立一个厚植良好政治生态的政治文化土壤。

## 二、金融机构党的政治建设的意义

### (一) 加强政治建设是党在新时代履行新使命的要求

我们党面临的执政环境依然是复杂的，影响党的先进性、弱化党的纯洁性的因素也是复杂的，我们党依然面临执政考验、改革开放考验、市场经济考验、外部环境考验，依然面临尖锐的、严峻的精神懈怠危险、能力不足危险、脱离群众危险、消极腐败危险。只有不断加强政治建设，推进全面从严治党，才能在复杂的执政环境中履行好实现中华民族伟大复兴的新使命。

### (二) 加强政治建设是马克思主义政党的要求

中国共产党是马克思主义政党,是中国工人阶级的先锋队,是中国人民和中华民族的先锋队,党的最高理想和最终目标是实现共产主义。党的性质决定中国共产党必须旗帜鲜明地讲政治,讲政治就必须加强党的政治建设。

### (三) 加强政治建设是党建总体布局的要求

党的十九大提出新时代党的建设总要求,其中强调了党的建设总体布局,即全面推进党的政治建设、思想建设、组织建设、作风建设、纪律建设,把制度建设贯穿其中,深入推进反腐败斗争。在党建总体布局中,党的政治建设最重要,是党的建设的统领和核心,党的其他建设的落脚点必须在党的政治建设上,政治建设是党的建设的根基与灵魂。党的二十大进一步明确提出,要落实新时代党的建设总要求,健全全面从严治党体系,全面推进党的自我净化、自我完善、自我革新、自我提高,使我们党坚守初心使命,始终成为中国特色社会主义事业的坚强领导核心。

### (四) 加强政治建设是坚持党的全面领导的总要求

党的十八大以来,我国发生了深层次、根本性变革,取得了全方位、开创性成就,根本原因是始终坚持党的全面领导,始终把党的政治建设摆在首位,增强全党政治意识、大局意识、核心意识、看齐意识,坚持全党道路自信、理论自信、制度自信、文化自信,坚决维护以习近平同志为核心的党中央权威和集中统一领导。

### (五) 加强政治建设是解决金融乱象的要求

为了解决当前金融界的问题,严防金融风险,必须按照党的二十大关于全面从严治党的要求,着力加强金融机构党的建设,特别是要加强党的政治建设,提高金融机构党员干部的政治能力,从灵魂深处促使金融机构员工牢固树立为国分忧、为民担责的情怀,端正金融从业行为,严防金融业脱实向虚、监管套利,严控宏观杠杆率,堵住发生系统性金融风险之门。

## 三、金融机构党的政治建设的路径

### （一）要坚持以习近平同志为核心的党中央权威和集中统一领导

党的二十大报告指出，要坚持和加强党中央集中统一领导。党的领导是全面的、系统的、整体的，必须全面、系统、整体加以落实。健全总揽全局、协调各方的党的领导制度体系，完善党中央重大决策部署落实机制，确保全党在政治立场、政治方向、政治原则、政治道路上同党中央保持高度一致，确保党的团结统一。

坚持执行政治路线是维护党中央权威和集中统一领导的基础。要在执行党的政治路线中坚持党的领导，要在政治路线上同党中央保持高度一致，坚定执行党的政治路线。习近平总书记指出，保证全党服从中央，维护党中央权威和集中统一领导，是党的政治建设的首要任务，必须常抓不懈。金融工作坚决服从和服务于党的中心工作的开展和国家战略的实施，致力于解决党和国家历史发展进程中的一系列现实难题，为党的工作开展提供了重要支持。"钱袋子"在革命斗争史中发挥了重要作用，中国共产党通过"扁担银行""马背银行"等形式发展生产、整顿货币、打击伪钞，有效打破了敌对势力对根据地的经济封锁，为土地革命、抗日战争和解放战争的胜利提供了物资保障。中华人民共和国成立后，党对经济金融工作坚强统一的领导，基本实现国家财政收支平衡，坚决治理恶性通货膨胀，从根本上稳住了物价，快速恢复了社会经济秩序。改革开放以来，党领导金融工作的体制机制得到进一步加强。历史证明：金融工作必须充分依靠和发挥党的全面领导的政治优势，坚决落实党中央关于金融工作的决策部署，以实际行动体现"四个意识"，彰显"四个自信"，做到"两个维护"。

旗帜鲜明讲政治是我们党作为马克思主义政党的根本要求，金融机构的党员要牢固树立"四个意识"。"四个意识"是坚持以习近平同志为核心的党中央权威和集中统一领导的思想基础。一是要增强政治意识，政治意识体现着政治态度和政治立场，是从政治上观察事物、分析问题和处理问题的敏锐性。金融风险特别是系统性、区域性金融风险是风险之中的高风险，其隐蔽性强、传导迅速、破坏力大，对国民经济和人民财产安全构成巨大威胁。应增强政治意识，坚持底线思维，运用科学的思想方法，防范化解重大金融风险，保持经济持续健康发展和社会大局稳定。二是要增强大局意识，要求善于从全局高度、用长远眼光观察形势，分析问题，善于围绕党和国家的大事认识和把握大局。金融系统要坚持大局意识，坚持稳字当头，科学精准实施宏观调控，把握好度，不搞急转弯。要综合运用多种货币政策工具保持流动性合理充裕，有效防范和化解金融风险，促进经济金融良性循环。三是要增强核心意识，始终保持清醒的政治头脑，坚定政治立场、政治信仰、政治纪律和理想信念，坚持正确的政治思想和政治认知，不断增强政治敏锐性和政治鉴别力。自觉在思想上政治上行动上同以习近平同志为核心的党中央保持高度一致，才能使我们党更加团结统一、坚强有力，始终成为中国特色社会主义事业的坚强领导核心。四是要增强看齐意识，要求党员向党中央看齐，向习近平总书记看齐。认真执行上级党组织的统一部署，要做政治上的明白人、行动上的带头人，始终在思想上政治上行动上向党的理论和路线方针政策看齐，向党中央改革发展稳定、内政外交国防、治党治国治军的各项决策部署看齐。以中央要求为行动指南，主动向中央看齐，做到层层立标杆、作示范，形成强大的引领力量。牢固树立"四个意识"，更加自觉地在思想上和行动上同以习近平同志为核心的党中央保持高度一致，拥护核心、爱戴核心、向核心看齐，坚决维护以习近平同志为核心的党中央权威。提高政治站位，保持政治定力，是金融机构明方向、识大体、勇担当，保持稳健可持续发展、高质量发展的首要前提。

金融机构党员要同各种违反重大政治原则的思想和行为作斗争。必须增强自我革命精神，坚持问题导向，始终以严的标准、严的措施、严的纪律，真刀真枪抓整改，以解决问题的成果检验主题教育的成效。要始终把自身建设抓紧抓好，加强理论武装，坚定政治信仰，严肃党内政治生活，严守政治纪律和政治规矩，弘扬党的优良传统作风。在大是大非问题上旗帜鲜明、立场坚定，敢于亮剑；在小事小节上，要以合格党员的标准严格要求自己。

### （二）要严守党的政治规矩和政治纪律

党的规矩内容包括多个方面，其中最根本最重要的是政治规矩，即各级党组织和全体党员在政治立场、政治方向、政治行为、政治言论等方面必须遵守的规范，包括政治纪律，还包括优良的政治传统和惯例，政治纪律是明文规定的具备刚性约束的规矩，政治传统和惯例是不成文的规矩。政治纪律是最重要、最根本、最关键的纪律，是维护党的团结统一的根本保证。作为金融行业的党员干部，必须严守党的政治纪律和政治规矩。一是要始终坚持把遵守党的政治纪律和政治规矩挺在前面，自觉用党纪党规规范自己的言行，坚决贯彻执行党的路线方针政策，做落实党的部署决策要求的带头者、推动者和实践者；二是要自觉把讲政治立场、守政治纪律和政治规矩，作为体现党性的首要标准，始终在政治立场、政治方向、政治原则、政治道路上同党中央保持高度一致，坚决做到党中央提倡的坚决响应、党中央决定的坚决执行、党中央禁止的坚决不做；三是要增强革命斗争精神，强化政治责任，保持政治定力，把准政治方向，提高政治能力，坚定做到"两个维护""四个服从"，坚决同破坏政治纪律和政治规矩的行为作斗争，积极为维护国家政治安全作出应有贡献；四是要坚持依规履职、依矩用权，做到有令则行、有禁则止，自觉用党纪党规约束和规范用权行为，决不超越党纪党规搞我行我素、自行其是。切实做到亲不越法、情不越规、爱不越德，真正让权力在阳光下运行，使权力干干净净、光明磊落地为基层服务、为员工服务。

严明党的纪律，是全面从严治党的治本之策，是我们党不断从胜利走向胜利的重要保证。习近平总书记强调，遵守党的纪律是无条件的，要说到做到，有纪必执，有违必查。党的十八大以来，出台中央"八项规定"、修订廉洁自律准则、两次修订纪律处分条例……纪律的螺丝拧得紧而又紧。这要求各级党委担起全面从严治党的主体责任，严格按党规党纪办事。同时，作为党内监督的专责机关，金融行业的纪检监察机关必须全面履行监督执纪问责的职责，使纪律成为"带电的高压线"。

### （三）要严肃党内政治生活

习近平总书记指出，党要管党必须从党内政治生活管起，从严治党必须从党内政治生活严起。党内政治生活是党组织形成统一意志和正确主张的重要途径，是党组织教育管理党员的重要平台。严肃党内政治生活，主要任务是净化党内政治生态，解决党内突出问题，目的是维护党中央权威和集中统一领导。开展严肃认真的党内政治生活，是我们党的优良传统和政治优势。在长期实践中，我们党坚持把开展严肃认真的党内政治生活作为党的建设的重要任务来抓，形成了以实事求是、理论联系实际、密切联系群众、批评和自我批评、民主集中制、严明党的纪律等为主要内容的党内政治生活基本规范，为巩固党的团结和集中统一、保持党的先进性和纯洁性、增强党的生机活力积累了丰富经验，为保证完成党在各个历史时期中心任务发挥了重要作用。开展严肃认真的党内政治生活，是我们党区别于其他政党的重要特征，也是我们党的光荣传统。党内政治生活的核心在"讲政治"。实践表明，什么时候全党讲政治、党内政治生活健康，我们党就风清气正、团结统一，党的事业就蓬勃发展；反之，就弊病出现、人心涣散、丧失斗志，给党的事业造成严重损失。历史深刻昭示，讲政治是我们党补钙壮骨、强身健体的根本保证，是我们党培养自我革命勇气、增强自我净化能力、提高排毒杀菌政治免疫力的根本途径。我们党作为马克思主义政党，必须旗帜鲜明讲政治，严肃认真开展党内政治生活。

要完善和落实民主集中制。民主集中制是党的根本组织制度和领导制度，是马克思主义认识论和群众路线在党的政治生活中的运用。1906年4月，俄国社会民主工党第四次（统一）代表大会根据列宁的提议，首先把民主集中制原则载入了党章。后来，列宁又把这个组织原则推广到共产国际的各国党。1919年共产国际成立，列宁起草的《加入共产国际的条件》明确规定：加入共产国际的党，应该是按照民主集中制原则建立起来的。列宁认为，民主集中制体现为：少数服从多数，部分服从整体，党的下级机关服从上级机关；党员必须参加党的一个组织，服从党的决议；党内所有负责人员和机构都由选举产生,党的负责人可以随时撤换;党的代表大会是最高机关,有最后决定权;党内实行讨论自由和行动一致的纪律;加强党内监督等。列宁主张,党内既要实行民主,又要实行集中。但是在不同时期,侧重点可以有所不同。但不论在什么情况下,民主与集中都是不可偏废的,既不能离开民主讲集中,也不能离开集中讲民主。列宁的建党实践告诉我们,只有按民主集中制原则建立起来的无产阶级政党,才能形成一个有组织的整体;才能正确处理中央与地方、党员与组织、局部与整体的关系;才能实现决策的民主化、科学化。是否坚持民主集中制原则,是能否保持党的无产阶级性质的根本原则问题。

我们党从建立时起就是按照民主集中制组织起来的。在长期的建党实践中,我们党创造性地运用民主集中制原则,制定正确规范党内政治生活、处理党内关系的基本准则和具体制度,不但形成了党在组织建设上的鲜明特征,而且丰富和发展了民主集中制理论。中国共产党发展民主集中制经历了三个阶段,体现出六大特点。第一个阶段是党的创建和新民主主义革命时期,其鲜明的特点是:认同与确立、形成与锻铸。在创建中国共产党时,是否要采取民主集中制的组织原则和制度,曾发生过分歧和激烈争论。黄凌霜等无政府主义者,反对任何形式的国家权力,主张绝对自由,要求建立松散的共产党。李大钊、陈独秀、李达、蔡和森等马克思主义者都著文予以批判,坚决地提倡民主集中制,经过思想斗争最终达成共识,把无政府主义者清除出了党的组织。在党的一大上,也曾出现个别代表主张建立研究型的党组织,反对实行党的纪律,但遭到绝大多数代表的否定,党最终确立了民主集中制的组织原则和制度。中国共产党成立之后,随即在新民主主义革命的斗争中将民主集中制付诸实行,既反对了个人专断的家长制倾向,也反对了极端民主化的倾向,在实践中形成了民主集中制科学的定义解释,制定了符合客观规律的规则措施。经过毛泽东的阐发总结,民主集中制在革命斗争的锻铸和淬炼中成长定型。第二阶段是中华人民共和国成立前后和社会主义建设时期,其鲜明的特点是:拓展与顿挫、恢复与生机。这一阶段的民主集中制,经历了"两起"拓展和"两落"顿挫。第一起是1956年党的八大,提出扩大党内民主,实行党务公开,建立党代会常任制，实施严格有效的党内监督、实行党的领导职务任期制、保护和扩大党员民主权利等发展和健全民主集中制的重大决定。遗憾的是，1957年反右派斗争和1959年"反右倾"斗争，使民主集中制的实行遭遇到挫折，出现了第一落。第二起是1962年召开的"七千人大会"，会议发扬了党内民主，从多方面系统地阐述了民主集中制的原则。而"文化大革命"的爆发，则使民主集中制的实行出现了第二落。然而，"文化大革命"不可能击垮党的建设，也不可能击垮民主集中制。在"四人帮"倒台后，民主集中制立即迎来了历史的转折点，迅速得到恢复并获得了勃勃生机。第三阶段是改革开放新时期和中国特色社会主义新时代，其鲜明的特点是：反思与开拓、深化与成熟。当代中国，经过思想解放和全面改革的洗礼，彻底摆脱和否定了苏联模式，创立并发展了中国特色社会主义。处在新时期和新时代，加快社会主义现代化建设、建立社会主义市场经济和推进社会主义民主政治，成为深刻认识民主集中制并使其不断开拓发展、提升水平的内在驱动力。在这一阶段里，邓小平和老一辈无产阶级革命家进行了深刻的反思、探索，以其高超的理论水平和丰富的历史阅历，为民主集中制的突破性发展作出了杰出贡献。江泽民总书记、胡锦涛总书记和习近平总书记，与时俱进，都对民主集中制作出了重要的、适应现实发展需要的深刻论述，进一步深化了对民主集中制的认识，把民主集中制推向了成熟。

要严格执行《关于新形势下党内政治生活的若干准则》（以下简称《准则》），以习近平同志为核心的党中央，以坚强的决心和有力的举措推进全面从严治党，党内政治生活展现新气象，为开创党和国家事业发展新局面提供了重要保证。从总体上看，党内政治生活状况是好的。同时也要看到，一个时期以来，党内政治生活中也出现了一些突出问题，主要是：在一些党员、干部包括高级干部中，理想信念不坚定、对党不忠诚、纪律松弛、脱离群众、独断专行、弄虚作假、慵懒无为，个人主义、分散主义、自由主义、好人主义、宗派主义、山头主义、拜金主义不同程度存在，形式主义、官僚主义、享乐主义和奢靡之风问题突出，任人唯亲、跑官要官、买官卖官、拉票贿选现象屡禁不止，滥用权力、贪污受贿、腐化堕落、违法乱纪等现象滋生蔓延。特别是高级干部中极少数人政治野心膨胀、权欲熏心、搞阳奉阴违、结党营私、团团伙伙、拉帮结派、谋取权位等政治阴谋活动。这些问题，严重侵蚀了党的思想道德基础，破坏了党的团结和集中统一，损害了党内政治生态和党的形象，影响了党和人民事业的发展。

解决这些突出问题，必须加强和规范党内政治生活，绝不能让管党治党的"大熔炉"变成没有热度的"冷灶台"，更不能坐视作为战斗堡垒的党组织变成想来即来、毫无凝聚力的"大车店"。正是基于此，《准则》直击当前党内政治生活存在的弊病和顽症，既有刚性的规定也有精要的道理，既指出了病症也开出了药方，既有治标举措也提出治本方略，为新形势下加强和规范党内政治生活提供了行动纲领。党员就得有党员的样子。无论职务高低、权力大小、从事什么工作，我们都应该时刻牢记自己第一身份是党员，始终以《准则》为镜子、以《准则》为准绳，摆问题、找差距、明方向，始终保持共产党人的政治本色。新形势下加强和规范党内政治生活，必须以党章为根本遵循，坚持党的政治路线、思想路线、组织路线、群众路线，着力增强党内政治生活的政治性、时代性、原则性、战斗性，着力增强党自我净化、自我完善、自我革新、自我提高能力，着力提高党的领导水平和执政水平、增强拒腐防变和抵御风险能力，着力维护党中央权威、保证党的团结统一、保持党的先进性和纯洁性，努力在全党形成又有集中又有民主、又有纪律又有自由、又有统一意志又有个人心情舒畅生动活泼的政治局面。

### （四）要培育健康的党内政治文化

政治文化是一种主观价值范畴，是人们对于政治生活的价值取向模式，包括政治认知、价值观、感情、态度等政治心理层次诸要素，政治文化以政治理想、信念、理论、评价标准等政治思想意识的形式表现出来。金融机构培育健康的党内政治文化就要提高政治站位，强化思想自觉。各机构要清楚自身政治定位，跳出局限，提高政治站位，从更高的角度考虑问题；清醒认识当前反腐败斗争的严峻形势以及推进健康的党内政治文化建设的重要性和紧迫性，进一步增强积极参与全力推进健康的党内政治文化建设的思想自觉、行动自觉。要强化组织领导，形成工作合力。各机构要加强党的领导，督促党委切实扛起管党治党的主体责任，压实全面从严治党"两个责任"；在经营管理中要接受党对企业的全面领导，充分认识党的组织建设的重要性，建立完善的制度机制，彻底整治内部作风问题，涵养政治生态，组织开展重点领域部门岗位和人员的廉政风险排查，建立从业人员异常行为排查机制，健全预防从业人员违纪违法工作体系和管理制度，以党内监督为统领，推动监督全覆盖，在严格自身廉洁从业的基础上，全面配合监管部门的"零物质往来""非公务交往""履职回避"以及"违反中央'八项规定'双通报"等制度要求，把党内政治文化建设作为持续推进党风廉政建设和反腐败斗争中的一项重要抓手，抓紧、抓好。要培育健康的党内政治文化，共创良好氛围。各机构要坚持教育为本，价值引领；充分发挥廉洁教育的激励、凝聚、导向引领作用，规范干部员工从政从业行为。要坚持制度固本，夯实基础；将成熟经验和有效做法互换为制度规定，推进健康的党内政治文化建设制度化、常态化。要坚持严管厚爱，奖罚分明；加强对干部员工的教育管理和监督，健全激励机制和容错纠错机制，实事求是，依规依纪，实施工作。各金融机构要将健康的党内政治文化建设，贯穿主动落实监管要求的全过程，贯穿合规经营发展的全过程，全员参与，共谋共创，营造良好氛围。

### （五）要自觉锻炼党性

中国共产党的党性就是，中国共产党是中国工人阶级先锋队，同时是中国人民和中华民族的先锋队，是中国特色社会主义事业的领导核心，代表中国先进生产力的发展要求，代表中国先进文化的前进方向，代表中国最广大人民的根本利益，党的最高理想和最终目标是实现共产主义。党性是党员所具有的体现党的基本要求和本质属性的特性和品质。习近平总书记在西藏考察时对党史学习教育提出明确要求："要在锤炼党性上力行，教育引导广大党员、干部发扬党的光荣传统、赓续红色血脉，用伟大建党精神滋养党性修养，坚定理想信念，不断提高政治判断力、政治领悟力、政治执行力，胸怀'国之大者'，始终用党性原则修身律己，切实以坚强党性取信于民、引领群众。"扎实开展党史学习教育，党员干部就要从党的百年奋斗征程和伟大精神谱系中汲取信仰力量、查找党性差距，更加注重加强党性锻炼、党性修养。为政之道，修身为本。党性是党员干部立身、立业、立言、立德的基石。加强党性修养对于每一个党员来说，都是必须解决好的重大课题。习近平总书记深刻指出，干部的党性修养、思想觉悟、道德水平不会随着党龄的积累而自然提高，也不会随着职务的升迁而自然提高，而需要终生努力。组织上入党，一生一次；思想上入党，一生一世。党员干部在锤炼党性上力行，就是要不断解决"思想入党"这一永恒课题，不断改造主观世界、加强品格陶冶，时刻用党章、用共产党员标准要求自己，强化自我修炼、自我约束、自我改造。抓好党性修养，离不开真抓实干。砥砺奋进的新时代，提升党性修养就是要在工作中发挥好带头模范作用，一步一个脚印走出成功的道路，在奋勇拼搏中找到自身的价值所在，增强紧迫感、责任感，用实际行动诠释共产党人的党性修养，在具体为民服务的过程中不断成长，为事业发展作出更大的奉献。

## （六）要不断提高政治能力

什么是政治能力？习近平总书记指出政治能力就是把握方向、把握大势、把握全局的能力，就是保持政治定力、驾驭政治局面、防范政治风险的能力。党员干部特别是领导干部要善于从政治上研判形势、分析问题，自觉在党和国家工作大局下想问题、做工作，做到一切服从大局、一切服务大局。坚定政治信仰，加强政治历练，积累政治经验，不断增进政治智慧，做到信念如磐、意志如铁，政治坚定、绝对忠诚，清正廉洁、担当负责，使自己的政治能力与担任的领导职责相匹配。

为什么要提高政治能力？一是我们党正在带领人民进行伟大斗争、建设伟大工程、推进伟大事业、实现伟大梦想。要增强政治敏锐性和政治鉴别力，透过复杂现象把握本质，对容易诱发政治问题特别是重大突发事件的敏感因素、苗头性倾向性问题，对意识形态领域各种错误思潮、模糊认识、不良现象，保持高度警惕，做到眼睛亮、见事早、行动快，及时阻断不同领域风险转换通道，不断提高风险化解能力，防止非公共性风险扩大为公共性风险、非政治性风险演变为政治风险。二是党面对的执政考验、改革开放考验、市场经济考验、外部环境考验是长期复杂严峻的。要抓住要害、找准原因、果断决策，应对好每一场重大风险挑战，善于引导群众、组织群众，善于整合各方力量、科学排兵布阵，有效予以处理，切实把改革发展稳定各项工作做实做好。

金融机构领导干部要在提高政治能力上下功夫。一是锤炼对党忠诚的政治品格。要筑牢忠诚之基。对党绝对忠诚是党员干部第一位的政治品格，要强化党性修养，始终做到在任何时候任何情况下都与党同心同德，切实增强"四个意识"、坚定"四个自信"、做到"两个维护"。要补足精神之"钙"。始终坚定对马克思主义的信仰，坚定对中国特色社会主义的信念，解决好世界观、人生观、价值观这个"总开关"问题。要站稳政治立场，始终坚定马克思主义立场，以党的旗帜为旗帜、以党的方向为方向、以党的意志为意志，自觉做政治上的明白人。二是提升马克思主义理论素养。马克思主义是我们立党立国的根本指导思想。中国共产党从诞生之日起，就把马克思主义鲜明地写在自己的旗帜上，把马克思主义作为行动指南，并坚持在实践中不断丰富和发展马克思主义。习近平新时代中国特色社会主义思想是马克思主义中国化的最新成果，是当代中国马克思主义、21世纪马克思主义。对党员干部而言，学习贯彻习近平新时代中国特色社会主义思想不仅是重大政治任务，也是提高政治能力最直接、最有效、最根本的途径。在"不忘初心、牢记使命"主题教育中，广大党员干部要牢牢把握学习贯彻习近平新时代中国特色社会主义思想这一主线，全面系统学、深入思考学、联系实际学，学深悟透、融会贯通，学以致用、学以践行，筑牢信仰之基、补足精神之钙、把稳思想之舵，不断提高运用党的创新理论指导实践、推动工作的能力。三是自觉接受党内政治生活锻炼。要带头推动建设良好的党内政治文化，大力倡导和弘扬忠诚老实、光明坦荡、公道正派、实事求是、艰苦奋斗、清正廉洁等价值观，自觉同形形色色的特权思想和特权现象作斗争，自觉抵制权钱交易等各种不正之风，推动形成清清爽爽的同志间关系，形成规规矩矩的上下级关系，形成干干净净的政商关系，决不能让封建糟粕侵蚀党内政治生活，决不能让权力沾染铜臭味，决不能让商品交换原则污染政治生态。四是增强做好群众工作的本领。贯彻党的群众路线是一个永恒课题，需要我们与时俱进、学用结合、不断创新，要始终扭住世界观人生观价值观这个总开关，不断锤炼党性、磨炼意志、坚定信仰，持续深入地学习习近平新时代中国特色社会主义思想，为解决实际问题增添精神动力，破除思想障碍，进而又创造性地落实到群众工作中，让思想自觉引导行动自觉，让行动自觉深化思想自觉。五是在复杂斗争实践中积累政治经验。要以"功成不必在我"的胆识和勇气狠抓工作中的薄弱环节，在工作中彰显"辣味"。工作在执行过程中难免会遇到这样或那样的障碍，要有"打破砂锅问到底"的政治勇气，将问题查清楚、摆明白。培树毅力，领导干部抓工作必须要做到滴水穿石，久久为功，必须要有踏石留印、抓铁有痕的韧劲，常抓不懈。会用巧力，领导干部管理具体工作，一方面要有魄力，做到敢管、真管，另一方面要有毅力，做到长管、管常，同时还要注重会管。要像习近平总书记所说的那样，花一番"绣花"的功夫，过细工作，靶向治疗。一项政策的出台如果对准了矛头，找到了病根，就会起到事半功倍的效果；相反，如果忙于出台政策，对政策的适应性、可行性思考不到位，就导致被动，落到事倍功半的效果。魄力、毅力和巧力的高效结合就会形成高效的执行力，真正使政策在管理过程中产实效、出高效。

# 第三章　金融机构党的思想建设

强化党建引领，以更实举措加强党的全面领导。实现"十四五"规划和2035年远景目标，必须坚持党的全面领导，始终把政治建设摆在首位，不断强化思想理论武装，持续加强队伍建设，将全面从严治党从严执行并不断向纵深推进，为改革转型提供有力的政治保障。切实增强"四个意识"、坚定"四个自信"、做到"两个维护"，以高质量党建推动高质量发展，确保习近平总书记重要讲话、重要指示批示精神和党中央决策部署落地生根。

## 一、金融机构党的思想建设的重要意义

金融机构实施党的领导体制改革以后，系统管理包含了全部的党的工作和业务工作，实现了对金融系统党组织和金融干部的垂直领导管理，使金融机构党的政治优势更好地发挥出来。然而近年来，金融机构的一些党建工作和业务经营方面的问题也进一步凸显。因此，金融机构党的思想建设在党员领导干部的自身建设、思想认识、创新金融党建工作的思路方面，具有重要意义。

### （一）加强金融机构党的思想建设工作有助于把握金融工作政治方向

习近平总书记强调，金融是国家重要的核心竞争力，金融安全是国家安全的重要组成部分，金融制度是经济社会发展中重要的基础性制度。必

须加强党对金融工作的领导，坚持稳中求进的工作总基调，遵循金融发展规律，紧紧围绕服务实体经济、防控金融风险、深化金融改革三项任务，创新和完善金融调控，健全现代金融企业制度，完善金融市场体系，推进构建现代金融监管框架，加快转变金融发展方式，健全金融法治，保障国家金融安全，促进经济和金融良性循环、健康发展。

在党的正确领导下，中国金融改革走过了一条不平凡的道路。特别是党的十八大以来，我国金融改革发展取得新的重大成就，金融业保持快速发展，金融产品日益丰富，金融服务普惠性增强，金融改革有序推进，金融体系不断完善，人民币国际化和金融双向开放取得新进展，金融监管得到改进，守住不发生系统性金融风险底线的能力增强。随着金融体制改革的不断深入，金融机构对职工的思想政治工作提出了更高要求。创新成为思想政治发展的主要驱动，为使政治工作更好地开展，不仅需要在金融机构的思政工作思路和载体方面进行创新，还要在职工的思想观念上进行创新。一是创新工作思路，将政治教育转化为政治渗透。工作思路要做到统筹兼顾，又要有所偏重地进行突破，尤其是在职工思想政治方面的突破。这就需要在顾及本单位业务工作和员工思想实际的同时，兼顾业务发展变化和职工思想意识变动；顾及突破工作重点的同时，兼顾抓好方方面面的典型，推动思想政治工作全面展开。二是加强金融机构党的思想建设，赋予职工的思想政治工作以丰富的内容。重点抓好四种载体建设——拓宽思路，抓好集中性教育载体；向下延伸，抓好群众性创建载体；培育典型，抓好向导性示范载体；加快发展，为员工多办实事，抓好实际性载体。

## （二）金融机构党的思想建设有助于引导员工树立正确的世界观、人生观和价值观

坚定的信仰始终是党员干部站稳政治立场、抵御各种诱惑的决定性因素。"革命理想高于天"，崇高的信仰对共产党人有着巨大的激励和鞭策作用。因此，党员干部要坚定理想信念，以习近平新时代中国特色社会主义思想为指导，常补精神之"钙"，常培思想之元，切实解决世界观、人生观、价值观这个"总开关"问题。要使党员领导干部时刻牢记党的干部是

人民的公仆，每个党员领导干部都必须正确认识和运用自己的职权，模范地实践全心全意为人民服务的根本宗旨，树立正确的价值观是党员干部合格的标准，牢记一切为了人民群众是党员干部一切工作的出发点，把人民赋予的权力用来为人民谋利益是党员干部的价值体现。领导干部应当摆正位置、认清自我，不要忘记自己也是出身于群众，最终也将回归于群众，为群众办实事、办好事，说到底也是为自己、为家人办实事、办好事。只有和人民群众保持密切联系，党的事业才能兴旺发达。自觉接受群众的批评、监督，勇于同滥用职权、以权谋私的不正之风作斗争。正确行使手中的权力，真正做到清正廉洁，勤政为民。

### （三）加强金融机构党的思想建设有助于增强行业的凝聚力和向心力

在中国共产党成立 100 周年之际，中共中央、国务院印发了《关于新时代加强和改进思想政治工作的意见》。该文件指出，思想政治工作是党的优良传统、鲜明特色和突出政治优势，是一切工作的生命线。加强和改进思想政治工作，事关党的前途命运，事关国家长治久安，事关民族凝聚力和向心力。金融机构党的思想政治建设具有特殊性，金融机构不仅面临着沉重的社会责任，还面临维护国家整体利益的考虑。当前有些金融机构并没有认识到加强党的思想建设的重要性和必要性，对党的思想宣传、思想教育敷衍了事，未能全面学习党的基本理论和重大方针政策，对政治意识、政治责任和政治方向不坚定，这给金融行业的发展带来严峻挑战。如此可以加强金融行业员工的向心力和认同感，增强整个行业的凝聚力，提高整个行业的道德素养和政治素养。

## 二、金融机构党的思想建设需要处理几种关系

金融机构党的建设要以习近平新时代中国特色社会主义思想为指导，认真贯彻党的二十大精神，以党的政治建设为统领，践行使命任务，增强

"四个意识",坚定"四个自信",做到"两个维护"。金融机构党的建设具有核心地位,对经济发展是起决定性作用的,习近平总书记就维护金融安全提出加强党对金融工作的领导,坚持党中央集中统一领导,完善党领导金融工作的体制机制的方针,指明了金融机构党的建设最终需要立足于党的领导,立足于金融机构党的思想建设。

### (一)金融机构党的思想建设与党员领导干部队伍建设的关系

党的领导干部的自身建设是金融机构党的建设的决定性因素。要强化金融机构提升政治能力的具体措施,把提高政治能力、防范化解风险作为各级党员领导干部的必修课。举办提高政治能力专题培训班。发扬斗争精神,增强斗争本领,及时有效化解各种风险挑战。围绕提升把握"两个大局"能力和治理能力,加强思想淬炼、政治历练、实践锻炼、专业训练。目前工作跟进不到位,干部自身要求松的问题在金融系统的领导干部中始终存在。这需要在以下方面严格要求:一是重视理论学习,对党的方针政策深入学习。把党章党规党纪作为理论学习中心组、党支部、青年理论学习小组学习的重要内容,开展学习党章党规党纪知识竞赛和效果测试。深入学习《习近平谈治国理政》《习近平新时代中国特色社会主义思想学习纲要》等,认真学习贯彻习近平总书记关于本部门本领域的重要论述。完善并落实部门党组(党委)理论学习中心组等各层级学习制度,提升青年学习质量,选树青年学习标兵。二是认识到思想工作与业务工作的相互作用。思想政治工作只有与业务工作相结合才有生命力,要深入研究两者相互作用的内在规律,找准结合点,促进深度融合,防止"两张皮"。坚持思想政治工作与业务工作同部署、同落实、同考核,确保业务工作推进到哪里、思想政治工作就跟进到哪里。从事思想政治工作的同志要讲业务,从事业务工作的同志要讲政治。要把思想政治工作延伸到金融工作最前沿,为金融工作提供有力的思想组织保障。围绕工作中的难题、改革中的困惑做好统一思想、释疑解惑工作,凝聚攻坚克难的强大力量。三是认识到党员领导干部思想建设对金融群体建设的作用。党员领导干部思想的建设工作关系到金融群体的发展,金融机构的领导干部对于机构自身的资金安全、人事工作、战略方向都有着决定性的作用,对于依靠该金融机构发展的其他金融群体又有着和其业绩好坏的直接关系,所以金融机构的党员领导干部思想建设事关金融群体的发展,对其起着决定性的作用。

### (二) 金融机构党的建设与本部门党的党务工作的关系

加强党务工作的针对性,防止工作的交接断层。目前大多数金融机构没有专门的党务工作机构而是由同级的人事部门代管金融机构党的工作,容易出现人事、监察的名存实亡,造成党务工作的交接断层。党的领导方式、党内监督、组织协调等方面的工作没充分落实,出现领导对党建工作的关注断层。所以要坚持用习近平新时代中国特色社会主义思想武装头脑、指导实践、推动工作,强化金融机构的政治导向,切实把思想统一到习近平新时代中国特色社会主义思想上来,把力量凝聚到党确定的重大战略部署上来。要实行党务工作项目化、工程化、清单化管理,每年部署基层党建重点落实项目和重点创新项目,并将党建工作纳入绩效考核中,建立述职述党建、评议评党建、考核考党建、任用干部看党建的考核机制,大力推进组织建设标准化、党组织生活标准化、党员教育管理监督标准化、基本工作保障标准化、党组织活动痕迹管理标准化。

### (三) 金融机构党的思想建设与本部门业务工作的关系

党的工作从根本上影响金融工作的好坏,关系改革发展全局不容置疑。首先,党的思想建设决定着党建工作的落实情况。党员是实践者和先行者。党员自身的先进性有利于深化金融机构党建工作的创新思路。党员必须做好以下要求:一是要保持良好的精神状态,不畏惧困难。向实践学习,向群众学习,坚持不懈地向党员干部灌输正确的立场、观点和方法,不断将科学理论、丰富知识内化为自己高尚的人格和善知善行的智慧本领,外化为认识世界和改造世界的科学实践和服务群众、推进工作不断创新的业绩。二是要创造性地做好本职工作。要坚持理论联系实际的学风,坚持问题导向、实践导向、需求导向,紧密结合新时代、新实践、新要求,紧密结合思想和工作实际,更加自觉地用党的理论思想指导解决实际问题,切实把学习成效转化为做好本职工作、推动事业发展的生动实践。

其次,正确认识党员和金融机构党建的内在联系,借助党员先进性的依附载体,创造性地开展党的工作。增强先进性和纯洁性的紧密关系,充分利用各类爱国主义、民族团结进步、党风廉政建设等教育基地,构建主题鲜明、特色突出的党性教育基地体系,加强对党员干部的教育熏陶。党的工作有必要结合业务发展目标制定相应的具体实施措施,同时又要有意识地把业务工作的项目管理引入党建工作。要坚持党建工作和业务工作一起谋划、一起部署、一起落实、一起检查,使各项举措在部署上相互配合、在实施中相互促进。把党建与业务工作有机结合起来,做到齐头并进、共同发展。在队伍建设上,注重选拔政治强、业务精、作风好的干部从事党建工作,推进党务干部和业务干部交流,加强教育培训和实践锻炼,全面提高机关党务工作人员队伍的素质和能力。

最后,扩大资源对党建工作的全面渗透。党的各项资源要与业务发展相互融合。通过在资源共享上对接,适时地将党的政治资源和组织资源延伸到业务发展的各个方面,同时把金融业务的物质资源和人才资源融入党组织建设的各个阶段,努力实现党建工作与金融业务资源的相互融合。必须在推动党建与业务工作深度融合上下功夫,通过有效的载体和形式,把党组织的教育、管理和监督等基本职责渗透到业务工作的方方面面,使各项任务的完成都有党员的身影和奉献;把党建工作贯穿于业务工作的全过程,使工作取得的每一项进展都凝聚着党组织的支持和努力;把党的政治、理论、组织、制度和密切联系群众的优势转化为破解业务工作和队伍建设难题的有效武器,激发党员干部和群众立足本职岗位建功立业,以一流的工作业绩推动金融机构治理能力全方位提升。

## 三、落实金融机构法制宣传教育责任

金融机构要在金融法制宣传教育上下功夫,在营造良好的法制工作环境、健全法制教育、拓展宣传方式方面落实好党建工作任务。做好金融法制工作，要坚持党建引领，深入推进全面从严治党，不断增强政治敏锐性和政治鉴别力，积极参与打好防范化解金融风险攻坚战，为稳妥有序处置金融风险提供法律支持，为金融更好地服务实体经济提供法制智慧。

## （一）发挥领导组织的主流宣传作用

领导班子以及金融行业的牵头部门是起导向作用的宣传组成成分，凭借顶层带动基层，起到一种自上而下的主流带动支流的宣传导向，才会让金融法制宣传深入基层。

## （二）开展法制教育

建立健全学法用法教育制度，不断严格化，提高员工对学法用法的关注度。坚持公开办事程序、公开审批条件、公开办事时限、公开办事结果、公开举报电话，运用公共监督的形式推进法制宣传建设。

## （三）拓宽宣传方式，扩大宣传影响

以多种形式进行金融机构法制宣传活动。利用各种节日举办内容丰富的集中宣教活动。同时建立组织专业宣讲队伍进机关、进学校、进农村、进企业，更加全面地进行服务。

## （四）利用新媒体，创新金融机构党的思想运行机制

党的思想建设工作是一项复杂的系统工程，金融机构党的建设要充分发挥新媒体的作用。能量巨大的新媒体，为党的理论政策宣传提供了新载体，带来了新机遇，也为强化社会监督提供了新途径。要正视新媒体迅速发展为党建工作带来的新环境和新变化，抓住机遇，迎接挑战，为加强党的建设提供新的动力。一是要建立金融机构新媒体联系机制，规划梳理优质新媒体品牌，通过列清单的方式，邀请各家新媒体，开展讨论会，进行比较，选择适合自己的新媒体机构。二是建立金融机构新媒体内容管理机制。在新形势下，党建工作要以积极和主动出击的姿态进行舆论引导，要认识新媒体的传播特点和规律，改变传统媒体舆论引导中偏重"灌输"的

局面，要突出吸引力，追求生动性和实效性，通过展示生动丰富的党组织活动图片、真实感人的党内先进人物报告、优秀影片，帮助党员有效鉴别纷繁复杂的信息，理智认识和分析各种复杂的社会现象，帮助广大党员干部强化党性修养。同时，教育党员在新媒体环境中自觉规范自己的言行，并合理使用新媒体，使之成为党的思想政治工作的新阵地。

# 第四章　金融机构党的组织建设

习近平总书记在党的二十大报告中指出，坚持大抓基层的鲜明导向，抓党建促乡村振兴，加强城市社区党建工作，推进以党建引领基层治理，持续整顿软弱涣散基层党组织，把基层党组织建设成为有效实现党的领导的坚强战斗堡垒。全面提高机关党建质量，推进事业单位党建工作。推进国有企业、金融企业在完善公司治理中加强党的领导，加强混合所有制企业、非公有制企业党建工作，理顺行业协会、学会、商会党建工作管理体制。加强新经济组织、新社会组织、新就业群体党的建设。注重从青年和产业工人、农民、知识分子中发展党员，加强和改进党员特别是流动党员教育管理。随着中国特色社会主义进入新时代，基层金融机构不仅要在贯彻新发展理念、建设现代经济体系中发挥重要作用，又要努力成为中央对金融业提出"服务实体经济、防控金融风险、深化金融改革"三项重要任务的具体落实者和执行者，因此，认真学习贯彻党的二十大精神，切实加强基层金融机构党建工作就显得尤为重要。

习近平总书记在全国组织工作会议上开创性地提出新时代党的组织路线，即全面贯彻新时代中国特色社会主义思想，以组织体系建设为重点，着力培养忠诚干净担当的高素质干部，着力集聚爱国奉献的各方面优秀人才，坚持德才兼备、以德为先、任人唯贤，为坚持和加强党的全面领导、坚持和发展中国特色社会主义提供坚强组织保证。

当前，要深入学习贯彻习近平同志重要讲话精神，坚持党管金融，完善党对地方金融机构的领导体制，更好地维护金融安全。金融机构作为社会主义市场经济浪潮中的特殊主体，其党建工作具有一定的特殊性。要想更好地实现金融机构党组织自身目标和基本价值追求，金融机构党组织在带领群众贯彻好党的路线方针政策、落实好党的任务的同时，还必须在建立严密科学的组织体系、充分发挥扩大金融党组织覆盖面、选优配强金融机构各级领导班子、大力发展高端金融人才党员、强化党员日常监督管理和加强基层党组织建设等方面有所作为。

## 一、建立严密科学的组织体系

### （一）严密科学的组织体系使党的领导"如身使臂，如臂使指"

新时代，中国共产党按照纵向到底、横向到边进行组织机构设置，特别注重把党的组织设置在社会最基层、设置在社会各领域各层面，形成了包括党的中央组织、地方组织、基层组织在内的上下贯通、执行有力的严密组织体系。同时，以党章为遵循制定了相关准则、条例、规定、办法、细则等规范性文件，科学设定各级组织机构、明确党员的义务和权利。中国共产党严密科学的组织体系和组织运行方式，保证了组织的和谐稳固，组织优势得以充分发挥。

### （二）严密科学的组织体系有利于践行党的根本宗旨

习近平总书记强调，马克思主义政党具有崇高政治理想、高尚政治追求、纯洁政治品质、严明政治纪律。全心全意为人民服务作为党的根本宗旨，需要深入每一个党员灵魂深处，变成实际行动。党的机构设置纵向到底，中央权威至上，保证了中央的决策部署正确迅速地传达到基层。党的机构设置横向到边，保证了中央的决策部署在各层面的全覆盖和有效贯彻落实。严密科学的组织体系能够确保党的各项工作落到基层、落到实处，通过基层组织密切党和人民群众的血肉联系，保持党的先进性和纯洁性。

**（三）严密科学的组织体系有利于形成党的统一意志，聚合强大动能**

严密科学的组织体系作为组织框架，为组织体系中的每个党组织、每名党员提供秩序和行为规范。在组织体系中，民主集中制是根本的组织制度和领导制度，其核心要求是坚持"四个服从"，做到"两个维护"。习近平总书记指出，增强"四个意识"、坚定"四个自信"、做到"两个维护"，是具体的不是抽象的，领导干部特别是高级干部必须从知行合一的角度审视自己、要求自己、检查自己。党的干部是这样，每个党组织和党员也是这样，所有党组织和全体党员都必须牢固树立"一盘棋"意识，在党中央集中统一领导下齐心协力、步调一致地开展工作，着力形成全党上下贯通、执行有力的严密组织体系。

## 二、有效扩大金融机构党组织覆盖面

扩大金融机构党的组织和党的工作在全社会的覆盖面，是党建工作的重点任务。新形势下扩大金融党组织覆盖面依然是一道难题，一些地方还不同程度地存在党组织空白点、重组建轻管理、党组织之间封闭运行等问题。这就要求金融机构必须适应新的变化，及时跟进党组织设置，促进党组织规范化建设，强化组织管理，增强组织活力，实现党组织有形覆盖、作用有效发挥、资源有力整合。

一是抓组建，及时跟进党组织设置。针对党组织和党员覆盖面不广、党员流动性大的状况，首先要坚持深入基层组织开展调查摸底，全面掌握各级组织的职工人数、党员数、经营状况和组织设置等情况，并将基层党组织及党员统计情况作为注册、年审的重要内容。针对尚未组建党组织的经济组织，要按照单独组建、区域联建、企业统建等办法，尽快组建党组织。其次要着力解决基层党组织弱化、虚化、边缘化问题。比如银行基层经营网点多，要将"支部建在网点"，不断提升基层网点单独设立党组织的覆盖面,确保业务发展到哪里,党的建设就跟进到哪里。最后要提高基层党组织担当意识。要以全面从严治党为契机,引导基层党组织强化担当意识,切实把全面从严治党作为分内之事,督促广大党员干部深入学习习近平总书记系列重要讲话精神,深刻认识基层党组织的重大意义、现实要求和方向路径,增强"四个意识"。

二是抓提升,促进党组织规范化建设。针对一些基层党组织作用发挥不明显、工作运转不正常的问题,采取党委委员包联、结对帮扶的办法,加大整顿转化力度,坚决杜绝"刚建了,又散了"现象的发生。及时调整完善党组织隶属关系,明确管理主体,确保基层组织管理不缺位、不虚化。加强机关党组织示范创建工作。严格按照上级相关要求,落实党建工作经费,配齐配强党务工作者,加强党建阵地标准化建设,丰富党建细胞活动,积极争创先进基层党组织。

三是抓载体,充分发挥党组织和党员作用。一方面按照有场所、有牌子、有制度、有活动记录的"四有"阵地建设标准,做好活动场所建设工作。另一方面扎实开展党员先锋岗、党员责任区、党员诚信经营店等主题党建活动,激励党员主动亮明身份,带头攻关克难,积极参与经营管理和决策。开展党员组织关系全面排查,完善党员信息管理台账,严格标准和程序,做好发展党员工作。完善工作记录,实行党委(支部)日常工作台账管理,做好党费的收缴工作和信息登记工作。强化"党员活动日"制度,扎实开展"三会一课"、设岗创星、志愿服务等活动,增强党员意识。

四是抓发展,不断壮大党员队伍。金融机构基层党组织应注重发展、吸收和培养各类青年业务骨干,避免出现党员队伍断代的情况。一方面,要加强入党积极分子队伍建设,如果不抓好入党积极分子队伍建设,切实提高入党积极分子的综合素质,即使有一定数量的入党积极分子队伍,也不能解决发展党员的问题。只有入党积极分子数量充足、质量较高,党组织发展党员才有充分的选择余地,才能优中选优,切实保证发展党员的质量。另一方面,要在坚持严格程序、确保质量的原则下,健全发展党员工作机制。第一,健全完善制度。对发展党员工作制度进行细化、完善,制定发展计划申报、差额民主推荐、定期培训考察、党委预审把关、全程公开公示等各项制度。第二，规范操作流程。按照发展党员工作程序规范，对入党积极分子培养考察、预备党员接收和转正的每一个环节、每一个步骤的时间、内容、要求进行具体规范，提供范例、范文，建立任务明确、责任清晰的发展党员工作操作流程。第三，强化重点环节，确定入党积极分子和发展对象"双推"环节，组织全体党员和群众代表进行差额推荐，并规定：确定入党积极分子同意票至少要达到 2/3 以上；确定发展对象同意票至少要达到 3/4 以上；接受预备党员和预备党员转正"公示"环节，规范公示内容、范围、期限、方式、责任和程序，并严格做好公示前把关、公示中监督、公示后审查；支部大会"票决"环节，积极推行发展党员无记名投票的表决方式，充分发扬党内民主。

## 三、选优配强金融机构各级领导班子

金融机构要坚持正确的干部路线，建立和完善科学的用人制度，抑制用人上的不正之风，努力把金融系统的各级领导班子建设成为团结务实、坚强有力的战斗集体。党的干部队伍整体素质和专业化水平不断提高，但与新时代党和国家事业发展的要求相比，一些地方和部门选配事业发展急需、既有领导才干又有专业本领的干部时，往往捉襟见肘。因此，增强干部队伍适应新时代中国特色社会主义发展要求的能力，解决能力不足、本领不够的问题，就成为干部队伍建设的当务之急。

一是树立正确用人导向，进一步选好用好干部。政治路线确定之后，干部建设就是决定因素。要坚持党管干部原则，坚持德才兼备、以德为先，切实把好政治关、品行关、作风关和廉洁关，按制度规矩和程序选用干部。不断深化干部人事制度改革，坚决破除论资排辈、求全责备等陈旧观念。选拔那些牢固树立"四个意识"、坚定维护习近平总书记在党中央和全党的核心地位、坚决维护党中央权威和集中统一领导、在思想上政治上行动上同以习近平同志为核心的党中央保持高度一致的干部，着力把好政治忠诚关；选拔那些坚定"四个自信"，具有爱党之心、忧党之情、兴党之责、护党之志的人，着力把好政治定力关；选拔那些勇于同不正之风作斗争、在关键时刻站得出来、顶得上去的干部，着力把好政治担当关；选拔那些善于从政治上观察处理问题、政治敏锐性和政治鉴别力强的干部，着力把好政治能力关；选拔那些遵从党章、严守政治纪律和政治规矩的干部，着力把好政治自律关。

二是优选配强各级领导班子，进一步实现领导班子整体功能发挥的最大化。领导班子起着承上启下、统揽全局、协调各方的重要作用。要严格执行中央文件精神，把那些信念坚定、为民服务、勤政务实、敢于担当、清正廉洁的优秀干部选拔到主要领导岗位上来。各级党委和组织部门在调整选备时，要充分考虑班子成员的专业结构、知识结构、年龄结构的合理搭配，优势互补，确保班子整体功能最大化。大力加强后备干部、优秀年轻干部培养使用。从事业出发，看谁更优秀、更合适，多考虑"该用谁"，而不是"谁该用"，使班子专业素养整体适应一个地方发展需要、一个单位核心职能、一个企业主管业务。坚持实践标准，用专业眼光选择专业的人，不仅看一个干部过去学过什么、干过什么、分管过什么，更要看干成了哪些事、干得怎么样、管得好不好等方面。

三是优化干部教育培训，提高领导班子的整体素质和工作水平。一方面要给干部提供学习的机会、在实践中锻炼的机会、到基层接触群众的机会。另一方面聚焦全面从严治党，将党内法规作为干部教育培训的重要内容，积极开展经常性纪律教育、廉政警示教育、法制教育、道德教育。领导班子成员还要学习党建知识，使自己成为讲政治、懂业务、会管理的现代金融管理人才。要完善在职自学制度，引导干部牢固树立终身学习的理念，坚持学中干、干中学，及时"充电加油"。要用好网络学习平台，发挥网络学院、党建微平台等学习载体作用，不断拓宽学习渠道，丰富学习形式。

四是加强对领导班子的监督，抓好金融系统的党风廉政建设。加强对主要领导干部和领导班子的监督，是新时代坚持和加强党的全面领导、提高党的建设质量、推动全面从严治党向纵深发展的必然要求。强化对贯彻执行民主集中制、依规依法履职用权、担当作为、廉洁自律等情况的监督，做到真管真严、敢管敢严、长管长严。一方面,坚持和健全民主集中制,当前要在领导干部中加强民主集中制的教育,建立健全各项具体制度,完善党内政治生活的各项准则,处理好民主集中制与行长、经理负责制的关系;另一方面,金融系统的各级领导干部一定要自觉遵循党中央、国务院对领导干部在党风廉政建设方面作出的一系列规定。

## 四、加强金融更高端人才党员发展工作

人才建设是一切工作的基础,我们党和国家的各项事业开展,必须要建立在强有力的人才队伍基础上,只有树立强烈的人才意识,从心底尊重知识、尊重人才,才可能吸引人才、用好人才。建设一支数量充足、素质较高、结构合理的入党积极分子队伍,是做好发展党员工作的基础。目前金融机构普遍存在着高端人才入党积极分子人数下降的趋势,高学历骨干人员、海外归国人员等高端人才中党员比例较低,所以各级金融党组织应该采取系列有效措施,加大对高端人才发展党员工作的力度,给党的队伍输送新鲜血液。

首先要制订发展规划,细化工作目标。在每年制订发展党员宏观指导计划时,对高端金融人才比较集中的基层单位,有针对性地进行目标调控,适当规定新发展党员中高端人才所占的比例。要求在发展高端金融人才入党工作方面,采取适当的优先政策。在纳入积极分子队伍方面,实行"三早一加强",即早教育、早培养、早吸收,加强吸纳高端金融人才进入入党积极分子队伍工作的力度;在发展入党方面,实行"三优先一保证",即优先培训、优先上报、优先发展,保证做到成熟一个发展一个,从而确保高端金融人才在新发展党员中的比例稳步增长。同时,在将高端金融人才中优秀党员培养成为党组织负责人方面,也应提前规划,积极为他们担任党内职务创造条件,同时还应将该工作和干部培养结合起来。

其次要落实党建工作责任,提升组织活力。一是要加强基层党组织理

论学习。基层党组织要引导广大党员深刻领会习近平新时代中国特色社会主义思想，坚定理想信念，践行党的宗旨，不忘初心，牢记使命，增强"四个意识"，坚定"四个自信"，坚守共产党人的精神追求，维护党的先进性和纯洁性。二是要强化基层党组织宗旨意识。中国共产党一贯坚持立党为公、执政为民，就是为了要始终保持党同人民群众的血肉联系，坚持以人为本，切实维护好、实现好、发展好最广大人民的根本利益，真正做到权为民所用、情为民所系、利为民所谋。三是要发挥基层党组织先锋模范作用。坚持把党的执政能力建设和先进性建设作为党的建设主线，是我党在清醒认识党所处的历史地位、所肩负的历史使命、所面临的国内外环境的基础上作出的科学判断。加强基层党组织执政能力建设和先进性建设，建设高素质干部队伍，凝聚各方面人才和力量，使党始终代表中国先进生产力的发展要求、中国先进文化的前进方向和中国最广大人民的根本利益，保证党始终为人民执好政、掌好权。四是要坚持基层党组织改革创新。基层党组织要进一步加强学习、善于学习，努力掌握和运用一切科学新思想、新知识、新经验，更好地研究新情况、解决新问题，是党提高创造力、凝聚力和战斗力，充分发挥基层党组织战斗堡垒作用的重要举措和政治保障。

最后要创新组织工作思路，积极引导入党。一是要坚持标准，实事求是。习近平总书记指出，实事求是，是马克思主义的根本观点，是中国共产党人认识世界、改造世界的根本要求，是我们党的基本思想方法、工作方法、领导方法。要始终与党在思想上政治上行动上保持一致，在上级部门的正确领导下，从自身做起，自觉地加强思想改造，真正理解全心全意为人民服务的宗旨，扎扎实实地开展各项工作。二是要解放思想，实施超常规发展。解放思想就是突破固有的传统思维模式和习惯做法，破除那些不合理的规矩，就是敢于否定自己，敢于批评自己，接受新的事物，用新的思维、新的做法来破解难题、创造性地工作。三是要创新在高端金融人才中发展党员工作的方式方法。入党积极分子考察阶段和预备党员发展阶段，党组织要派专人进行培养联系，上级党委要安排党委成员面对面深入座谈，党组织要有意识、有针对性地下达任务，在工作中考验检查党员素质是否过硬，坚决发展成熟党员，杜绝滥竽充数。四是要针对高端人才的个性特点，要灵活掌握和运用方式方法。要结合高端人才的需要，个性化采取能够吸引他们加入党组织的方式，不断增强他们对党组织的兴趣，从而提升他们主动入党的积极性。

## 五、强化党员日常监督管理，保持党员队伍纯洁性

当前金融机构党员干部队伍总体上是纯洁、团结、有战斗力的，在国家金融事业发展中发挥了模范和表率作用，是党员干部队伍的主流。但也必须看到，伴随着改革开放的深化和社会经济转型发展，在利益主体多元化、社会思想观念多样化的大背景下，少数党员干部也或多或少地存在着这样或那样的问题，一些腐败案件还时有发生。

一是要做到制度引领，严格组织生活制度。《关于新形势下党内政治生活的若干准则》以专章阐明"严格党的组织生活制度"具体规定，强调党的组织生活是党内政治生活的重要内容和载体，是党组织对党员进行教育管理监督的重要形式。必须坚持党的组织生活各项制度，创新方式方法，增强党的组织生活活力。组织生活形式要多样化，要破除就事论事、教育模式单一化、教育手段单一化等问题。可采取召开座谈会、专家讲授、外出参观等形式，使党员在组织生活中畅所欲言、群策群力、建言献策，发挥好党员的先锋模范作用。要利用好现代化科技手段，创新微党课、情景互动式党课、网络教育等方式，方便党员学习交流，也让流动党员能够参与组织生活中来。

二是要做到思想引领，营造纯洁精神家园。扎实抓好企业党的建设，加强理想信念教育，加强党性教育，加强纪律教育，加强党风廉政教育。要适应新形势新要求，不断推进思想建设的形式和内容、方法和载体的创新。要提高党的思想建设的质量和成效，就应当适应不断变化的现实需要，不断创新内容和形式、方法和载体，将党建思想在不断发展的社会实践中落实落地生根。对一个党员、干部来说，思想纯洁是立身之本、从政之基。

"清正在德，廉洁在志"，坚定理想信念，筑牢思想防线，永葆共产党人政治本色，为政用权就有了正确方向，"拒腐蚀永不沾"就有了钢铁屏障。大量腐败案例也警示我们，精神懈怠容易导致消极腐败，腐化堕落，起于一念之贪；滥用权力，源于一念之私。

三是要做到作风引领，提升高效履职水平。群众对党的纯洁性的感知和认同，主要是通过党员干部的作风好坏进行评判。结合金融行业特点，积极把握社会和群众的金融需求，努力帮基层解决实际困难，通过领导干部基层调研，与群众交流沟通。要树立创新意识，敏锐把握辖区经济金融发展中出现的新情况新特点，不断创新举措，成为辖区金融稳定的坚定维护者、金融服务的高效提供者、金融生态建设的积极实践者。正视自身差距和不足，自觉抵制各种不正之风。紧紧围绕"不忘初心、牢记使命"主题教育的总体要求，深入开展领导干部利用名贵特产类特殊资源谋取私利问题再排查，以彻底的自我革命精神真刀真枪检视自我，改正错误，切实以党章党规党纪规范自己的言行举止，同时管好身边人，看好自家门，以身边事警醒身边人，以坚强的党性和高尚的人格树立清正廉明的家风，与家人一起筑牢夯实拒腐防变、抵御不正之风的思想道德防线，始终做到清白做人、干净做事。

四是要做到法纪引导，注重廉政风险防控。"木受绳则直，金就砺则利。"严明的法纪是永葆党的先进性、纯洁性的重要保证。坚决维护党的纪律，特别是政治纪律，认真组织学习贯彻党章和党内法规，引导党员干部切实增强政治敏锐性和政治鉴别力，始终保持正确的坚持方向、政治立场和政治观点。要深化制度执行力专项建设，以惩罚体系建设为统揽，以规范权力运行为核心，构建内容科学、程序严密、配套完善、有效管用的制度体系。加强对重点领域、关键岗位执行制度情况的检查，建立制度执行责任追究机制，形成执行制度的压力和动力。要把宣传教育贯穿深化廉政风险防控工作的全过程，宣传深化廉政风险防控工作的重要性和必要性，宣传已取得的工作成效和好经验、好做法。同时，大力开展权力观教育、岗位廉政教育、示范教育、典型案例警示教育和法纪教育，引导广大党员干部牢固树立廉洁意识、风险意识和责任意识。紧密结合党员干部思想和前期防控工作实际，制订有针对性的廉政风险教育计划。要不断创新教育载体，通过多种形式，深化廉政风险教育，并与在全党开展的群众路线教育实践活动结合起来。

五是要做到热点引导，规范舆情信息管理。要从社会舆情多层次的实际出发，把握媒体分众化、对象化的新趋势，努力构建定位明确、特色鲜明、功能互补、覆盖广泛的舆情引导新格局，充分发挥好媒体融合的作用，利用微博、微信、客户端、手机报、网站等多种传播渠道，传播不同的产品内容。当前新兴媒体影响力日益扩大，对党引导社会舆论、凝聚社会共识的能力形成考验。金融机构各级各组织要把掌握舆情变化、提高同媒体打交道能力和舆论引导水平，作为新形势下提高履职为民水平的重要方面，要注重正面引导。坚持及时准确、公开透明、有序开放、有效管理、正确引导的方针，积极主动做好辖区经济金融热点问题的舆论引导，有力宣传辖区稳增长、控物价、调结构、惠民生、抓改革、促和谐的具体举措和成效。

## 六、加强金融机构基层党组织建设

金融机构基层党组织既是党联系群众、服务群众的重要桥梁，也是金融机构实现自身价值的重要手段。《中国共产党组织工作条例》提到，党的基层组织是党在社会基层组织中的战斗堡垒，是党的全部工作和战斗力的基础。习近平总书记指出，要把各领域基层党组织建设成为坚强战斗堡垒。要不断提高不敢腐、不能腐、不想腐的综合功效，持续巩固发展良好的政治生态。党的基层组织是党执政的组织基础，担负着直接教育党员、管理党员、监督党员和组织群众、宣传群众、凝聚群众、服务群众等重要职责，任何时候、任何情况，增强基层党组织政治功能和组织力都不可放松。

### （一）认真完成规定动作，夯实基础

认真完成规定工作，是做好基层党建工作的起点。要按照"围绕中心，服务大局"的要求，建设"服务型、学习型、开拓型"党组织这一

目标。基层党组织，是党在一线的堡垒，是党在基层一线全部工作和战斗力的基础，是执政大厦的基石、群众的主心骨，也是基层治理的"桥头堡"。要严格组织生活，落实考核措施。基层党组织的组织生活是党的组织生活的重要组成部分，是基层党组织对党员进行管理、教育、监督的重要形式。国有基层金融机构党组织要严格落实"两学一做"常态化制度化要求，坚持"三会一课"制度，充分运用"党建＋互联网"，并结合基层金融机构的晨夕会、例会等形式创新组织生活方式方法，丰富组织生活内容，增强基层党组织组织生活的凝聚力、创新力，增强党组织的活力。要通过制定包括落实党建主体责任、执行党建工作制度、践行党的宗旨等内容在内的基层金融机构党建工作评价办法和支委会或党组织负责人述党建机制，将党建工作目标与经营管理目标有机结合起来，实现党建工作与业务发展、经营管理同部署、同检查、同考核、同评价，将基层党建工作成果更好地体现在推进基层金融机构业务发展、提升管理水平上。

## （二）发挥主观能动性，吃透"两头"

基层党组织做好党建工作的基础，在于吃透两头，了解上情和下情。一是基层党委工作者要加强自身学习，吃透党中央上级党组织的各项部署和要求，掌握有效的工作方法和适合自身的工作艺术。党务工作者要本着把党建工作做得更规范、更有序、更系统的目的，用习近平新时代中国特色社会主义思想武装头脑，及时更新知识体系，不断丰富学习内容。同时还要对"三会一课""主题党日"等基础党务知识进行学习，全面把握新形势下党建工作的要求，真正把党建工作做好、做细、做实，充分发挥支部推动发展、服务群众、凝聚人心、促进和谐的作用。二是基层党务工作者要主动深入了解党员和群众日益多元的利益诉求和思想动态。金融机构员工个性化、自主化特征日趋明显，做好思想政治工作必须适应这一时代发展的变化，坚持以人为本的工作理念，认真研究员工的心理特征，切准思想脉搏，改进方式方法，坚持"一把钥匙开一把锁"，使党务工作始终跟上时代节拍。

### （三）积极探索党建工作新途径，大胆创新

金融机构基层党组织应主动适应党员职工队伍利益诉求和思想观念的变化，不断优化党建工作的路径。一是要理顺基层党组织与各级党组织之间的关系，建立组织对组织的单线权力链，杜绝多头领导和重复指令，提高基层党组织工作效率。二是要完善基层党建相关制度，通过健全基层党组织负责人的党建工作第一责任人制度，建立各职能部门、各支部分工协作的大党建格局等方式。基层机构党组织负责人作为领导班子的带头人，是党组织发挥领导作用、提升组织力的关键。要让基层党组织负责人在工作中唱主角，帮助和引导基层党组织负责人坚持围绕中心，自觉把党建工作放到全局的大盘子中去认识、思考和推动，不断提升基层党组织服务大局的水平和能力，推动基层党组织负责人在服务国家战略、支持实体经济发展、推动改革发展和有效防控金融风险中发挥积极作用，切实把基层党组织建设成为坚强战斗堡垒。三是创新基层党建工作方式和载体。围绕金融机构发展，找准结合点，围绕企业发展方向、企业精神、企业文化等设计思想政治工作的活动载体和工作平台。

### （四）结合实际开展工作，"虚实结合"

基层党建工作主要是传达、贯彻、执行党的路线方针政策和上级党组织的决议指示，主要通过理论观点和方法解决党员群众的认识和思想问题，具有务虚、工作成果难以显现、工作业绩难以量化等特点。这也是许多人对基层党建工作产生认识偏差的重要原因。金融机构基层党建工作要想更有吸引力、更有效服务履职，应做到"虚实结合"，将党建工作与具体工作有机结合起来，有效发挥基层党组织的核心作用。

### （五）强化纪律教育，严控金融风险

金融是国民经济的命脉，做好金融工作关键是围绕党和国家的经济金融政策和重大决策开展工作。基层金融机构党组织要发挥好政治引领作用，组织广大党员和员工认真学习习近平新时代中国特色社会主义思想，强化

"四个意识"，增强"四个自信"，确保日常经营管理行为符合党的二十大作出的各项战略部署，在回归本源、服务实体经济和供给侧结构性改革中发挥好重要引导和服务保障作用。要按照全面从严治治和持之以恒正风肃纪的要求积极推进国有基层金融机构廉洁文化建设，严格执行"三铁"制度，加强廉洁警示教育，始终做到依法经营、依规经营，防范金融风险。要增强宗旨意识，充分运用互联网技术和创新现代金融工具，努力为社会公众提供便捷、高效、优质的综合金融服务。

### （六）加强队伍建设，培育党务人才

国有基层金融机构要根据党组织规模和党员数量，建立健全负责基层党建的工作机构，并配好配齐专兼职党务工作人员，为基层党务工作的开展提供人力资源保障，确保基层党建工作有人做事、有人管事，党建工作各项任务落到基层。要通过专题培训、组织开展交流与研讨等方式加强党务工作人员队伍的教育与培养，提升党务工作的履职能力、执行能力、创新能力。要按照"政治坚定、素质优良、精干高效"标准培育一支既懂金融业务，又懂党建工作的党务工作者队伍。要坚持从业务骨干中选拔优秀人才充实到党务工作岗位和选拔有党务工作经历人员担任管理职位相结合，把党务工作岗位作为国有基层金融机构培养、选拔各级优秀管理人员、专业技术人才的重要平台。

# 第五章　金融机构党的作风建设

党风即党的作风，党的作风是党的形象，是党的性质、宗旨、纲领和路线的重要体现，是党的创造力、战斗力、凝聚力的重要内容，也是党的先进性和纯洁性的重要标志，关系着人心向背，关系着事业成败，关系着党的生死存亡。党的作风建设是体现党先进与否的关键标准，在党的建设体系中发挥着十分重要的作用。加强和改进党的作风建设，是党建设经验的总结，是时代发展的必然要求，是党永远立于不败之地的重要保证，是共产党执政规律的必然要求。

对于作风建设，习近平总书记曾指出，执政党如果不注重作风建设，听任不正之风侵蚀党的集体，就有失去民心、丧失政权的危险。我们党作为一个在中国长期执政的马克思主义政党，对作风问题任何时候都不能掉以轻心。党的十八大以来，以习近平同志为核心的党中央高度重视党的作风问题，先后出台"八项规定"，查纠"四风"，整治腐败，深入开展党的群众路线、"三严三实""两学一做"、党史教育等教育实践活动，以踏石留印、抓铁有痕的精神真抓实干，在取得重大成效的同时开创了党的作风建设新局面。当前中国特色社会主义进入了新时代，新时代对党的作风建设提出了更高的要求。金融业是国家发展的重点行业，是现代经济发展的核心，也是我国经济发展的主要支柱之一。基于金融行业在我国发展中的特殊地位，必须提高党管金融的政治站位，切实全面加强金融机构的作风建设。

## 一、作风建设，必须紧紧围绕保持党同群众的血肉联系

人民群众是执政之基，力量之源。"求木之长者，必固其根本；欲流之远者，必浚其泉源。"加强和改进党的作风建设，核心问题是保持党同人民群众的血肉联系，不断厚植党执政的群众基础。金融是国家重要的核心竞争力，推动金融业的健康发展和深化金融机构改革也离不开人民群众的参与和支持，长期以来，我们党在密切联系群众方面形成了比较系统的制度、积累了比较成熟的经验，这些都应继续发扬。同时，要坚持与时俱进、有所创新，尤其要关注信息时代的新趋向。深入改善金融领域的党群关系，强化金融机构作风建设，是新时代打赢防控风险攻坚战的必修课。

### （一）以群众立场为落脚点，满足人民的美好生活需要

以群众立场为改革发展的落脚点，能促使发展成果更多、更公平地惠及全体人民。新时代我国社会主要矛盾已经转化为人民日益增长的美好生活需要和不平衡不充分的发展之间的矛盾。人民的美好生活需要在日益增长，而解决发展的不平衡不充分问题也是一个过程，必须通盘考量、协调解决，才能实现二者的动态平衡。习近平总书记指出，保障和改善民生要抓住人民最关心最直接最现实的利益问题，既尽力而为，又量力而行，一件事情接着一件事情办，一年接着一年干。坚持人人尽责、人人享有，坚守底线、突出重点、完善制度、引导预期。这一重要讲话内涵丰富、意义深远，为我们践行以人民为中心的发展思想、更好满足人民日益增长的美好生活需要指明了方向。我国社会主要矛盾已经发生变化，人民美好生活需要日益广泛，对物质文化生活提出了更高要求。因此，金融机构的改革发展也必须适应这一要求，牢固树立以人民为中心的发展思想，站在群众的立场谋事做事，以人民群众的多样性需求为导向，不断推动金融工作的创新与发展。

以群众立场为落脚点要求金融机构的改革发展要以习近平新时代中国

特色社会主义思想为指导，从满足人民日益增长的美好生活需要出发，把更多的金融资源配置到经济社会发展的重点领域和薄弱环节，更好地满足人民群众各方面的金融需求。金融行业的发展要与人民群众同呼吸共命运，永远把人民对美好生活的向往作为奋斗目标。金融业也要从服从经济社会发展的全局着眼，盯紧金融工作的重点和短板，找准发力，优化金融供给，鼓励金融创新，丰富金融市场层次和产品。

### （二）以群众利益为出发点，推动发展普惠金融

习近平总书记反复强调，要保持同人民群众的血肉联系，把立党为公、执政为民落实到全部工作中，认真贯彻党的群众路线，坚持人民主体地位，发挥人民首创精神，着力解决好人民群众最关心最直接最现实的利益问题，不断让人民群众得到实实在在的利益，充分调动人民群众的积极性、主动性、创造性。事实上，人民群众才是我们最值得依靠的力量，离开了人民群众的大力支持，我们共产党人将一事无成。

我们党的最大政治优势是密切联系群众。尊重人民的意愿、尊重人民的主体地位、尊重人民所拥有的一切权利，是我们应当而且必须要始终坚持的。把人民的冷暖安危放在心上，把人民的利益举过头顶，这是我们党的性质和宗旨决定的，也是每一个共产党人都必须铭记的誓言。人民群众高兴不高兴、满意不满意、拥护不拥护、答应不答应，是我们党一切工作的出发点和落脚点。

站稳群众立场，就要打成一片。忠诚干净，务实坚韧，不辱使命，创造一流，是我们干事创业的内在要求。人民对美好生活的向往，就是我们的奋斗目标，这是我们对人民的庄严承诺。我们要牢记习近平总书记的嘱托："只要我们党把自身建设好、建设强，确保党始终同人民想在一起、干在一起，就一定能够引领承载着中国人民伟大梦想的航船破浪前进，胜利驶向光辉的彼岸。"共产党人要清楚地懂得"幸福是奋斗出来的"的深意，不要总想走捷径、总想一劳永逸，要摒弃不愿努力付出、不愿过艰苦生活的懒汉思想，只有与人民同甘共苦的贤者才能享受真正的快乐。

金融行业经过多年的改革发展，综合实力和抗风险能力已经显著增强。

但是，金融在涉及社会公共服务领域还存在很多的问题和差距。比如，农村金融基础弱、网点少、成本高，金融服务的覆盖面还有待提高；中小企业融资难、融资贵的问题仍然存在；金融消费者合法权益保护力度有待加强等。解决好金融领域存在的这些问题需要推动普惠金融的快速发展，在金融工作中进一步贯彻落实党的群众路线。

以群众利益为出发点，推动发展普惠金融，一方面有利于深化金融改革，另一方面普惠金融的发展有利于我国实现共同富裕，通过运用小额贷款等金融手段帮助贫困群众更好地实现脱贫致富，不断提高人民群众对金融服务的获得感。积极贯彻落实国家发展战略，履行好服务实体经济、支持民营经济的责任，将小微企业、"三农"、贫困户、高校学生等社会各阶层和群体作为普惠金融重点服务对象，提供专业有效的金融服务。

深入贯彻党和国家关于金融服务实体经济的政策要求，全面提升金融服务效率和水平，配置更多的资源到经济发展的重点领域和薄弱环节，大力发展普惠金融，更好地满足人民群众和实体经济多样化的金融需求。

## （三）以群众力量为主力，有效破解改革发展难题

人民群众是历史的创造者和推动者，是各项事业发展的根本依靠和强大动力。中华民族伟大复兴的中国梦是由一个个具体且微小的个体梦想组成，当每一个个体梦想实现的时候，伟大梦想才能无限接近。而这每一个个体梦想中都蕴含着无数群众自身拼搏的力量，聚集起这磅礴的群众力量，我们党将拥有强大的战斗力和旺盛的生命力，才能不断夺取伟大斗争新胜利。当前我国经济形势严峻复杂的原因是多方面的，既有外部冲击和经济景气周期变化等直接和短期的因素，也有体制不健全、不完善等深层次的矛盾和问题。国际金融危机对我国经济的冲击表面上是对经济增长速度的冲击，实际上是对我国经济发展方式的冲击。我们要认真学习、深刻领会中央经济工作会议精神，把思想认识统一到中央对当前国际国内形势的判断以及今后经济工作的总体要求上来。进一步解放思想、创新思路，准确地把握经济社会发展的时代特点和客观规律，着力形成有利于内外部经济平衡发展的国际合作与竞争新优势。

在中国特色社会主义新时代，金融行业大有作为，但是在不断创造巨大利益的同时，金融机构党组织也要提高自身的社会责任感。保障和改善民生是凝聚广大人民群众力量的内在要求，有效破解金融改革发展难题，必须从维护最广大人民根本利益的高度出发，千方百计帮助群众解决最关心的现实问题。把"守初心、担使命、促履职"与"金融为民"理念贯穿于履职管理全过程，立足自身职能实际，延伸金融服务触角，切实为民办实事解难题。聚焦脱贫攻坚，深入推进金融精准扶贫；聚焦民营小微企业发展，着力解决企业融资难；聚焦金融生态环境建设，深入推进农村信用工程建设；聚焦金融便民服务，推动移动支付便民工程向纵深发展。多措并举促改革，把脉时代谋发展。

## （四）以服务群众为核心，打造金融系统的服务平台

在党的二十大报告中，习近平总书记指出，深化金融体制改革，建设现代中央银行制度，加强和完善现代金融监管，强化金融稳定保障体系，依法将各类金融活动全部纳入监管，守住不发生系统性风险底线。改革开放以来，中国金融经济历经长足发展，不断在实践中总结经验、于经验之上更好地进行实践，逐步建立起一套完整规范的金融市场监督体系、发展体系及风险控制制度。金融经济作为所有行业发展的原始推动力，一直并将长期位于金字塔的顶端，深刻地影响着国民经济发展进程。在充分肯定我国金融市场及经济发展所取得成就的同时，我们同样要认识到在此过程中显现的复杂性问题及矛盾，如传统金融与高科技金融的矛盾及结合、金融市场风险种类的增多、中小企业实体企业融资难和融资渠道单一、区域性金融风险及发展障碍、私募股权流动性严重缺乏、非法集资及违规操纵金融市场行为的泛滥、恶性竞争等。政府部门作为弥补市场失灵所造成的诸多复杂性问题的有形抓手，应站位于我国经济新常态、新局势，充分发挥公共服务职能，着眼于长远发展、致力于现有存在的问题，支持及引导打造金融综合服务平台，发挥金融市场创新机制作用、优化行业发展结构、促进行业体系升级转型。

金融业属于服务业，应打造卓越金融服务，努力建设人民群众满意的

金融机构。为更好地服务广大人民群众，首先，金融机构党组织要加大金融知识普及的宣传力度；其次，金融机构党组织要加强对金融消费者的权益保护，不断完善金融工作的体制机制，改进金融行业的服务质量，促进金融消费者权益保护协调机制；再次，金融机构党组织要提高群众的金融风险防范意识；最后，金融是实体经济的血脉，为实体经济服务是金融的宗旨，金融机构党组织要把服务社会的责任、服务实体经济的责任以及防控金融风险的责任有机融入金融业自身发展中，在新时代创造出更多的社会价值。

中国特色社会主义新时代，金融机构党组织既要推动金融行业的快速发展，又要让金融业充满温度，充分体现中国制度的优越性。依托大数据平台发展，建设高科技金融创新服务平台；针对中小企业发展，打造多元化渠道融资服务平台；发挥第三部门公共服务优势，构建以第三部门为主导的金融服务平台；应对国际化市场发展，搭建国际金融交流平台。打造中国领先的多元化金融服务体系和金融信息服务平台。

### （五）以群众监督为重点，坚决维护金融安全

监督是权力正确行使运行的根本保证，是加强和规范党内政治生活的重要举措。党的自我监督是党自身的一种净化和省察，群众监督则是一种外在审查和鞭策。重视群众监督是党密切联系群众，全心全意为人民服务宗旨的体现，也是党一贯的优良传统和政治优势。新时代从严治党，需要充分发挥群众监督这一最广泛最重要的力量，坚持党内监督和群众监督相结合，健全对党组织和党员的监督体系，增强党在长期执政条件下自我净化、自我完善、自我革新、自我提高的能力，确保党始终成为中国特色社会主义事业的坚强领导核心。

维护金融安全，是关系我国经济社会发展全局的一件带有战略性、根本性的大事。"金融活，经济活；金融稳，经济稳。"必须充分认识金融在经济发展和社会生活中的重要地位和作用，切实把维护金融安全作为治国理政的一件大事，扎扎实实把金融工作做好。要深化对国际国内金融形势的认识，正确把握金融本质，深化金融供给侧结构性改革，平衡好稳增长和防风险的关系，精准有效处置重点领域风险，深化金融改革开放，增强

金融服务实体经济能力，坚决打好防范化解包括金融风险在内的重大风险攻坚战，推动我国金融业健康发展。

金融机构是高风险行业，防范系统性金融风险是极其重要的工作。当前世界面临百年未有之大变局，我国发展既面临重大历史机遇，也面临不少风险挑战。金融安全作为国家安全的重要组成部分，是经济平稳发展的重要基础。金融安全直接关乎国家经济社会稳定大局，关乎人民群众根本利益。金融安全是国家安全的重要组成部分，金融机构党组织必须把维护金融安全稳定放在首要位置，不断完善金融监管体制机制，在有效监管、防范风险前提下促进金融创新。多措并举，防控金融风险。

关键岗位和一把手掌握着审批和监管等重要权力，是金融系统的监督重点。当前金融机构党组织要以群众监督为重点，严厉惩治腐败，加强党风廉政建设，从而防范金融风险，维护金融安全。首先要广宣传，多教育；其次要畅通群众监督渠道，金融机构党组织要推动金融系统信息公开，完善信访举报制度，利用互联网等信息化手段，打造更便捷高效的网络举报平台；最后要建立健全奖惩制度，金融机构党组织对提供问题线索、检举揭发的群众个人信息要严格保密。

针对经济金融风险的新特征、新变化，应将科技驱动优势贯穿于事前、事中、事后金融监管的全链条，依法建立跨部门、跨地区、跨层级的公共数据融合和监管信息共享机制，综合运用人工智能、大数据、区块链、应用程序编程接口等新一代数字技术，逐步实现监管规则的数字化翻译、数据实时化采集、风险智能化分析、结果可视化呈现等功能，从而为金融监管部门插上科技的翅膀，使其在维护金融安全、防控金融风险方面始终保持耳聪目明、身捷手快。

## 二、以上率下，严防"四风"反弹，坚决反对特权

党的作风体现党的宗旨、反映党的纪律、展示党的形象。解决"四风"问题关系人心向背，关系党和国家的生死存亡，只有解决好了这个问

题，才能始终依靠人民推动"中国梦"的进程，才能夯实党的执政基础，巩固党的执政地位，增强党的创造力凝聚力战斗力，保持党的先进性和纯洁性。作风建设是场持久战，坚持到底，才能始终确保党的先进性和纯洁性，维护党的健康肌体，为党和国家事业发展提供坚强政治保证。党的二十大报告提出，要锲而不舍落实中央八项规定精神，抓住"关键少数"以上率下，持续深化纠治"四风"，重点纠治形式主义、官僚主义，坚决破除特权思想和特权行为。

要始终坚持和践行党的群众路线，用习近平总书记系列重要讲话精神武装头脑，注重引导党员干部继续在思想上补课、精神上补"钙"，进一步深化对"四风"问题的表现、实质和危害的认识，增强广大党员干部加强作风建设、坚持和践行党的群众路线的思想自觉、政治自觉和行动自觉。要牢固树立从自己查起、从现在改起的意识，真正把自己摆进去，自加压力，激发动力，带头落实中央的决策部署，一级做给一级看，一级带着一级干，形成以上率下、上行下效的示范效应，使防止和杜绝"四风"问题、加强作风建设形成常态并始终保持高位推进的良好态势。

### （一）力戒形式主义，坚持求真务实

形式主义，实质就是片面地追求形式而不注重实际的工作作风，或只看事物的现象而不分析其本质的思想方法；所谓求真务实，就是解放思想、实事求是、与时俱进地探索事物的本质和规律，并以这种规律性认识为指导来开展工作和创新实践的科学态度。

形式主义片面强调形式，不注重内容。表现为对上一套、对下一套，阳奉阴违，弄虚作假，做工作以领导满意为荣，却不以让群众失望为耻，空泛表态、敷衍塞责。形式主义既是思想问题、作风问题，也是政治问题，同我们党的性质宗旨和优良作风格格不入。要克服麻痹思想，谨防形式主义，方能真抓实干，抓出长效。党员干部要坚决防止高高在上、浮在表面、空喊口号，防止以会议落实会议，以文件落实文件，简单把工作往下推，不解决实际问题，防止盲目乐观、推诿扯皮、管理混乱，贻误防控时机。需要指出的是，反对形式主义，不是反对形式本身。在实际工作中要反对

片面追求形式而忽视内容的形式主义,既然形式对内容具有反作用,就要反对形式虚无主义,根据内容发展的要求,适时采取适合内容发展的新形式。

在金融机构中,要真正实现"实",就必须大力弘扬我们党求真务实的优良传统,在求实效上下功夫,做到谋划实、落实实、督察实。首先,谋划要实。金融机构党组织要突出问题导向,大兴调查研究之风,把矛盾和困难摸清摸透,把对策和方法考虑周密。要把调查研究贯穿改革发展各方面,作为决策和执行的重要前提和必经程序,作为解决民生急需的重要渠道,作为改进作风、密切联系群众的重要方法,在深入调研中站稳群众立场、增进群众感情。要切实提高调查研究实效,坚持领导带头,坚持问题导向,坚持实事求是,加强综合研究,改进调研方式,多到困难多、矛盾多的地方去,多到情况复杂、矛盾尖锐、群众意见多的地方去,多到自然条件差、工作基础差的地方去,多搞一些不打招呼、不作安排的随机性调研,全面深入了解真实情况,提出解决矛盾问题的有效措施和办法,在调查研究中增强学习研究能力、改革创新能力、群众工作能力,使调查研究成为自觉的经常性活动。其次,落实要实。进入新时代,金融机构的担子越挑越重,金融系统各级党组织要紧扣我国社会主要矛盾变化,按照高质量发展的要求,在统筹推进稳增长、促改革、调结构、惠民生、防风险各项工作中,充分发挥自身作用,增强金融服务实体经济能力。要以核查党员身份信息、清理党员入党材料、检查党员组织关系接转情况、摸清流动党员去向现状和摸排长期与党组织失去联系党员情况五项重点内容为主,深入开展党员组织关系大排查工作。最后,督察要实。金融机构各级党组织要用好督察这把利剑,既督进度、督成效,又察责任、察作风。督查工作要做到督帮结合。在督查中,要践行"督中有帮、督帮结合"的理念,既要坚持原则、秉公办事、公平公正开展督查,让督查成果落地有声,体现督查工作的严肃性和权威性,也要多考虑基层的实际困难,多为基层服务。督查不是简单的施号发令,既要敢于指出问题,也要主动帮助基层单位协调解决工作中遇到的困难和问题,调动基层单位的工作积极性。

### (二)反对官僚主义,防止脱离群众

官僚主义的实质是封建残余思想作祟,其特征主要是脱离群众,这是中国共产党执政后的最大危险。官僚主义根源是官本位思想严重、权力观扭曲,主要表现为脱离实际、脱离群众,高高在上、漠视现实,唯我独尊、自我膨胀,盲目依赖个人经验和主观判断。官僚主义发展与蔓延的恶果,必然表现为腐败滋生,尔虞我诈,必然表现为脱离人民,贪腐成风。全心全意为人民服务是党的根本宗旨,党员干部应该是人民的公仆。在反对官僚主义方面,要着重解决在人民群众利益上不维护、不作为问题,既注重维护最广大人民根本利益和长远利益,又切实解决群众最关心最直接最现实的利益问题。

在解决官僚主义问题时,金融机构党组织及其领导干部必须牢固树立以人民为中心的理念,以服务基层、服务群众、服务民生为重点,勤勉履职,扎实尽责。一是在倾听职工呼声中提高工作能力,不断完善自己。作为党员领导干部,要积极加强自身修养,慎独慎微、勤于自省,常修为政之德,常思贪欲之害,常怀律己之心,不断完善人品操行,提高人生境界。牢固树立正确的世界观、人生观、价值观,始终保持政治上的清醒和坚定,不断加强党性修养。党性修养是共产党人的立身之本,理想信念是共产党人的精神支柱。加强党性修养,坚定理想信念,从而更进一步坚定中国特色社会主义的道路自信、理论自信、制度自信、文化自信,在思想和行动上自觉按党性原则办事。二是在真心实意向群众学习中拓展工作视野、丰富工作经验、提高理论联系实际的水平。人民群众是历史的创造者,蕴含着最为波澜壮阔的力量,从"民可载舟,亦可覆舟"的民本思想,到"其兴也勃焉,其亡也忽焉"的历史事实,尊重民意,问计于民,成为了历史见证下的真理,而向群众学习则是践行这一真理的最有效途径。只有向群众学习,才能知道群众真正的所思所想,才能时时刻刻与群众保持血肉联系,才能不脱离群众,才能让中国共产党改革发展的步子走得更稳更顺。向群众学习,就是要热爱群众。要讲团结,如果在工作和生活中只想着领导群众、指挥群众而不是与群众一同站在同一条战线上,势必会脱离群众,

难以走进群众心中，只有唤起最广大群众的积极性和热情，才能为国家建设、民族富强积蓄最大的攻坚力量；要有强烈的同理心，也就是要以群众之心为心，要对民情有最深切的感性认识，尽量从群众的角度去感受他们的生活、困难以及喜怒哀乐，体会到什么才是他们真正想要的，从群众的需要中找到改革的方向。三是要在虚心接受人民监督中自觉进行自我反省、自我教育。既然党的权力是人民赋予的，党是全心全意为人民服务的，党就必须接受人民的监督制约。纵观党的历史，让人民监督权力是我们党推进自身和国家建设的基本经验。特别是在社会主义社会，人民当家作主，人民群众这种主体地位更应该得到充分的体现与保障，领导干部更应该受到有效的监督制约。如果人民群众在监督制约方面作用发挥不充分，党员干部中各种官僚主义问题就往往得不到有效遏制。

### （三）整治享乐主义，提倡艰苦奋斗

享乐主义是思想上理想信念动摇，工作上不作为、混日子，实质是革命意识衰退、奋斗精神消减，根源是世界观、人生观、价值观不正确，贪图安逸，追求感官享受。当前，绝大多数党员干部的生活作风是好的，但也要看到，党内一些领导干部深受享乐主义毒害而不能自拔，主要表现为四种享乐歪风。一是拜金风。以钱为乐的拜金风，把拥有金钱与财富的多少当作衡量人生成功与否的标准，人生价值扭曲为金钱价值。二是攀比风。以虚荣为乐的攀比风，不惜代价，追求虚荣。三是玩乐风。以欲为乐的感官主义，片面追求感官刺激、欲望满足，把人之自然属性无限扩张。四是奢侈风。消费时代的到来，使享乐消费、奢侈消费日益成为一些人的生活方式，也让少数领导干部陷入精神迷失。

金融是现代经济的核心，面对的金钱利益诱惑非常之多，极易产生享乐主义和奢靡之风，进而产生腐败，必须从思想和制度各个层面筑牢防腐戒奢的底线和红线。首先，要加强思想教育，坚持通过加强党风党纪和廉政教育，引导党员干部坚定理想信念，增强宗旨意识，真正知荣知耻，树立正确的价值观，继承艰苦奋斗的优良传统，自觉抵制腐朽思想和生活方式的侵袭，大力宣传和弘扬先进典型，创造积极向上的社会氛围。要树立

正确的利益观和幸福观，正确处理市场经济利益分配原则与党员干部自觉奉献的关系，克服铺张浪费、贪图享乐和盲目攀比的思想，自觉抵制住来自各方面的诱惑。任何时候、任何条件下，都要想到自己的身份，想到从政的宗旨，想到党的纪律，大的方面要把握，小的方面要谨慎，时刻提醒自己，看看自己是不是一个合格的共产党员，是不是在某些方面还存在不足，按照"为民、务实、清廉"的要求，勤照镜子，常洗澡，自觉地把党性修养正一正，把党员义务理一理，把党纪国法紧一紧，这才是对自己负责、对党负责、对人民负责。其次，要健全监督机制，在法治国家，强调以人为本，意味着应以人的法定权利为本，而非对所有人的所有行为一概纵容。领导干部要敢抓敢管，勇于担当，不怕得罪人，对不履行法定权利或法定权利之外的特权要敢于提出批评，表明态度；纪委要加强监督，既要抓好案件线索排查，又要注意发现梳理一个时期的苗头性、倾向性问题，防患于未然；加强舆论监督，健全反腐倡廉网络舆情收集研判和应对处置机制。最后，要完善各种制度，道德的约束、民俗的拘束不能从根本上解决问题，只有健全法制、强化党纪，充分发挥制度的刚性作用，把权力关进笼子，才能从根本上遏制享乐主义的蔓延。坚持从具体问题抓起，立足于"常""长"二字。抓作风既不能一蹴而就，也不能一劳永逸，需要长期抓、反复抓，常抓不懈。做到习近平总书记要求的那样：以踏石留印、抓铁有痕的劲头抓下去，善始善终、善作善成，防止虎头蛇尾，让全党全体人民来监督，让人民群众不断看到实实在在的成效和变化。

### （四）纠正奢靡之风，保持清正廉洁

奢靡之风大多能在生活作风上表现出来。加强和改进作风建设，尤其需要密切关注其生活作风，从生活作风的细节中观察党员干部的世界观、人生观和价值观。奢靡之风主要表现在三个方面：其一，铺张浪费、好大喜功。有的地方热衷于办庆典、举盛会，广邀宾客、大请明星，动辄花费巨额经费。有的地方热衷于搞劳民伤财的"面子工程"和"形象工程"，兴建各种人工景点等。其二，讲求排场、攀比斗富。有的党员干部红白喜事大操大办，公款消费大手大脚，出行要求警车开道，住宿讲求星级标准，

办公场所越建越大、越建越豪华，车辆越配越多、越配越高档。其三，贪图享乐、不思进取。少数党员干部放松了对自己的约束，思想空虚，精神萎靡，却在生活上追求享受，甚至腐化堕落。从本质上看，享乐主义和奢靡之风是互为表里的关系，当享乐主义的思想外化为实际行动，便是形形色色的奢靡之风。

习近平总书记表示，反对奢靡之风，要着重狠刹挥霍享乐和骄奢淫逸的不良风气，教育引导党员、干部坚守节约光荣、浪费可耻的思想观念，做到艰苦朴素、精打细算，勤俭办一切事情。干部奢靡，挥霍的是人民的血汗钱，透支的是党的形象和威望，败坏党风政风，降低党自身的凝聚力，弱化党对人民群众的号召力，动摇党的执政根基。奢侈享乐会造成巨大的物质浪费，导致资金大量投入非关键性和纯消费领域，也会造成社会不同阶层的情绪不满甚至对立，引发各种矛盾问题。同时，奢靡之风盛行，会腐蚀人的灵魂、衰退人的意志、助长炫耀攀比之风，进而滋长拜金主义、浮躁情绪，毒害社会风气。对于金融机构党组织来讲，一要充分认识反对铺张浪费的重要性和迫切性。要着力强化党员干部全心全意为人民服务的宗旨意识和公仆意识，不断增强制度意识，牢固树立社会主义法治观，强化有法必依、敬畏制度的理念。改革开放以来，伴随着经济条件的改善，奢侈浪费之风愈刮愈烈，但是中国目前依然是世界上最大的发展中国家。奢侈浪费、讲求排场，带来的是社会资源的严重浪费。牢记勤俭节约是我们弥足珍贵的优秀传统，坚持勤俭办一切事业。二要严格落实各项节约措施。习近平总书记强调，要大力弘扬中华民族勤俭节约的优秀传统，大力宣传节约光荣、浪费可耻的思想观念，努力使厉行节约、反对浪费在全社会蔚然成风。金融系统全体党员领导干部必须从自己做起，从现在做起，从身边点滴做起，把厉行勤俭节约、反对铺张浪费贯彻在实际工作和日常生活中，落实到具体行动上。三要建立长效机制，加强监督检查。狠刹奢靡之风，不仅要形成包括预决算制度在内的刚性制度约束，在财务科目上细化、公开公款消费明细，还要构建严密的监督体系，实行严格的检查纠治，确保制度规定落到实处。一方面采取针对性、操作性、指导性强的举措，控制费用管理，完善公务接待等活动的支出管理，推进信息公开，让社会各界看到立竿见影的变化；另一方面也要严格规范出差、调研、表彰等各类公务活动，加大监督检查和责任追究力度，严厉处置接受客户贿赂、非法集资等行为。

### （五）抓住关键少数，强化示范引领

所谓"关键少数"，一般是指事物的最关键、最精华部分，在发展过程中力量最大、作用最大，是推动发展的关键因素，是引领发展的最大优势。领导机关和领导干部作为党的事业的组织者、推动者和实施者，毫无疑问是"关键少数"。

中国共产党的各级领导干部是党和国家各项事业中的骨干和中坚力量，是实现党的领导，巩固党的执政基础，调动广大党员群众积极性、主动性、创造性的决定力量。中国共产党制定的路线方针政策，最终都要靠各级领导干部去贯彻落实，各项任务最终都要靠各级领导干部团结带领广大党员和群众去完成。所以党的领导干部作风的好坏直接影响党在群众心目中的形象好坏，影响党领导的人民事业的成败。

无论是在革命战争年代、和平建设时期，还是在改革开放新时期，一代代优秀共产党人鞠躬尽瘁、以身作则、率先垂范，始终把自己的个人命运与国家、民族的兴衰紧密联系在一起，用自己的辛勤汗水、聪明才智，乃至热血和生命，为国家、为人民作出了贡献。比如，在革命战争年代，李大钊、方志敏、刘志丹等先烈大义凛然、冲锋在前、身先士卒；在和平建设时期，毛泽东、周恩来、朱德等老一辈革命家，吃苦在前、享受在后，大公无私、夙夜在公；在改革开放时期，焦裕禄、谷文昌、杨善洲、沈浩等优秀领导干部坚持从我做起、向我看齐等。他们的爱党爱国、忠于理想的家国情怀，严守纪律、廉洁奉公的清廉本色，艰苦朴素、勤劳节俭的持家传统，赢得了广大人民群众的爱戴、信任和拥护，产生了巨大的感召力、凝聚力，为我们党的事业顺利推进、兴旺发达提供了榜样力量和精神宝库。金融机构的领导干部要继承党的优良传统，以更高的标准、更严的要求，走在前列、干在实处，当好表率，一级带动一级，一级做给一级看，唤醒责任意识、激发担当精神，就能凝聚起强大的正能量和上行下效的示范效

应，激励全党为实现崇高理想和宏伟目标而不懈奋斗。

自身硬气才有公信力，以身作则才有感召力。金融系统各级领导干部既负有领导责任，也负有示范责任。一方面，要强化金融机构领导干部率先垂范的意识，自觉秉公用权、公道处事，不以权谋私，促使其杜绝官僚作风和山头主义；领导干部身先士卒，方能一呼百应；以身作则，方能上行下效。另一方面，提高金融机构领导干部自身修养，做到廉洁自律、洁身自好，自觉以身作则，防止腐败的滋生和奢靡享乐风气的蔓延。人生观、价值观每时每刻都支配着人的思想行为，共产党员的人生价值体现在服务人民、奉献社会。要立志做大事，不要立志做大官。雷锋说："吃饭是为了活着，可活着不是为了吃饭，我活着是为了全心全意为人民服务。"这道出了人生价值的真谛，是衡量人生价值的尺度。人生的价值在于贡献，而不是索取。毫不利己、专门利人、全心全意为人民服务，是共产主义的人生观和价值观，只有明确了自己的人生观、价值观，才能向合格党员更进一步。

## 三、坚持开展批评和自我批评

自我革命离不开批评和自我批评，这是我们党的三大优良作风之一，是中国共产党区别于其他政党的重要标志。新时代下金融机构拥有更多的发展机遇，同样也面临更大的风险和挑战。新的历史时期，应在整个金融系统中弘扬批评和自我批评的优良作风，紧盯"四风"问题，强化监督意识，从小处抓起，从细节严起，进一步树新风，推动全面从严治党在金融领域不断向纵深发展。强调批评与自我批评是共产党人坚强的标志，要善于从错误中学习，批评要光明正大和实事求是，防止主观武断和批评庸俗化，对犯错误的人要实行"惩前毖后，治病救人""团结—批评—团结"的方针；坚持真理，修正错误，同一切离开党的原则的错误倾向作坚决的斗争。加强和规范党内政治生活，批评和自我批评是重要手段和途径，旗帜鲜明、坚持真理、修正错误，使每个党组织和组织中的每个党员都能在批评和自我批评中动真碰硬，触及思想和灵魂。

批评与自我批评是永葆马克思主义政党本色的内在要求。马克思指出，无产阶级革命与其他任何革命不同的地方，就在于它"经常自己批判自己"。我们党是用马克思主义武装起来的政党，先进性和纯洁性是马克思主义政党的本质属性。马克思主义政党的先进性不是一劳永逸的，而是在不断自我革命中淬炼而成的。只有坚守自我革命的鲜明品格，本着彻底的唯物主义精神检视自身，坚持真理、修正错误，不断清除一切损害党的先进性和纯洁性的因素，才能确保党永远立于不败之地。

批评与自我批评是我们党百年奋斗历史经验的重要宝藏。勇于批评与自我批评是中国共产党区别于其他政党的显著标志。党历经百年沧桑更加充满活力，其奥秘就在于敢于直面问题、勇于批评与自我批评。没有全面从严治党的革命性锻造，就不会有今天高度团结、坚强有力的中国共产党，就不会有在困难面前万众一心、众志成城的党群关系，就不可能在国际风云变幻中赢得历史主动。我们必须倍加珍惜、长期坚持这一宝贵经验，并在新时代实践中不断丰富和发展。

批评与自我批评是解决党内突出问题和应对风险挑战的必然举措。党的十八大以来，以习近平同志为核心的党中央以前所未有的勇气和定力推进全面从严治党，开展了一系列主题教育，推进党风廉政建设和反腐败斗争，清除了党、国家、军队内部存在的严重隐患，根本扭转了管党治党宽、松、软的状况，党的政治优势和组织优势不断转化为制胜优势。同时要清醒地看到，党内存在的政治不纯、思想不纯、组织不纯、作风不纯等突出问题尚未得到根本解决，"四大考验"日益严峻复杂，"四种危险"更加尖锐凸显。只有坚持不懈批评与自我批评，消除一切损害党的先进性和纯洁性的因素，清除一切侵蚀党的健康肌体的病毒，营造风清气正的政治生态，才能确保党永不变质、红色江山永不变色。

## （一）金融机构认真开展批评和自我批评，必须坚持实事求是

《关于新形势下党内政治生活的若干准则》中指出，"批评和自我批评必须坚持实事求是，讲党性不讲私情，讲真理不讲面子""批评必须出于公心，不主观武断，不发泄私愤"。实事求是，是马克思主义的根本观点，

是中国共产党人认识世界、改造世界的根本要求，是我们党的基本思想方法、工作方法、领导方法。作为基本思想方法，实事求是强调对实际情况作深入系统的调查研究，使思想、决策、行动更加符合人民群众的生产生活实际和思想实际。实事求是，重在"求是"，即探求和掌握事物发展的规律。探求和掌握事物发展的规律，必须勇于实践、善于实践，在实践中不断积累经验、进行理论升华，用以指导实践、推动实践，并在实践中使认识得到检验、修正、丰富和发展。相互批评要实事求是、与人为善，坚持用事实说话，不搞"鸵鸟政策"，努力做到红脸出汗、排毒治病。接受别人批评要有闻过则喜、有过必改的胸襟，听得进不同意见，容得下尖锐批评。

### （二）金融机构认真开展批评和自我批评，必须坚持正确方针

要坚持"惩前毖后，治病救人"地开展批评和自我批评。毛泽东指出，"惩前毖后"是对以前的错误一定要揭发，不留情面，要以科学的态度来分析批判过去的坏东西，以便使后来的工作慎重些，做得好些；"治病救人"是我们揭发错误、批判缺点的目的，好像医生治病一样，完全是为了救人，而不是为了把人整死。坚持真理、修正错误，开展积极的思想斗争，这些体现整风精神的要求，应当在教育实践活动中得到更好的体现。只有秉持坚持真理、修正错误的态度，才能激发开展批评和自我批评的自觉；只有开展积极的思想斗争，才能使批评和自我批评触及思想深处；只有坚持"惩前毖后，治病救人"的方针，才能把握批评和自我批评的正确方向，达到增强团结、促进工作的目的。因此，必须把整风精神体现在教育实践活动的每一个步骤和每一个环节。

### （三）金融机构认真开展批评和自我批评，必须坚持领导带头

批评和自我批评这个优良传统，要真正在新的形势下不断发扬光大起来，在金融系统中广泛深入持久地弘扬起来，必须坚持领导带头，创造良好的党内环境和社会氛围，形成有利于开展批评和自我批评的浓厚空气。领导干部走出机关，放下身段，到群众中去听取意见，向群众求教，向群

众学习，向群众"亮丑"，解决群众关注的一个个问题，可以让群众看到领导干部的诚心诚意，看到领导干部以身作则、发挥示范带头作用的实际行动，进而激发起广大群众关心党的形象、关心党的事业、关心领导干部健康成长的责任感，调动起群众真心帮助领导干部改进提高的积极性。领导干部改进作风，既要接受群众的教育和党组织的教育，也要进行自我教育。从根本上来说，群众和组织的教育，也要通过自我教育才能发生作用。因此，改进作风就需要领导干部通过批评和自我批评，把自己身上存在的"四风"问题找准，深挖产生"四风"的思想根源，触及灵魂深处，从而进一步坚定理想信念，保持共产党人的政治本色。

### （四）金融机构认真开展批评和自我批评，必须完善相关保障

一方面保障党内民主的充分实现。金融机构党组织要贯彻民主集中制原则，贯彻党员权利保障条例，充分发扬党内民主，允许不同意见碰撞和争论。特别是在重大问题和重大决策上，要让党员充分发表意见，切实保障党员民主权利，激发党员内生动力，充分发挥党员在党内生活中的主体地位。另一方面，认真落实相关制度，比如党员领导干部民主生活会制度、民主评议党员制度、党员党性定期分析制度、党员谈心谈话制度、党务公开制度、党内情况通报制度、重大决策征求意见制度等，这些都为党员干部了解党内事务、发表意见、开展批评提供了制度保证。

# 第六章 金融机构党的纪律建设

党的纪律简称"党纪",是按照民主集中制的原则,根据党的性质、纲领和实现党的路线方针政策的需要而确立的各种党纪党法的总称,是党的组织和党员必须遵守的行为规则。党的纪律是执行党的路线方针政策和决议,维护党的团结统一,巩固党同群众的密切联系,提高党的战斗力的重要保证。金融机构的各级党组织必须严格执行和维护党的纪律,共产党员必须自觉接受党的纪律的约束。每个党员必须自觉地用党的纪律约束自己,并接受党组织和人民群众的监督。要实行在党的纪律面前人人平等的原则,党内不允许有凌驾于党的纪律之上的特殊党员。

## 一、金融机构党的六大纪律

纪律严明是中国共产党区别于其他一切政党和派别组织的独特优势,是我们党发展壮大、不断从胜利走向新的胜利的重要法宝。回顾百年来党的纪律建设的发展历程,提炼总结纪律建设的理论成果、制度成果和实践经验,对于推进新时代党的建设、维护党的团结统一、巩固党的执政地位具有重要意义。突出严明的政治纪律和政治规矩,要求全党坚决做到"五个必须",坚决杜绝"七个有之"。坚持纪严于法、纪在法前,强化监督执纪问责,落实政治巡视监督,正确运用监督执纪"四种形态",推动管党治党从宽松软走向严紧硬。党的纪律涉及党内生活的各个方面,从其内容和涉及的范围来说,主要有政治纪律、组织纪律、廉洁纪律、群众纪律、工作纪律、生活纪律。

## （一）金融机构党的政治纪律

党的政治纪律是党根据不同历史时期政治任务的要求，对各级党组织和党员的政治活动和政治行为确定的基本规范，是各级党组织和党员在政治生活中必须遵循的行为准则。它要求各级党组织和党员，必须在政治方向、政治立场、政治观点上同党中央保持高度一致，在重大政治斗争中要立场坚定，在重大原则问题上要旗帜鲜明，在贯彻党的路线方针政策时要坚定不移。党的政治规矩包括四个方面：第一，党章是全党必须遵循的总章程，也是总规矩；第二，党的纪律是刚性约束，政治纪律更是全党在政治方向、政治主场、政治言论、政治行为方面必须遵守的刚性约束；第三，国家法律是党员干部必须遵守的规矩；第四，党在长期实践中形成的优良传统和工作惯例。作为党领干部，坚决拥护党的政治主张、政策主张并始终与其保持一致，是一条做事的底线、一种做人的底色，更是党兴旺发达的底气。

对党绝对忠诚是最重要的政治纪律，守住纪律底线是最基本的政治要求。通过加强组织领导、学习宣传和党性党风党纪党史教育，引导各级党组织和广大党员干部尊崇党章、遵守党章，经受政治历练、党性锻炼，严守政治纪律、政治规矩，深化对"两个确立"决定性意义的认识，自觉增强"四个意识"、坚定"四个自信"、做到"两个维护"，在思想上政治上行动上始终同以习近平同志为核心的党中央保持高度一致。百年来，从古田会议上确立思想建党、政治建军原则，从而开辟建党建军正确道路，到新时代把党的政治建设摆在首位，推动全面从严治党不断走向深入，注重从政治上建设党始终是我们党的一个光荣传统，也是我们党不断发展壮大、从胜利走向胜利的重要保证。基层党组织不是一般的社会组织，而是政治组织，政治属性是其根本属性，政治功能是其基本功能，必须把党的政治建设作为基层党组织建设的永恒课题，把准政治方向，强化政治领导，突出政治功能，把广大党员、各类基层组织和人民群众紧紧团结在党的周围，确保党的大政方针和各项决策部署在基层得到贯彻落实。

## （二）金融机构党的组织纪律

习近平总书记指出，"党的力量来自组织。党的全面领导、党的全部工作要靠党的坚强组织体系去实现"，强调全党同志要"相信组织、依靠组织、服从组织，自觉接受组织安排和纪律约束"。这些重要论述，深刻阐明了党的组织体系建设的极端重要性，深刻揭示了个人与组织的内在关系，为党员干部强化组织观念、严守组织纪律提供了根本遵循。党的组织纪律指党的组织和党员必须遵守和维护党在组织上团结统一的行为准则，是处理党组织之间和党组织与党员之间关系的纪律。中国共产党是用革命理想和铁的纪律组织起来的马克思主义政党。共产党员要强化党的意识和组织观念，自觉做到思想上认同组织、政治上依靠组织、工作上服从组织、感情上信赖组织，真正做到让党放心、让组织信任、让人民满意。

民主集中制是我们党的根本组织制度和领导制度，也是根本的组织纪律。严格的党内政治生活锻炼，是每个党员增强党性觉悟、强化纪律意识的重要途径。勇于自我审视、敢于自我解剖，从灵魂深处拷问自己"做人诚不诚""做事公不公""做官正不正"，不断勘误纠错、校正言行。尤其要用好批评和自我批评这个有力武器，既有闻过则喜的气度胸怀，也有闻过必改的勇气行动，真正在淬火打磨中加强党性修养。要通过学习教育，使各级领导班子和领导干部对民主集中制在认识上进一步深化、思想上进一步统一、行动上进一步坚定，真正纠正"三个偏见"，即纠正把个人说了算看成是有领导权威的偏见，纠正把大包大揽看成是责任心强的偏见，纠正把在重大问题上搞一锤定音、现场拍板看成是有魄力的偏见；做到"四个不争"，即不搞权力之争、相互信任，不搞位子之争、相互支持，不搞面子之争、相互谅解，不搞利益之争、相互帮助。严肃党的组织纪律，必须全面贯彻干部"革命化、年轻化、知识化、专业化"的方针和德才兼备的原则，坚持任人唯贤，反对任人唯亲。在选拔培养年轻干部的问题上，要树立正确的观念，注重发掘年轻干部的潜能空间和德才素质。对文化素质高、工作能力强、作风正派的年轻干部，要勇于大胆提拔，创新选拔思路，扩大选人范围，以便更好地为年轻人提供发展空间，促使优秀人才有展示才华的舞台。

### (三) 金融机构党的廉洁纪律

廉洁纪律是中国共产党全体党员干部廉洁自律的规范，是干部清正、政府廉洁、政治清明的重要保证。党章明确规定，党的各级领导干部必须信念坚定、为民服务、勤政务实、敢于担当、清正廉洁。《中国共产党廉洁自律准则》对党员和党员领导干部提出了"四个必须、八条规范"的明确要求。廉洁纪律就是在廉洁方面，为全体党员特别是领导干部划定不可触碰的底线，引导广大党员干部一身正气、两袖清风，清清白白做人，干干净净做事，拒腐蚀、永不沾，做一个堂堂正正的共产党人。

反腐倡廉工作一直是推动党风廉政建设的重要工作，从某种意义上讲也是对个人思想道德品质的重要考验。腐败是剥削制度的产物，实质是权钱交易。资产阶级政党和政府口头上反对腐败，实际上搞的是金钱政治、政（党）企勾结，属于制度性腐败，因而不可能真正祛除腐败。相比之下，腐败与我们党的性质宗旨、初心使命水火不容，与社会主义制度格格不入，因而我们党一贯坚持反对腐败、保持清廉的鲜明政治立场。廉以修身、俭以养德是党员领导干部终身的课题。只有真正树牢正确的权力观、地位观、利益观，任何时候都稳得住心神、管得住行为、守得住清白，自觉抵制腐朽思想的侵蚀，保持拒腐防变的定力。

核心的问题是党要始终紧紧依靠人民，始终保持同人民群众的血肉联系，一刻也不脱离群众。为做到这一点，我们党以党内监督为主体，把党内监督同人大监督、民主监督、行政监督、司法监督、审计监督、财会监督、统计监督、群众监督、舆论监督贯通协调起来，从而把自上而下和自下而上的监督结合起来，使监督体系更加完善，监督成效更加明显。

### (四) 金融机构党的群众纪律

党的群众纪律是指党组织和党员处理与人民群众之间关系的行为规范，也就是党处理党群关系的准则。中国共产党从诞生之日起，就把全心全意为人民服务作为自己的宗旨。严守党的群众纪律，践行了党的性质宗旨，确保了群众路线的执行，是密切党同人民群众血肉联系的重要保证，是我们党不断前进的重要法宝。党的群众纪律要求各级党组织和共产党员，必须坚持党的全心全意为人民服务的宗旨，随时随地维护人民群众的利益。

中国共产党历来重视严明群众纪律，与人民风雨同舟、生死与共，始终保持血肉联系，是党战胜一切困难和风险的根本保证。焦裕禄、孔繁森、郑培民、牛玉儒、杨善洲、沈浩等一大批党的好干部之所以能得到人民群众的信任和爱戴，就是因为他们模范遵守群众纪律，做到了"万事民为先"。无论时代如何变迁、环境如何变化，广大党员干部要始终把群众利益放在第一位，严格遵守群众纪律。只有这样，才能使党同群众始终保持血肉联系，获得取之不尽的力量源泉。

## （五）金融机构党的工作纪律

工作纪律是党组织和党员在党的各项具体工作中必须遵循的行为规则，是党组织和党员依规开展各项工作的重要保证，是规范党员干部职业道德、职业操守的行为准则。正确履职、担当尽责、作风优良，这是党的工作纪律要求的重要内容，也是党的各项工作正常开展的重要保证。对党是否绝对忠诚、是否遵从党组织要求、是否做到廉洁自律、是否始终保持与人民群众的血肉联系，都体现在具体的工作实践中，需要工作纪律做保障。

在其位，谋其政，尽其责，是对党员最起码的要求。要把基点放在爱岗敬业上，就是要把心思用在想事干事上，把功夫下在求真务实上。严守工作纪律，就要求广大党员干部勇挑时代重担，自觉在大局下想问题、做工作，在具体岗位上认真落实上级决策部署，善始善终、善作善成。要时刻牢记任何工作职权的行使都是有规范、有约束的，党员干部要熟知相关规定和要求，自觉遵守工作纪律，做到心有所畏、行有所止。在行使职权过程中，决不能以权谋私。此外，对其在工作中的违反纪律行为，不能一概援引违反工作纪律兜底条款进行定性归责，应具体情况具体分析。对于违纪行为在党纪处分条例中没有具体对应条款的，应审查其行为是否违反了法律法规的明文规定，若是违反了，则可以按照纪法衔接条款追究其纪律责任，而不是直接适用兜底条款。

### （六）金融机构党的生活纪律

生活纪律是党员在日常生活和社会交往中应当遵守的行为规则，涉及党员个人品德、家庭美德、社会公德等各个方面，关系着党的形象。党的先进性是全面的，不是片面的；是系统的，不是单一的；是与时俱进的，不是一成不变的。党的先进性不仅体现在党的理论上、制度上，还体现在各级党组织和全体党员的言行上。共产党员与普通群众的区别就在于，要求更严，标准更高，在言行上处处发挥先锋模范作用，体现出党的先进性。能否遵守公序良俗，是体现党员先进性的一个重要方面。

艰苦奋斗、勤俭节约是中华民族的传统美德，是我们党的优良作风，是加强党的生活纪律建设的重要内容。由于我国经济以前所未有的速度发展，人民生活水平不断提高，有的人节约意识却日渐淡薄，奢靡与攀比逐渐成为一种流行趋势。然而，奢靡享乐从来就不是共产党员本应有的生活。当前，我们党面临着"四大危险""四种考验"，党面临的形势越复杂、肩负的任务越艰巨，就越要靠我们共产党员带头弘扬艰苦奋斗的精神，带头反对贪图享乐的思想，坚持"吃苦在前，享受在后"。在党的改革开放政策下，靠诚实劳动先富裕起来的党员，生活过得好一点，群众是完全能理解的，但是生活奢靡，在群众中、社会上是有评价标准的，明显超出了当地正常生活消费水平，群众会认为他们已不像一名共产党员，会破坏群众心目中党员的良好形象，降低党在群众中的威信，并进而影响社会风气。

## 二、加强纪律教育，强化纪律执行

党的纪律教育是党的思想政治工作中的重要组成部分，也是推进党风廉政建设的一项基础性工作，在中国革命及建设的不同历史时期，我们党始终高度重视党的纪律教育。中国共产党是靠坚定的理想和铁的纪律组织起来的马克思主义政党。理想坚定、纪律严明，无论过去、现在还是将来，都是我们党真正的优势,也是党从胜利走向胜利的力量所在。加强纪律教育,增强纪律意识,筑牢遵守纪律的思想基础,是纪律建设的重要任务。纪律严明是我们党的性质和宗旨的集中体现,也是我们党的光荣传统和独特优势。党的纪律是党的各级组织和全体党员必须遵守的行为规则,是维护党的团结统一、完成党的任务的保证。

### (一)严明政治纪律、组织纪律

在基层党组织中,党的领导弱化、党的建设缺失、全面从严治党不力,是最突出的问题。党组织和党员干部党的观念淡漠,党章党规党纪得不到严格执行,漠视政治纪律、政治规矩,无视组织原则,是普遍存在的问题。作为马克思主义政党,旗帜鲜明讲政治历来是我们党最突出的特点和优点。一个马克思主义政党,就是围绕自己的政治纲领、按照自己的政治路线、为实现自己的政治目标而组织起来的政治集团。党在长期执政过程中特别是在领导社会主义现代化建设条件下,如果在党内政治生活中不旗帜鲜明讲政治,不警钟长鸣严明党的政治纪律,就会给党带来灾难性后果。习近平总书记讲得很透彻:"没有强有力的政治保障,党的团结统一就是一句空话。我国曾经有过政治挂帅、搞'阶级斗争为纲'的时期,那是错误的。但是,我们也不能说政治就不讲了,少讲了,共产党不讲政治还叫共产党吗?"要使全党同志特别是高级干部都能坚定正确的政治方向、政治立场、政治观点,严守政治纪律,增强政治敏锐性和政治鉴别力,防止一些同志特别是一些新上来的中青年同志在日益复杂的斗争中迷失方向。

党要管党、从严治党,纪律建设是治本之策。必须把政治纪律放在管党治党首要位置,全党特别是党的高级干部必须坚决维护党中央权威,在任何时候、任何情况下都必须在思想上政治上行动上同党中央保持高度一致;必须维护党的团结,坚持五湖四海,团结一切忠诚于党的同志;必须遵循组织程序,重大问题该请示的请示,该汇报的汇报,不允许超越权限办事;必须服从组织决定,决不允许搞非组织活动,不得违背组织决定;必须管好亲属和身边工作人员,不得允许他们利用特殊身份谋取非法利益。

一个党员干部特别是高级干部,如果不牢固树立政治意识、大局意识、核心意识、看齐意识,不认同"一个国家、一个政党,领导核心至关重要",不是爱党、忧党、兴党、护党,而是公开同党唱反调,就表明其不仅不愿在思想上政治上行动上同党中央保持高度一致,而且公然站到党的对立面去了,同时也就是站到党所代表、所体现的人民利益的对立面去了。领导机关和领导干部不准以任何理由和名义纵容、唆使、暗示或强迫下级说假话。凡因弄虚作假、隐瞒实情给党和人民事业造成重大损失的,凡因弄虚作假、隐瞒实情骗取荣誉、地位、奖励或其他利益的,凡因纵容、唆使、暗示或强迫下级弄虚作假、隐瞒实情的,都要依纪依规严肃问责追责。对坚持原则、敢于说真话的同志,要给予支持、保护、鼓励。

## (二)严明群众纪律、廉洁纪律

群众观念是执政为民理念的思想基础。开展党的群众路线教育实践活动,就是要使全党同志牢记并恪守全心全意为人民服务的根本宗旨,以优良作风把人民紧紧凝聚在一起。树立群众观念,要有焦裕禄精神。党员干部要时时刻刻把群众放在心上。勿以恶小而为之,勿以善小而不为,群众利益无小事,一切损害群众利益的事情都应该拒之千里,是党员干部要始终如一坚守的底线。

正所谓"律己方能服人,身正方能带人,无私方能感人"。党员干部要排除非分之想,常怀律己之心,常修为官之德,始终保持共产党人的浩然正气,才能提升群众的认可度和满意度。作为一名党员,要将党的纪律化为生命中的一部分,干任何一件事,首先要判断是否符合党章的规定和党员先进性的要求。党员干部要强化纪律学习,筑牢思想防线,要将《党章》《中国共产党廉洁自律准则》和《中国共产党纪律处分条例》作为内化于心、外化于行的纪律约束。坚守廉洁底线,坚守责任担当,认真践行为民务实清廉的群众工作路线,有效惩治腐败顽疾,坚决守住廉洁底线,始终保持政治定力,争做勤政廉政的表率。

反腐倡廉法规制度一经建立,就要确保各项法规制度落地生根。要防腐和拒腐,很重要的一点就是要不断加强学习,努力改造世界观,增强廉洁从政的自觉性。在行动上一定要按照中央关于党风廉政建设和反腐倡廉工作的部署要求，自觉遵守和执行党纪政纪和国法。必须通过加强监督来提升自我净化、自我完善、自我革新、自我提高的能力。要从党的高级干部抓起、从规范权力运行做起，不断创新方式方法，将监督的关口前移，以党内监督带动人民群众监督，形成强大的监督合力，最大限度地释放监督效能，确保党拒腐防变、长期执政，更好地维护最广大人民群众的根本利益。

### （三）严明工作纪律、生活纪律

党员干部特别是掌握权力的领导干部，要正确对待权力、行使权力。马克思主义权力观，概括起来是两句话：权为民所赋，权为民所用。前一句话指明了权力的根本来源和基础，后一句话指明了权力的根本性质和归宿。全心全意为人民服务，是我们党的唯一宗旨，也是马克思主义权力观同资产阶级权力观的根本区别。一方面，像孔繁森、郑培民、牛玉儒、王瑛、沈浩等众多优秀干部，站在党和人民的立场上，焕发出积极进取、顽强拼搏的奋斗精神，为党和人民事业无私贡献了自己的一切。他们牢固树立和忠诚实践正确的世界观、权力观、事业观，言行一致地回答了什么是共产党员人生最高追求和最大价值这个根本问题。另一方面，确有一些党员干部在权力、金钱、美色的考验面前栽跟头、吃败仗，甚至堕落为腐败分子。之所以这样，归根到底是世界观、权力观、事业观出了问题。这两个方面的事实，是我们认识领导干部世界观、权力观、事业观重要性的活的教科书。

领导干部遵循工作纪律、生活纪律，很重要的是对人民群众要充满感情，对工作对事业要富于激情。激情是一种可贵的工作状态和工作品质，往往能最大限度地发挥创造潜能。人是要有一点精神的，要始终保持那么一股劲，那么一股革命热情。作为领导干部，我们要满怀激情投入工作，把干事创业作为自己的天职，努力创造出无愧于党、无愧于国家、无愧于人民的业绩。

## 三、抓早抓小，防微杜渐

习近平总书记在十九届中央纪委六次全会上的重要讲话中强调："全面从严治党是新时代党的自我革命的伟大实践，开辟了百年大党自我革命的新境界。"百年来，我们党团结带领人民取得一个又一个伟大成就、战胜一个又一个艰难险阻，历经沧桑仍朝气蓬勃，得到人民群众的支持和拥护，靠的就是从严管党治党、推进自我革命，勇于坚持真理、修正错误，勇于刀刃向内、刮骨疗毒。勇于自我革命，是中国共产党最鲜明的品格和最大的优势，是我们党百年奋斗历史经验的重要内容，我们必须倍加珍惜、长期坚持，并在新时代实践中不断丰富和发展。

坚决反对腐败，防止党在长期执政条件下腐化变质，是我们必须抓好的重大政治任务。坚持无禁区、全覆盖、零容忍，坚持重遏制、强高压、长震慑，坚持受贿行贿一起查，坚持有案必查、有腐必惩，坚定不移"打虎""拍蝇""猎狐"。坚决整治群众身边腐败问题，深入开展国际追逃追赃，清除一切腐败分子。聚焦政治问题和经济问题交织的腐败案件，防止党内形成利益集团。坚持不敢腐、不能腐、不想腐一体推进，持续强化不敢腐的震慑、扎紧不能腐的笼子、增强不想腐的自觉，反腐败斗争取得压倒性胜利并全面巩固。

### （一）要重视抓干部苗头性的问题

抓早抓小、防微杜渐，体现了从源头上防治腐败的正确思路，反映了我们党对反腐倡廉规律认识的不断深化。对于腐败等违规违纪行为，要及时发现，及时处理，坚持抓早抓小、治病救人，遏制腐败等不良行为蔓延。一些党员干部还存在思想放松、精神懈怠的问题。比如，顶风违纪的侥幸心理依然存在；对消极腐败危险认识不足，认为只有贪污受贿才属于腐败行为，吃点、喝点、玩点、用点算不上什么大问题；无利不想为、懦怯不敢为、居功不愿为，满足于不贪不占、不犯错误，走向了消极保平安的极端。理想信念是共产党人的精神之"钙",理想信念不坚定,精神上就会"缺钙",就会得"软骨病"。如果没有为党尽责、为民立功的追求,丧失了理想信念和党性原则,就会漠视群众疾苦,离消极腐败也就不远了。

要坚持党对党风廉政建设和反腐败工作的统一领导,深入贯彻实施国家监察法,完善相关配套法律法规,推动国家反腐败立法切实发挥制度功效。要以"四种形态"为抓手,以制度建设推进监督执纪工作,构建党统一指挥、全面覆盖、权威高效的监督体系,提高监督工作智能化、信息化水平,推动"四种形态"落实,做到抓早抓小。继续坚持重遏制、强高压、长震慑,重点查处政治腐败和经济腐败相互交织的案件,严厉惩处不收敛不收手、群众反映强烈的领导干部和重点领域、关键环节的腐败问题。

### (二) 要重视对干部严格管理

通过强化日常管理和监督,从小处抓起,从日常抓起,发现错误苗头,及时谈话函询,使党员、干部不犯或少犯错误,特别是不犯严重错误,这是党组织对党员干部真正的关心和最大的爱护。严格管理贵在严,就是要硬起手腕,重拳出击。要坚持党规国法并用,以党内法规和国家法律法规厘清各种权力的边界,完善权力运行制约监督机制,强化对领导干部特别是"一把手"的监督,使决策过程更加公开透明,让党员干部知敬畏、存戒惧、守底线,习惯在受监督和约束的环境中工作生活。坚持纪律面前人人平等,遵守党的纪律是无条件的,没有特殊,不能例外。坚持抓早抓小,用好年度考核、任职考察、信访审计、个人有关事项报告查核等成果,严格执行提醒函询诫勉、专项督察检查等制度,加强综合分析研判,着力发现和纠正贯彻落实党中央决策部署打折扣、作选择、搞变通和妄评乱议、阳奉阴违、弄虚作假等问题,严防对挑战政治底线的错误言论和不良风气听之任之、逃避责任、失职渎职。加强对各级领导干部特别是一把手以及重点部门、重要岗位的监督,管好关键人、管到关键处、管住关键事、管在关键时,决不失之于宽、失之于软,使广大党员干部自觉做到无论哪个民族、无论来自哪里、无论在哪个岗位,都无条件地执行党的纪律,铁心跟党走、九死而不悔。健全部门协同联动工作机制,强化信息共享,经常会商研判，在政治监督全面深入、常态长效上下功夫，促进政治生态山清水秀。

### （三）要分清错误的性质，惩前毖后，治病救人，最大限度激发干部积极性

在对人的处理上，要坚持惩前毖后、治病救人，宽严相济、区别对待，精准研判涉及纪检监察干部问题线索，精准运用"四种形态"，对症下药，对作风方面存在问题的党员、干部进行教育提醒，对问题严重的进行查处，对不正之风和突出问题进行专项治理。一方面治病为了救人，党纪处分的目的不是要打垮一个党员，而是把他拉回到正确的轨道上，尽量避免造成"要么是好同志、要么是阶下囚"。这既是对党的事业负责，也是对广大党员干部的关心爱护。另一方面对那些丧失理想信念、背弃初心使命、与党离心离德、拒不执行党的路线方针政策的背叛者、蜕变者坚决清除。实现政治效果、纪法效果、社会效果有机统一。

## 四、强化监督执纪问责

执纪是纪检监察工作的核心，是纪检监察机关的重要职权。不同历史时期党的纪律的内容和纪委的职责不尽相同，但有一条始终未变，就是严明党的纪律，查处腐败行为，维护党的集中统一。"监督、执纪、问责"三者之间相互联系、相互作用、浑然一体。监督是执纪和问责的前提，执纪和问责是监督的延伸。

### （一）各级纪委要强化监督执纪

纪律检查机关对严明党的纪律发挥着重要作用，是纪律建设中不可缺少的内容。百年来，党的纪律检查机构历经存废之变，并非一帆风顺。百年纪律建设实践表明，加强纪律检查机构建设，党的纪律就能得到很好执行，党和国家事业健康发展就有了可靠保证；缺乏专门的机构保障纪律执

行，纪律建设缺乏持续稳定有效的保障，很容易犯各种"左"或"右"的错误，党和国家事业就会遇到重大困难和挫折。必须根据形势任务需要，不断深入推进纪律检查体制改革，不断完善纪律检查机构领导体制，为加强党的纪律建设提供制度机制保障。

### （二）从严治党关键在严格执纪

守住纪律这条底线，就不至于出现系统性风险。要严格，以零容忍的态度坚决做到有案必查、有腐必惩。要及时，要抓早抓小、防微杜渐，对反映党员干部苗头性、倾向性问题，及时谈话提醒、诫勉、函询、教育，防止小错酿成大错。

制度不健全、不具体，监督难、执行难是导致"四风"问题出现反复的重要因素。必须进一步完善党内民主制度、监督制度、干部人事制度、检查考核制度等，发挥制度的刚性作用，织密制度笼子，形成长效机制，从根本上铲除"四风"问题存在的土壤和条件。各级领导干部要以身作则、以上率下，着力推进"两学一做"等学习教育活动规范化、系统化、常态化、制度化，通过严肃的党内生活锤炼党性，提升党员干部抵御不良风气的能力。从小事抓起，加大明察暗访和公开曝光力度，坚决防止不良风气反弹回潮。

### （三）纪检监察工作的关键是问责

问责，是全面从严治党的利器，是一项政治性、政策性很强的工作，必须着眼规范问责、精准问责，坚持依规依纪，强化程序意识。要明确问责情形，探索建立责任追究机制，注重具体性、操作性和实用性。一分部署，九分落实，制度的生命在于执行。在一些地方和部门，之所以存在有令不行、有禁不止等现象，规章制度之所以成了"稻草人"，一个重要原因就是缺乏问责或者问责不力，这是管党治党宽松软问题的重要表现。比如，有的领导干部对问题视而不见，做"老好人"、当"甩手掌柜"；有的处理措施高高举起、轻轻放下，"罚酒三杯"、不痛不痒；还有的所谓问责只闻雷声、不见下雨，最后不了了之。各级纪检监察机关要分解责任、层层追究，明确规定要追究纪委监督责任的具体情形，切实将软任务变成硬指标，做到失责必问责。让失责必问、问责必严成为常态，必须抓住领导干部这个"关键少数"。党的领导是具体的不是抽象的，"领"就是率先垂范、引领示范，"导"就是要发现问题、及时纠正。问责条例能否起作用，关键在于各级党组织和党的领导干部能不能担当、敢不敢较真、有没有战斗性。"己不正，焉能正人。"领导干部不能只对着下级说事，要把自己摆进去，手电筒对着自己照。以身作则、以上率下，敢于较真碰硬、发声亮剑，以眼里不揉沙子的认真劲儿对失职失责现象说"不"，以敢问责、严问责、常问责的行动徙木立信，才能树立"有权必有责，失责必追究"的正确导向，把管党治党的政治责任落到实处。在作风建设问责上要扭住落实"八项规定"精神不放。加大执纪监督力度，继续一个节点一个节点抓，持之以恒纠正"四风"，坚决防止反弹。

## 五、夺取金融系统防腐败斗争压倒性胜利

目前金融领域党风廉政建设和反腐败工作仍然存在一些突出问题，比如银行违规授信、证券市场内幕交易和利益输送、保险公司套取费用等，甚至出现个别监管人员和公司高管监守自盗等非法行为。这主要是以下几个原因造成的：一是受消极腐败思想的侵蚀和影响，贪婪欲望膨胀；二是执行规章制度不严，内部管理松弛；三是制约机制不完善，对权力监督不力；四是在防范和查处上存有偏差，两手抓不够落实；五是选人用人把关不严，埋下道德风险隐患。

要深入推进全面从严治党，以新时代中国特色社会主义思想为指导，增强"四个意识"，坚定"四个自信"，紧紧围绕坚持和加强党的全面领导，紧紧围绕维护党中央权威和集中统一领导，全面推进党的政治建设、思想建设、组织建设、作风建设、纪律建设，把制度建设贯穿其中，深入推进反腐败斗争，在坚持中深化、在深化中发展，实现党内政治生态根本好转，不断增强党的创造力、凝聚力、战斗力，为全面建设社会主义现代

化国家提供坚强保证。

## （一）抓好金融领域反腐败工作，需要进一步加强金融系统党风廉政建设

党的坚强领导是推进反腐倡廉建设特别是反腐败斗争的根本政治保证。必须建立健全完善党领导反腐败斗争的体制机制，建立完善严肃的责任追究机制，保证工作方略、责任落实。新时代深化反腐败斗争，必须始终坚持党的全面领导，发挥好党总揽全局、协调各方的作用，不断完善反腐败斗争的体制机制，为夺取反腐败斗争彻底胜利提供坚强保证。金融系统反腐倡廉是党风廉政建设和反腐败工作的重要组成部分。加强金融系统党风廉政建设和反腐败斗争，有效预防违法违纪行为，建设一支廉洁高效的金融从业人员队伍，树立良好的行业风气，有利于保障金融安全稳定运行，有利于提升金融服务实体经济效率，促进经济金融健康发展。这就需要金融系统加强党的建设，加强党内监督，推进标本兼治，从源头上遏制金融腐败行为产生。

## （二）抓好金融领域反腐败工作，需要全面深化金融体制改革

百年来，党根据不同时期所面临的形势和任务，不断丰富党的纪律的内涵和要求，以规范党的各级组织和全体党员的言行，维护党的团结统一，实现党的目标使命。百年纪律建设实践表明，世情、国情和党情不断发展变化，决定了党的纪律建设是一个不断发展和完善的过程。纪律规定、执纪办法、配套机制必须随着党的事业发展而与时俱进，必须结合新的任务和实践不断改革创新，以适应新的发展变化。深化和加快金融体制改革，建立一套完善有序的金融行为运行机制，是防范因金融体制脱节失控而产生各种腐败行为的强有力措施。要把握新发展阶段，贯彻新发展理念，构建新发展格局，努力做好金融支持科技创新、绿色发展、乡村振兴等工作，实现金融与实体经济良性循环。要统筹好发展和安全两件大事，稳妥处置重点领域和重点机构风险，牢牢守住不发生系统性金融风险底线。要深入推进金融体制改革，健全金融机构公司治理，完善现代金融监管体系。

### （三）抓好金融领域反腐败工作，需要强化金融机构内控制度

马克思主义政党的纪律，是建立在共同的革命目标、革命理想与共同利益基础上的自觉纪律。对于共产党员来说，任何时候都必须自觉严格遵守党的各项纪律。百年纪律建设实践表明，一分部署还要九分落实。制定制度很重要，更重要的是抓落实，九分气力要花在这上面。必须坚持马克思主义纪律观，加强纪律教育，增强党员纪律意识和规矩意识，时刻绷紧纪律规矩这根弦，做遵守纪律的模范。同时，要加大纪律监督执行，各级党组织要履行主体责任，严格执行和维护党的纪律，各级纪检机关要强化纪律审查工作力度，严格用党章党规党纪去检查党员的行为，依纪进行监督执纪问责，切实维护纪律的刚性、严肃性。

金融安全是总体国家安全重要基础，金融改革成败取决于金融安全与否，社会公众对金融体系具有充分信心是金融安全的基本内涵。健全金融安全网，完善存款保险制度职能，建立风险识别与预警机制，以可控方式和节奏主动释放风险，全面提高财政和金融风险防控和危机应对能力。完善反洗钱、反恐怖融资监管措施，建立金融处罚限制制度，有效应对极端情况下境外对我国实施金融攻击或制裁。有效运用和发展金融风险管理工具，降低杠杆率，防范系统性金融风险。

# 第七章 金融机构党的制度建设

重视加强党的制度建设,是我们党的优良传统和政治优势,是管党治党的重要法宝。我们党不断完善维护党中央权威和集中统一领导的各项制度,推动"两个维护"入法入规,对党的自身领导体制、党与政府等机关组织关系作出规范,有力加强了党对各方面工作的领导,党总揽全局、协调各方的领导核心作用得到充分发挥,为我们党带领全国人民在新时代进行具有许多新的历史特点的伟大斗争、实现中华民族伟大复兴提供了最根本保证。

## 一、完善和落实民主集中制

民主集中制是党的根本组织制度和领导制度,也是马克思主义认识论和群众路线在党的生活和组织建设中的运用。新形势下,在党的政治生活中坚持民主集中制原则,是保证党的创造力、凝聚力、战斗力,保证党的团结统一的重要法宝。坚持"集体领导,民主集中,个别酝酿,会议决定"原则,在各级党组织内部努力形成既有集中又有民主,既有纪律又有自由,通过集中形成统一意志,作为共同的行为准则和集体的统一决策。习近平总书记指出,我们实行的民主集中制,是又有集中又有民主、又有纪律又有自由、又有统一意志又有个人心情舒畅生动活泼的制度,是民主和集中紧密结合的制度。我们党历来高度重视发展党内民主。党的重大决策都要严格按照程序办事,充分发扬民主,广泛听取意见和建议,做到兼听则明、防止偏听则暗，做到科学决策、民主决策、依法决策。

一是坚决做到"四个服从"。牢固树立"四个意识"，坚定"四个自信"，做到"四个服从"，坚决维护习近平总书记党中央的核心、全党的核心地位，坚决维护党中央权威和集中统一领导，自觉在思想上政治上行动上同以习近平同志为核心的党中央保持高度一致。认真贯彻执行中央和地方的决议、决定，确保政令畅通，决不允许搞有令不行、有禁不止，上有政策、下有对策。二是严格执行各项制度。认真贯彻落实《中国共产党地方委员会工作条例》《关于新形势下党内政治生活的若干准则》等制度，进一步明确集体议事决策要求和程序，不能以文件传阅、会签、个别征求意见等形式代替集体决策。探索领导班子重大事项决策全程纪实制度，对权力运行留痕管理。建立重要议题预告制度，改进议事决策程序。三是充分发挥班子成员积极性。对重大决策、重要政策、"三重一大"事项以及事关全局、群众关注的重要事项，都要按照集体领导、民主集中、个别酝酿、会议讨论的原则，由班子集体作出决定。在讨论决定时，党组织主要负责人要自觉发挥表率和带头作用，决不能将个人意志凌驾于组织之上，搞"一言堂"和"家长制"；班子成员要自觉维护班子团结，认真开展讨论，充分发表意见，集思广益，形成一致意见。四是确保决策事项落地落实。坚持集体领导和个人分工负责相结合，对于集体决定的事项，要按照分工认真抓好贯彻执行，并及时汇报决策执行和工作推进情况，严禁借口集体领导，推卸个人责任。对确定的重大事项，要建立台账、跟踪督察，及时报告推进情况，确保决策的有效落实，杜绝因推诿扯皮造成决策"搁架"现象，致使决而不行、行而不力。五是营造团结民主的浓厚氛围。加强对下级党组织的监督，坚持"从群众中来，到群众中去""集中起来，坚持下去"的原则，着眼基层、着力基层，带头深入到基层一线，倾听群众呼声、了解社情民意，倾听下级组织和群众的意见，接受群众的监督。

完善和落实民主集中制，是提高金融领域党建科学化水平，加强和改善党对金融业的领导，提高党和政府驾驭经济全局、控制经济命脉和主导经济走向能力的迫切需要。金融业的健康发展与发挥党和政府的主导性作用相辅相成：金融业改革和发展的成败，关键取决于党和政府能否驾驭经济全局和整体走向;党和政府能否有效支配和主导经济社会的健康发展,同样取决于能否利用好金融,特别是国有金融机构这一核心平台。

## 二、加强"三会一课"制度

"三会一课"制度是党的组织生活的基本制度,是党的基层支部应该长期坚持的重要制度,也是健全党的组织生活、严格党员管理、加强党员教育的重要制度,是我党经过长期实践证明的一种行之有效的党组织生活制度。"三会"是:定期召开支部党员大会、支部委员会、党小组会;"一课"是:按时上好党课。

我们党从建党之初走到今天,党支部始终是党最基本的组织单元和战斗单元,"三会一课"是党的组织生活的基本形式,是加强党员日常教育管理监督的主要途径,也是推进"两学一做"学习教育常态化、制度化的重要手段。金融机构各级党组织要认真落实"三会一课"等制度,突出政治教育,突出党性锻炼,做到有主题、有讨论、有收获,使其成为党员政治学习的阵地、思想交流的平台、党性锻炼的熔炉。

支部党员大会一般每季度召开1次,由书记或副书记主持,如果书记或副书记缺席,可以由支部委员主持。主要内容:一是传达、学习党的路线、方针、政策和上级党组织的决议、指示,制订本单位贯彻落实的计划、措施;二是定期听取、讨论支部委员会的工作报告,对支部委员会的工作进行审查和监督;三是讨论和接收新党员和预备党员转正,讨论决定对党员的表彰和处分;四是选举支部委员会和出席上级党代表大会;五是讨论决定其他需要由支部党员大会讨论决定的重要问题。

支部委员会一般每月召开1次,由党支部书记主持。主要内容:一是研究贯彻上级党组织的决议和指示;二是讨论制定完成工作任务的措施;三是研究党的建设和党员管理方面的问题;四是研究关于干部选拔、调整方面的问题;五是研究培养、发展新党员方面的问题;六是讨论研究协调工、青、妇等群众工作方面的问题。

党小组会一般每月召开1次，由党小组组长主持。主要内容：一是学习上级组织有关文件精神和党报、党刊及其他相关材料，学习先进党员的模范事迹等；二是汇报党员个人思想和工作情况，分析本小组党员和群众思想状况，开展批评与自我批评；三是研究积极分子的培养和教育情况以及党员发展、转正情况；四是改选小组长、酝酿支部委员候选人和出席上级党代会的代表候选人；五是评选优秀党员、讨论对党员的处分及党务方面的工作等。

党课一般每季度进行1次。主要内容是：对党员和入党积极分子进行党性、党的基础知识、时事政治、科技文化等方面的教育。

## 三、推进"两学一做"学习教育常态化制度化

"两学一做"学习教育是以"学党章党规、学系列讲话，做合格党员"为核心内容的全党性的学习教育活动，是以习近平同志为核心的党中央把全面从严治党引向深入的重要举措。

推进金融机构"两学一做"学习教育常态化制度化，是继承和发扬"两学一做"学习教育优秀成果的必然途径，是坚持思想建党、组织建党、制度治党紧密结合的有力抓手，是推进新时代金融工作良好发展的必然要求，是新形势下加强思想政治建设的生动实践。必须坚持不懈地抓下去，推进学习教育常态化、制度化。金融机构各级党组织要增强政治自觉、政治自觉、行动自觉，扎实深入地把"两学一做"学习教育融入日常、抓在经常，把全面从严治党落实到每个支部、每名党员，永葆党的先进性和纯洁性。

一是强化思想引导，推进"学"的常态化和制度化。"学"是学习教育的基础和前提，真学真懂才能真信真做。学党章党规、学系列讲话，是管根本、管长远的，是改造党员干部主观世界的根本途径，是每名党员干部须臾不可放松的必修课。要深入学习党章党规党纪，深入学习《关于新形势下党内政治生活的若干准则》和《中国共产党党内监督条例》，牢记

严格党内政治生活、加强党内监督的各项规定要求，使之成为规范党员干部言行的硬约束。习近平总书记系列重要讲话是马克思主义中国化的最新理论成果，要教育引导党员干部深入学、反复学，掌握蕴含其中的治国理政新理念新思想新战略，掌握贯穿其中的马克思主义立场观点方法。要继续坚持这一制度，引导党员干部坚持不懈筑牢信仰之基、补足精神之"钙"、把稳思想之舵。

二是突出"四个合格"，推进"做"的常态化和制度化。"做"是学习教育的着眼点和落脚点。把"政治合格、执行纪律合格、品德合格、发挥作用合格"作为检验党员的一把标尺，充分发挥先进典型的示范带动作用，引导广大党员以"四个合格"为准绳，主动对照，时时检视，在金融系统内营造做合格党员，当干事先锋的浓厚氛围。要按照全覆盖、常态化、重创新、求实效的要求，引导党员干部学思践悟，内化于心、外化于行，做到政治合格、执行纪律合格、品德合格、发挥作用合格。要引导党员始终做政治上的明白人，增强"四个意识"特别是核心意识、看齐意识，坚持以党的旗帜为旗帜、以党的方向为方向、以党的意志为意志，坚决维护以习近平同志为核心的党中央权威和集中统一领导。引导党员守住政治纪律和政治规矩的红线，在党的指导思想、路线方针政策以及关系全局的重大原则问题上，脑子特别清醒、眼睛特别明亮、立场特别坚定。引导党员在严格的党内政治生活中淬炼党性，经常查找和切实解决党的意识不强、组织观念不强、发挥作用不够等问题。要引导党员加强党内政治文化修养，倡导和弘扬忠诚老实、光明坦荡、公道正派、实事求是、艰苦奋斗、清正廉洁的价值观，旗帜鲜明抵制和反对关系学、厚黑学、官场术、"潜规则"等庸俗腐朽的政治文化，正确处理公与私、真与假、荣与辱、正与邪、亲与清等关系，让党内关系回归正常化、纯洁化。引导党员立足岗位作贡献，勇于担当，奋发有为，在发展的主战场上担当作为、建功立业。

三是坚持问题导向，推进"改"的常态化制度化。坚持和完善党员领导干部讲党课制度，不仅自身要学得好，还要带动党员干部学得好。强化普通党员意识，坚持和落实双重组织生活、"三会一课"等制度。带头多用常用、用好用够批评和自我批评武器，抓早抓小、见人见事，使红脸出汗成为常态。自觉接受监督，养成在监督下履职尽责的习惯，始终做到自身硬、自身清、自身正。必须树立党的一切工作落到支部的鲜明导向，指导党支部履行好党章规定的职责任务，担负起从严教育管理党员的主体责任。按照组织健全、制度完善、运行规范、活动经常、档案齐备、作用突出的要求，下大力气推进党支部规范化建设，把思想政治工作落到支部、把从严教育管理党员落到支部、把群众工作落到支部，使党支部成为教育党员的学校、团结群众的核心、攻坚克难的堡垒。

## 四、完善金融机构学习型党组织建设长效机制

建设学习型党组织是金融机构党委（党组）应对各种风险挑战、完善改革发展重大任务、保持党的先进性和纯洁性的重要制度保障，也是增强凝聚力、创造力和战斗力、提高党员干部队伍素质、全面推动各项工作不断上水平的重要举措。

### （一）要健全组织领导机制

金融机构各级党组织要在党中央和上级党委的统一领导下，在党组织负责人的直接领导下，设立精干高效的学习领导机构，各党支部要履行好直接责任，积极组织起来、发动起来、行动起来。要有学习型的领导，领导的模范带头作用，直接影响着机关和群众的学习，建立和完善领导体制和组织管理机构，是建设学习型机关的重要前提和有力保证。制定下发创建学习型机关的实施意见，做到统筹规划，上下统一，落到实处。通过培育理念，营造氛围，激发党员干部学习的内动力。思想是行动的先导，认识不到位，行动就会出偏差。为引导和启发党员干部对学习的思考和认识，培育正确的学习理念，有效形成浓厚的学习氛围，从思想发动入手，激发党员干部学习的内动力。努力确立"五种理念"：一是确立学习就是工作、工作就是学习的理念；二是确立学习就是素质、学习就是效率的理念；三

是确立学以致用、用以促学的理念；四是确立继续学习、终身学习的理念；五是确立学习创造幸福、终身学习幸福一生的理念。

### （二）要健全投入保障机制

金融机构各级党组织要充分重视保障机制建设，建立健全学习保障制度，安排专门力量负责组织学习教育工作，形成齐抓共管、协同推进的工作格局，确保抓到位、见实效。金融机构各级党组织需要严格学习制度，采取党委抓总支、总支抓支部、支部抓小组，一级抓一级、层层抓落实的工作格局抓学习，保证学习的人员、时间、内容和效果的落实。要创新形式、丰富内容，增强党员干部学习的吸引力。金融机构各级党组织可以制订党员干部理论学习和业务学习培训 5 年规划，在此基础上，每年年初都制订年度学习安排，并认真抓好落实。围绕提高政治素养和政策理论水平，组织好马克思列宁主义、毛泽东思想、邓小平理论、"三个代表"重要思想、科学发展观和党的二十大精神的政治理论学习；围绕提高办事效率和工作效果，组织好相关法律法规知识的学习；围绕提高为经济社会服务的能力和水平，加强经济管理、金融等知识的学习；围绕培养一支高素质业务队伍，加强岗位业务的学习；同时，组织专家教授对部分人员进行法律法规、公文写作、新闻写作及摄影摄像等知识进行基础培训。

### （三）要健全考核评估机制

金融机构各级党组织按照学习型党组织的特点要求，建立健全述学、考学、评学的制度和机制，结合年终工作总结、考核领导班子等时机，对学习内容、培训质量、建设成效进行定期检查、定期考核、定期讲评。金融机构各级党组织需要立足实际，把学习纳入到对党员、干部年终考核之中，制定机关激励机制，采取考核、评比、表彰等措施，鼓励先进，鞭策后进，增强学习的外驱力，提高学习的自觉性、主动性、创造性。对学习任务完成好、学习成效显著的单位和个人给予奖励，营造自觉学习的氛围。

## 五、完善金融机构干部考核、激励和容错纠错机制

加强对干部考核评价,选好用好干部,是提高干部队伍素质、正确履行职责的关键。要完善金融机构干部考核制度,充分发挥考核的"指挥棒"作用,引导干部因地制宜、实事求是、担当作为、履职尽责。在改革中加强制度建设,做到改革推进到哪里,制度建设就延伸到哪里。发展中遇到没有规定或规定不全的"空白地带"时,要及时通过制度"补墙"来填补空白,让制度立起来、严起来、用起来,让干部在全面从严治党新形势下,走一条依靠制度安全干事的"正路"。

要突破分类考核,防止"唯效益、唯数字论英雄",充分考虑不同地区发展基础、功能定位、资源禀赋等的差异性,分门别类设置各有侧重、各有特色的考核内容和标准,引导不同地区、不同系统的党员干部树立正确政绩观,确实担当起该担当的责任。要根据不同的干部科学地确定实绩考评的内容和量化性的指标,分类建立领导班子、一般干部考评指标体系。在考核内容上,既要综合考虑政治、经济、文化、社会、党建等因素,又要根据不同的地区差别和区域发展制定不同的考核指标,杜绝搞"一刀切"和制定不符合实际的考核指标,慎重使用"一票否决"。在考评指标上,要尽量细化,力争做到全面系统、科学合理、客观公正、便于操作、动态适用。

要构建一套全面、客观、公正,以实绩为考核重点的考核体系,提高考核评价的真实性。要坚持以实绩看德才,凭德才用干部,把实绩考实考准。既要看干部是否严格履行了岗位职责,又要看工作作风怎么样;既要看各种指标数据的完成情况,又要看群众的评价;既要看发展速度,又要看发展质量;既要看生产总值,又要看群众的实际生活水平;既要看客观条件,又要看主观努力。要把年终考核与平时考核结合起来。要大力改进考核评价方法,坚持走群众路线,拓宽参评主体范围,让更多的百姓参与到民主推荐、民主测评、民意调查中来。不仅要有"下对上"的评价,而

且还应有"上对下"的评价,同级之间的评价,服务对象、管理对象的社会化评价。要以扩大知情权为重点,进一步公开考核内容、考核程序、考核方法、考核结果,增强考核工作透明度。

要把考核结果真正落在实处,提高考核评价的导向性。干部考评结果的运用,是干部考评工作的必然延伸,是干部考评的根本目的,只有正确运用考评结果,才能解决考评结果与干部使用脱节的问题,真正发挥干部考核的导向作用。经考评确属德才兼备、实绩突出、群众公认的,要委以重任;经考评认定绩效一般的,要予以教育引导,或安排培训学习,或安排轮岗锻炼;经考评认定绩效较差且确属不能胜任、德才平庸的,要坚决予以调整;对因工作作风漂浮、失职渎职、贪污受贿而造成重大事故、给党的事业和人民生命财产带来重大损失的,要依法依规严惩。

要完善激励机制和容错纠错机制,充分发挥制度的"保护"作用,在制度机制上对工作出现失误的干部加以保护爱护。积极建立正向激励机制,树立正确的用人导向,让想干事的人有机会,能干事的人有舞台,干成事的人有地位,为党员干部提供一定的"试错"空间,正确运用好容错纠错机制,对于营造"鼓励创新、宽容失败"的浓郁氛围,为敢作敢为的干部撑腰打气。营造鼓励成功、宽容失败的政治氛围,为不惧艰辛、勇于创新、攻坚克难的担当者"鼓勇气""增底气",不断激发深化改革的内生动力,进而全面推动经济社会各项事业发展。容错纠错应当坚持严管和厚爱结合、激励和约束并重,遵循下列原则:事业为上、推动发展,实事求是、综合评价,鼓励创新、宽容失误,依纪依法、坚守底线,容纠并举、宽严相济,惩前毖后、治病救人。

## 六、完善金融机构党建工作考核方法

要发挥好考核的"指挥棒""风向标"作用,科学设置考核内容指标,完善考核方式方法,督促各地各单位强化责任意识,通过建立党建工作目标管理考核体系,量化激励考核指标,统一工作标准,使党建工作的考核制度、考核指标、结果运用"三位一体",持续深入地推进基层党组织建设,"考"出党建工作绩效;通过量化管理为基层党组织执行提供了依据,为上级党委管理、运用考评成绩提供抓手;通过一系列措施把党建工作"虚功"做实,把"实功"做细,把"细工"做出成效,用"看得见、摸得着"的党建成果支持和促进企业健康、可持续发展。

一是要注重考核内容的导向性。以述职为载体,做到党建考核全覆盖、全透明、全运用。基层党组织书记抓党建工作述职采取当面述职和书面述职两种形式进行。应采取所有基层党组织书面述职全覆盖,选取一半以上的基层党组织书记进行当面述职,全面展示各基层党组织书记抓党建工作整体状况,总结交流好经验、好做法,查找存在的突出问题,明确今后的努力方向,全面提升基层党建工作水平。

二是要增强考核形式的创新性。突出政治担当,完善考核评价体系。紧紧围绕考核工作推动"高质量发展"目标定位,对考核指标进行科学设置。抓好"规定动作"落实,抓活"自选动作"特色。深入推进考评方式改革创新,健全完善平时考核与定期考核相结合、专项考核与综合考核相印证、实绩考核与综合评价相补充的工作机制。

三是要扩大考核结果的适用性。述职考核结果不仅和经营绩效相挂钩,还和年度考核紧密结合,综合考核结果达到"一般"的基层党组织书记年度考核不得评为"良好"以上等次,把"一岗双责"落到实处。考核评价结果的运用决定着干部考评工作的价值。要在健全干部考察制度、完善考察标准的基础上,强化考核结果的运用,把考核结果作为领导班子建设和领导干部选拔任用、培养教育、管理监督和激励约束的重要依据。

## (一)明确考核对象,解决好党建工作"考核谁"的问题

由于各金融系统党组织的特点不同,党建工作内容也存在差异。要贴近实际,分门别类,提高考核的针对性和时效性;要按时考核党政"主官",推行党组织负责人抓党建纪实考核制度,把党组织负责人抓党建工作责任落实情况列入年度考核范围;要将党建工作责任制分解到党委(党组)领导班子成员和每个党员身上,采取群众评议、量化评分的办法,树

立起奖罚分明、鼓励争先的工作导向；要将全体正式党员和预备党员作为考核对象，树立起奖罚分明、鼓励争先的工作导向。

## （二）量化考核内容，解决好党建工作"考什么"的问题

党建工作责任考核要讲求实效，关键在于明确责任范围，细化考核指标，要把每条战线、每个领域、每个环节的党建工作内容都具体化、明晰化，使党建工作考核考深入、考扎实，确保考核督促抓到位、严起来。要细分任务，量化考核党组织年度工作。要结合金融机构党组织的不同特点，将党建工作与中心业务、发展目标紧密结合。要将党建工作与高质量发展目标紧密结合，按照学习教育、组织生活、遵纪守法、模范作用四个方面将具体内容进行量化，把党建工作由"软任务"变为"硬指标"。

## （三）创新考核方式，解决好党建工作"怎么考"的问题

考核工作要做到全透明。考核测评要在党建工作领导小组的直接领导下公开进行，通过当场测评、集中汇总、结合日常量化考核内容，确定考核权重，形成考核名次，激励先进，鞭策后进。要形成一套简便易行、务实管用的考核评价体系，较好地解决以往党员考核内容难量化、指标难考核、责任难落实的问题，实现党员日常管理的精细化、科学化、规范化。要规范考核程序，做到日常考核与年终考核相结合，确保考核结果真实有效。完善"督考一体"联动机制，增强考核的针对性、科学性，根据测评主体分类，开展综合评价，对领导班子和领导干部的主动作为和履职担当情况进行客观评价，成绩量化计入年度考核成绩，作为考核的重要内容，与考核结果相互印证。

## （四）强化激励导向，解决好党建工作考核结果"怎么用"的问题

把考核结果与党组织推先评优相结合。每年将党建工作责任考核情况向各级党组织通报，将考核结果作为被考核单位集体推先评优的重要依据；把考核结果与党组织负责人及党员干部考核评价相结合，党员考核结果作

为党员每月绩效工资发放的依据，同时作为年终评先评优和评选优秀党员的重要依据。对自觉坚持科学发展、善于领导科学发展，实绩突出、群众公认的优秀干部，要表彰奖励、提拔重用；对急功近利、搞形式主义和形象工程的，要批评教育、督促整改。这样才能真正做到"不让老实人吃亏，不让投机钻营者得利"，才能形成干事创业、促进科学发展的良好氛围。

## 七、探索金融机构海外党建工作机制

习近平总书记强调，要以改革创新精神推进金融机构党的建设，要坚持解放思想、实事求是、与时俱进，主动适应参与国际化竞争和扩大对外开放的新特点。做好海外党建工作是国家践行"走出去"战略和"一带一路"倡议的重要保障。新时代需要大格局，大格局需要大智慧。面对当前国际全球化形势，国家提出了"走出去"战略和"一带一路"倡议，不仅有益于中国经济的可持续健康发展，也契合了世界各国的共同需求，创造了各国优势互补、开放发展的新机遇。在明确新时代战略定位的基础上，金融机构要义不容辞地承担起自己的使命，这里既要承担经济责任，也要承担政治责任、社会责任。要切实加强固有金融机构海外党建工作，使党的战略方针政策在海外更好地得到贯彻执行。做好海外党建工作也是做好金融机构海外风险防控的有力保证。随着海外国有资产所占比重越来越大，海外投资运营风险、廉洁风险也在逐渐增加。部分企业存在"海外资产监管薄弱""海外投资决策不规范""海外廉洁风险风控不到位"等问题，损害了国家的政治经济利益。因此做好海外党建工作，落实全面从严治党要求，将为海外市场的可持续健康发展提供坚强保证。

海外党建工作如何结合新形势、紧跟新要求、适应新变化、形成新思维、建立新机制，还需要从以下三个方面着力。

一是海外党建工作与金融机构文化进一步融合。将金融机构文化建设纳入金融机构发展战略中，并以此为切入点和契合点开展灵活多样的党组织文化活动。同时随着海外金融机构属地化经营的不断深入，跨文化管理问题也日益突出，这就要求驻外基层党组织要积极探索推进跨文化管理，找准中外文化融合的有效方式和载体，努力丰富驻外基层党组织建设的内涵，切实构建起具有海外党组织特色的金融机构文化体系。坚持把文化建设融入海外业务发展大局，打造文化"同心圆"，在海外推行标准的企业文化、统一标识、工作服装等，坚持用企业精神引领海外职工；构建推行大家庭文化，让海外职工工作生活学习舒心，让职工家属放心；引导项目员工尊重当地文化与信仰，邀请外籍员工参与重大节庆活动，增进中外双方文化交流，以文化共识凝聚发展合力；树立大国风范，积极履行国有企业社会责任，想项目所在国之所想，急他们之所急，广泛开展捐资助学、医疗援助、修路造桥等爱心行动，以实际行动彰显负责任的大国形象，展现中国人民共建人类命运共同体的初心与决心。

二是海外党建工作与社会责任进一步融合。推动所在资源国经济发展与社会进步，要坚持"互利共赢、共同发展"的国际合作理念。履行海外社会责任是企业赢得经营的合法性、提高在海外的竞争能力以及取得较好的品牌美誉度并进而去塑造更好的国家美誉度的必由之路。要建立平等相待、互商互谅的伙伴关系，营造公道正义、共建共享的安全格局，谋求开放创新、包容互惠的发展前景，促进和而不同、兼收并蓄的文明交流，构筑尊崇自然、绿色发展的生态体系，形成"五位一体"，打造人类命运共同体的总布局和总路径。

三是海外党建工作与公共外交进一步融合。随着"一带一路"倡议的全面实施，金融机构作为资本知识技术和人才高度密集的社会组织，是社会经济文化交往中最活跃的主体之一，也是当代中国公共外交事业的中坚力量。中国金融机构在国际化经营的同时，需要在政府相关部门的指导下，充分发挥党组织作用，切实把党建工作与公共外交结合起来，进一步提升金融机构的公共外交能力。通过建设"党建+朋友圈"，积极参与大使馆、商会的活动，与当地中资企业开展联合党建等，通过强大的"朋友圈"掌握有利的市场资源，形成"共建促党建、党建促业务、业务强党建"的良性循环。

# 第八章　金融机构党员干部本领提升

习近平总书记在党的二十大报告中指出，全面建设社会主义现代化国家，必须有一支政治过硬、适应新时代要求、具备领导现代化建设能力的干部队伍。坚持党管干部原则，坚持德才兼备、以德为先、五湖四海、任人唯贤，把新时代好干部标准落到实处。树立选人用人正确导向，选拔忠诚干净担当的高素质专业化干部，选优配强各级领导班子。坚持把政治标准放在首位，做深做实干部政治素质考察，突出把好政治关、廉洁关。加强实践锻炼、专业训练，注重在重大斗争中磨砺干部，增强干部推动高质量发展本领、服务群众本领、防范化解风险本领。加强干部斗争精神和斗争本领养成，着力增强防风险、迎挑战、抗打压能力，带头担当作为，做到平常时候看得出来、关键时刻站得出来、危难关头豁得出来。

新时代中国金融事业要蓬勃发展，要在世界金融体系中占据一席之地，要作为中华民族伟大复兴的重要组成部分，必须坚持和完善金融机构党的领导，努力提升金融机构党员干部本领，使其成为金融事业改革的开拓者和主力军。不断提升党员干部能力素质，打造高素质干部队伍和人才队伍，是长期以来党组织必须高度重视的工作。加强党的执政能力建设有许多工作要做，是一个复杂的系统工程，涉及党的领导体制和工作机制、基层组织建设、干部队伍建设等诸多环节。但在诸多环节中，建设高素质的干部队伍最为关键，因此，积极探索提高领导干部素质和能力的方法与途径，具有十分重要的意义。

## 一、增强学习本领

学习是中国共产党一贯的优良传统。在大革命和土地革命时期,在极其艰苦的条件下,党在各地举办了工人夜校、自修大学、农民运动讲习所及各种形式的训练班,在北京、上海、广州等地和各革命根据地创办了多所党校。马克思主义揭示了人类社会发展规律,指明了实现人民自身解放的理想社会的正确途径,奠定了共产党人坚定理想信念和初心使命的理论基础。党员干部要把理论武装作为终身必修课,使学习马克思主义理论的过程,成为不断强化理想信念和初心使命的过程。习近平新时代中国特色社会主义思想是当代中国马克思主义、21世纪马克思主义,是中华文化和中国精神的时代精华,是党员干部砥砺理想信念和初心使命的最好教材。要把学懂、弄通、做实习近平新时代中国特色社会主义思想作为首要政治任务,读原著、学原文、悟原理,准确把握这一思想的科学内涵、核心要义、实践要求,深入领会习近平总书记关于坚定理想信念、牢记初心使命的重要论述和要求,深刻感悟习近平总书记的坚定信仰信念、深厚人民情怀、强烈历史担当、求真务实作风,感悟党的创新理论的真理力量、实践力量、人格力量,夯实理想信念和初心使命的思想根基。要通过学习文本、体会情怀、浮现画面的结合,引导党员干部不断加强主观世界改造,切实解决好世界观、人生观、价值观这个根本问题,增强"四个意识",坚定"四个自信",做到"两个维护",自觉做共产主义远大理想和中国特色社会主义共同理想的坚定信仰者和忠实实践者,做人民美好生活和民族复兴伟业的矢志创造者和不懈奋斗者。

习近平总书记指出,好学才能上进,好学才有本领。中国共产党人依靠学习走到今天,也必然要依靠学习走向未来。要努力学习各方面知识,努力在实践中增加才干,加快知识更新,优化知识结构,拓宽眼界和视野。自我提高是我们党增强本领、提升能力的有效途径。在全党开展党史学习教育,是以习近平同志为核心的党中央立足百年党史新起点、着眼开创事业发展新局面作出的重大战略决策。金融机构党员领导干部要强化马克思主义经典理论的学习，自觉加强马克思主义基础理论学习，沉下心来学习马克思、恩格斯、列宁、毛泽东等的经典著作，学习中国特色社会主义理论体系，学习党的十八大以来党的理论创新成果。要通过坚持不懈地学习，强化思想理论武装，坚定中国特色社会主义的道路自信、理论自信、制度自信和文化自信，做到思想上坚信不疑、意志上坚韧不拔、行动上坚定不移，永葆对信仰、对党、对组织、对事业绝对忠诚的政治品格；要加强对党的路线方针政策和党纪国法的学习，学习各方面知识，不断提高科学化、专业化水平，加强能力建设，为不断开展好金融工作做好准备；要注重培养专业能力、专业精神，不断增强适应新时代中国特色社会主义发展要求的能力，把新时代能力修养作为党员干部的基本功，始终贯穿于职业生涯，加强思想淬炼、政治历练、实践锻炼、专业训练，着力提升研究谋划能力、防控风险能力、改革创新能力、群众工作能力、狠抓落实能力，不断提高履行工作职责使命的水平；要加强"四史"学习，将"四史"学习教育作为当前和今后一个时期的一项重要政治任务，激励全体金融机构员工更加紧密地团结在党中央周围，牢记初心使命，坚定必胜信念，发扬斗争精神，增强斗争本领，为夺取新时代中国特色社会主义伟大胜利作出更大贡献；要坚持做到知行合一，理论与实践相统一，习近平总书记指出，价值观是人类在认识、改造自然和社会的过程中产生与发挥作用的。一种价值观要真正发挥作用，必须融入社会生活，让人们在实践中感知它、领悟它，并自觉践行它。知而必言，言而必行，行而必果。因此，我们要不断增强学习本领，从而推动改革发展取得实实在在的成效。

## 二、增强政治领导本领

党的政治建设是党的根本性建设，决定党的建设方向和效果。金融系统党员领导干部要提高政治领导本领，要有坚定的政治原则和政治方向，打铁必须自身硬，领导干部要带头增强"四个意识"，带头维护权威、拥护权威、支持权威。党员干部必须旗帜鲜明讲政治,把坚定政治信仰、站稳政治立场、强化政治担当,作为检验对党绝对忠诚的标准。要把学思践悟习近平新时代中国特色社会主义思想作为传承弘扬伟大建党精神、筑牢信仰之基、补足精神之"钙"、把稳思想之舵的"压舱石""定盘星",坚决拥护"两个确立"、坚定做到"两个维护",始终在思想上政治上行动上同以习近平同志为核心的党中央保持高度一致。要把对党忠诚、为党分忧、为党尽职、为民造福作为根本政治担当,忠实执行落实好新时代党的组织路线,推动经济社会高质量发展。

旗帜鲜明讲政治是马克思主义政党的根本要求,是保证党的长期执政能力、先进性和纯洁性的重要内容。在党员干部身上,理想信念、初心使命与对党忠诚紧密联系,理想信念和初心使命坚定才能心中有党、对党忠诚,对党忠诚是对理想信念和初心使命的最好诠释。我们党一路走来,任何困难都没有压垮我们,任何敌人都没能打倒我们,靠的就是千千万万党员的忠诚。历史上也有少数党员,面对前进道路上的艰难险阻打了退堂鼓,面对敌人的威逼利诱成了可耻叛徒,党的一大代表中就有的背弃信仰、丢掉初心,走向党和人民的对立面。现实中,一些党员干部搞"两面派"、做"两面人",不信马列信鬼神、不为苍生只为己,堕落为腐败分子,这些都是对党不忠诚的典型表现。党员干部对党是不是忠诚,革命战争年代主要看能不能为人民解放事业冲锋陷阵、舍生忘死,今天主要看能不能坚持党的领导,坚决维护党中央权威和集中统一领导,自觉在思想上政治上行动上同以习近平同志为核心的党中央保持高度一致;能不能坚决贯彻执行党的理论和路线方针政策,不折不扣把党中央决策部署落到实处;能不能严守党的政治纪律和政治规矩,做政治上的明白人、老实人;能不能坚持党和人民事业高于一切,自觉执行组织决定,服从组织安排。而这其中,最重要的就是看能不能做到"两个维护"。只有始终以党的旗帜为旗帜、以党的方向为方向、以党的意志为意志,不断提高政治判断力、政治领悟力、政治执行力,坚定不移听党话,矢志不渝跟党走,才能永葆对党忠诚的政治品格。

## 三、增强改革创新本领

当今世界面临百年未有之大变局，机遇与挑战并存。我国发展仍处于并将长期处于重要战略机遇期，经济韧性强、潜力足、回旋余地大，具备长期向好和深化改革的条件和基础。金融机构要以习近平新时代中国特色社会主义思想为指引，提高政治站位，加强政治建设，把党对金融工作的集中统一领导贯穿到研究工作的全过程和各方面。习近平总书记指出，党政主要负责同志是抓改革的关键，要把改革放在更加突出的位置来抓。必须深刻把握当前重要战略机遇期的新内涵，紧密围绕高质量发展和构建现代金融体系的中心任务，以深化金融供给侧结构性改革为主线，着眼现代金融体系效率性、稳定性、普惠性、开放性四大核心要素，主动作为，聚焦重点难点问题。

改革开放以来，我国金融业不断深化改革创新，着力兴利除弊、补齐短板，不断推动金融业发展与社会主义现代化建设相适应。金融在支持实体经济发展中深层次问题逐步显露，主要表现在：一是金融对实体经济增长的拉动力减弱，融资效率低下；二是金融资源错配日益严重，金融资源集中流向房地产、国有企业、基础设施建设等领域，小微企业、新兴行业融资难；三是金融空转有所加剧，实体投资越来越冷；四是资本市场发展不平衡，间接融资比重过大；五是部分金融产品创新异化。

回顾我国金融业从小到大、从弱到强的发展历程不难发现，改革创新是金融业突破难点问题、不断发展壮大的根本动力，因而也是历次全国金融工作会议都予以强调的重要任务。

始终强调开展金融工作要坚持改革创新。要牢固树立服务实体经济的意识，充分发挥金融对稳增长、调结构、促转型、扩开放、惠民生的支撑作用，加大对先进制造业、战略性新兴产业、劳动密集型产业和服务业、传统产业改造升级等的信贷支持，用好、用足、用活、用够政策，加快金融改革步伐。要加强和改进金融监管，严防金融风险，加大对非法金融活动的打击力度，维护金融稳定。一方面，金融业要充分发挥促进资源优化配置的功能，引导经济资源从低效率实体部门转入高效率实体部门，更好地服务实体经济高质量发展；另一方面，要抑制金融领域"脱实向虚"倾向，防范和化解金融风险，引导金融回归服务实体经济的本质，促进实体经济与金融良性互动发展。

始终坚定金融业改革发展的市场化方向。坚持市场化原则是中国金融改革的根本。改革开放之前，人民银行几乎垄断了所有的银行业务；改革开放后，陆续成立了几百家城市商业银行和几千家农村商业银行、农村信用社，很多银行完成股改上市，产权不断明晰，银行业国有控股比重大幅下降，经营效率大幅提升。随着改革开放的不断深化，进一步完善了会计准则和信息披露制度，强化外部监督和市场约束。随着对证券公司、保险公司、金融控股公司等领域问题金融机构的处置，刚性兑付被打破，市场化的退出机制也逐步建立。存款保险制度稳步实施，以存款保险为平台的金融风险处置框架正在有序建立。

## 四、增强科学发展本领

引领和推动科学发展是我们党执政的重要目的和要务所在，人民群众评价党和领导干部，要看社会是否得到发展、生活水平是否得到提高。说到底，发展还是硬道理，发展是解决我国一切问题的基础和关键，发展是执政兴国的第一要务。

党员干部必须加强业务学习，努力成为本职工作的行家里手，做到业务工作"一口清"、程序规定"政策通"，牢牢把握工作主动权。要把争创一流、争当先进的进取精神，落实到本职工作中的全过程各方面。要加强专业知识学习，熟知本职工作的原则、方针、政策以及工作程序，练就一身过硬的"基本功"，努力成为本职工作的"业务通""活字典"。要以严实作风增强本职工作执行力，确保事事有回音、件件有着落，创新思路、方法、举措，不断推动工作再上水平、再开新局。

党的二十大强调，贯彻新发展理念是新时代我国发展壮大的必由之路。这为领导干部增强科学发展本领指明了方向。

深入落实创新发展理念。领导干部要把创新摆在事业发展全局的核心位置，把发展基点放在创新上，不断推进具体工作中的理念创新、机制创新、技术创新、文化创新以及其他各方面创新。作为领导干部，特别是要把重心放在创新平台的打造、创新渠道的畅通、创新氛围的营造和创新人才的激励上，用创新这个引领发展的第一动力推动手中的工作不断向前发展。

深入落实协调发展理念。领导干部要以协调发展理念来破解不平衡不充分发展的问题，在牢固把握中国特色社会主义事业"五位一体"的总体布局基础上，更加注重发展机会公平，更加注重资源配置均衡，正确处理发展中的各类不协调问题。特别是要解决好政府自身部门间的不协调问题。

深入落实绿色发展理念。领导干部要以绿色发展理念给发展留下更多空间，给子孙后代留下天蓝、地绿、水净的美好家园，也给自己留下好口碑。金融机构领导干部要加快转变发展方式，改变过多依赖增加物质资源消耗、过多依赖规模粗放扩张、过多依赖高能耗高排放的发展模式，鼓励发展绿色金融，确保一切决策都必须尊重自然、顺应自然、保护自然，解决好人与自然和谐共生问题。

深入落实开放发展理念。领导干部要以开放发展理念打开发展空间，用与时俱进的思想、广阔宏大的视野、广泛丰富的资源、全面准确的信息、五湖四海的人才来引领发展、聚力发展。落实开放发展理念，不仅要强调通过开放将外部先进技术、优质"资本"和高级人才引进来，而且要抓住机会"走出去"，不断丰富开放内涵，不断提高开放水平，不断加强政治、经济、文化、社会、生态五大领域的合作和交流，努力形成深度融合的互利合作格局。

深入落实共享发展理念。领导干部要创造机会让人民共谋、共建、共管、共评、共享发展。一要坚持全民共享，让发展成果覆盖全民，人人享有、各得其所，不是少数人共享、一部分人共享；二要坚持全面共享，全面保障人民群众在各方面的合法权益；三要坚持共建共享，充分发扬民主，广泛汇聚民智，最大激发民力，形成人人参与、人人尽力、人人都有成就感的生动局面;四要坚持渐进共享,立足现实、立足本地发展水平来思考设计共享政策。

## 五、增强依法执政本领

习近平总书记曾引用法国著名启蒙思想家卢梭的这句话:一切法律中最重要的法律,既不是刻在大理石上,也不是刻在铜表上,而是铭刻在公民的内心里。只有内心尊崇法治,才能行为遵守法律。各级领导干部要深刻认识到全面依法治国既是立足于解决我国改革发展稳定中的矛盾和问题的现实考量,也是着眼于长远的战略谋划,是中国特色社会主义的本质要求和重要保障,从而培养法治自觉,增强力行法治的积极性和主动性,把党的领导贯彻到依法治国全过程和各方面,坚定不移走中国特色社会主义法治道路,完善以宪法为核心的中国特色社会主义法律体系,建设中国特色社会主义法治体系,建设社会主义法治国家。

坚持党的领导,是社会主义法治的根本要求,是全面推进依法治国的题中应有之义。要保证依法执政,任何组织和个人都必须尊重宪法法律权威,都必须在宪法法律范围内活动,都必须依照宪法法律行使权力或权利,履行职责或义务,都不得有超越宪法法律的特权。

依法执政实质上是强调领导干部在依法治国的过程中,既要服从规则及逻辑,不受情感因素左右,又要用发展的眼光看问题、作决策、办事情,依法处理好当前和长远、局部和全局、个别和一般的关系,因此各级领导干部在推进依法治国方面肩负重要责任。

依法执政本领是党执政本领的关键性本领。中国共产党作为一个以马克思主义为指导的无产阶级执政党,要紧紧抓住制度建设这个带有根本性、全局性、稳定性、长期性的重要环节,坚持依法治国、领导立法、带头守法、保证执法,不断推进国家经济、政治、文化、社会生活的法制化、规范化,从制度上、法律上保证党的路线方针政策的贯彻实施。强化领导干部的规则和程序思维,就是要强调领导干部要牢记法律红线不可逾越、法律底线不可触碰,带头遵守法律、执行法律,带头营造办事依法、遇事找法、解决问题用法、化解矛盾靠法的法治环境。因此,领导干部只有在强烈的规则和程序思维指导下行使使命、履行职责,才能有效地提高党的依法执政本领。

依法执政要树立法治思维,严格依法办事。法治思维包含了规则思维、契约思维、权利思维、证据思维和程序思维等主要内容。全面依法治国是国家治理领域的一场深刻革命,需要领导干部彻底摒弃人治思维,不断强化法治思维。在此基础上,严格依法办事,始终坚持做到"办事依法、遇事找法、解决问题用法、化解矛盾靠法"。要通过立法将党的主张和人民意志依据法定程序上升为国家法律,然后通过保证执法、支持司法来推进严格执法和公正司法,运用法律规定的职权、程序、机制、设施来解决各种社会问题,从而形成全民守法的良好社会风尚。现实生活中,往往有一些领导干部在法治有利于提升政绩、获得利益时可以做到依法办事,而一旦遇到改革发展稳定中的复杂问题、棘手事件,法律对其形成制约时,大多习惯于运用违反或规避法律法规的命令和政策解决问题,甚至以言代法、以权压法,这些现象暴露出一些领导干部依法办事能力的缺失。其实,如果只是从法律上弄明白,从思想上想清楚,而不在行动上加以贯彻,这样的领导干部依然没有真正具备依法执政本领。因此,各级领导干部要善于运用法治方式规范发展行为、凝聚改革共识、促进矛盾化解、保障社会和谐,努力推动形成尊法学法守法用法的良好法治环境。

依法执政要勇于法治担当,当法治"保护神"。习近平总书记反复强调领导干部要敢于担当、能够担当。具体到法治领域,领导干部的法治担当就是为基层执法者的严格执法撑腰。"天下之事,不难于立法,而难于法之必行。"只有严格执法才能维护法律权威,减少违法行为的发生,建立良好的社会秩序。如果有了法律而不实施,或者实施不力,出现有法不依、执法不严、违法不究的现象,那么制定再多的法律也无济于事。当前我们社会生活中发生的诸多问题正是因为有法不依、失于规制造成的,所以全面推进依法治国必须坚持严格执法。要让严格执法者理直气壮需要领导干部的法治担当,对于执法机关和执法人员的严格执法,只要符合法律规定的权限和程序,就要给予支持和保护,不要认为执法机关给自己找了麻烦,也不要担心会给自己的形象和政绩带来什么不利影响。如果领导干部不为一线执法者撑腰，大家都抱着多一事不如少一事的心态，严格执法必将沦为空谈。习近平总书记强调，该严格执法的没有严格执法，该支持和保护严格执法的没有支持和保护，就是失职，那也是要追究责任的。我们一定要勇于法治担当，当法治"保护神"。

## 六、增强群众工作本领

习近平总书记指出，江山就是人民、人民就是江山，打江山、守江山，守的是人民的心。共产党人是为崇高理想奋斗和为最广大人民谋利益的，把人民放在心中最高位置是共产党人的根本政治立场，也是检验共产党人理想信念和初心使命的根本价值尺度。一旦离开了人民，理想信念和初心使命就会失去依归、失去价值、失去意义。党员干部把人民放在心中最高位置，就是要怀有真挚深厚的群众感情，与群众有福同享、有难同当，有盐同咸、无盐同淡；就是要密切关注群众的愿望和呼声，想群众之所想，急群众之所急，解群众之所忧，千方百计为群众谋利益；就是要以群众满意为最高标准，由群众评判工作得失、检验工作成效。只有牢记"我是谁、为了谁、依靠谁"，始终坚持人民至上，不断追求"我将无我，不负人民"的精神境界，把群众观点、群众路线深深植根于思想中、落实到行动上，践行理想信念和初心使命才有不竭的力量源泉。

做好群众工作要让人民群众得到实在的实惠。要践行以人民为中心的发展思想，围绕党中央关于扎实推动共同富裕的决策部署，深入推进各项惠民利民政策的落实，切实做好普惠性、基础性、兜底性民生工作，让改革发展成果更多、更公平惠及全体人民。共产党最基本的一条经验是一刻也不能脱离人民群众。要认真解决群众急难愁盼问题，在群众关心的就业、教育、医疗、社保、住房、养老、食品药品安全、生态环境、社会治安等方面下更大气力，增强群众的获得感、幸福感、安全感。为民服务既要尽力而为，又要量力而行，决不能脱离实际、吊高群众胃口，做好大喜功、寅吃卯粮的蠢事。要提高做好新时代群众工作本领，完善党员干部联系群众制度，健全网络公共服务平台，提升群众工作精准度和满意度。

群众的实践是最丰富最生动的实践，群众中蕴藏着巨大的智慧和力量。党员干部要始终坚持以人民为中心，放下架子、扑下身子，善于倾听群众声音，当好人民群众的"小学生"和"勤务员"。要多做"一枝一叶总关情"的惠民之事，多操心、多干事、干实事，急群众所急、忧群众所忧、解群众所难。要主动把初心融入血脉、把使命扛在肩头、把双脚放到泥土里，常到百姓身边多听民声民意，常去田间地头谋划民生实事，常坐"长板凳""热炕头"，常问群众"心中事""实际难"，把群众所忧所盼逐一解决好、温暖好，把党和政府的温暖送到群众心间，让广大人民群众的生活越来越美好。

密切联系人民群众，不断增强宗旨意识。牢固树立群众观念和公仆意识。群众如水，水能载舟亦能覆舟。时刻心中装着群众，多站在群众的角度思考和处理问题，多与群众交心谈心，多把群众的切实利益当回事，多力所能及地为群众办实事好事。多深入群众中，少些"办公室"综合征，少些务虚空谈，听取他们的意见和建议。立足岗位，认真思考工作中的难题和困难，多多出主意、提思路、想办法，站在岗位上多去谋划和思考工作。坚决鄙弃人少事少、工作好坏一个样的想法，多思考、多谋划、多协调、多争取，认认真真地结合实际去做几件事情，不抱"一混就是一天、一晃就是一年"的思想。主动祛除心浮气躁，正确对待个人的成长进步，正确对待自己的进退流转，不把眼光老是盯在晋升职务、调动工作上，而是更多地把心思用在工作上、把精力放在工作上，不设计个人成长路线，不向组织提任何要求，兢兢业业、勤勤恳恳工作。

## 七、增强狠抓落实本领

党的二十大报告指出，要弘扬党的光荣传统和优良作风，促进党员干部特别是领导干部带头深入调查研究，扑下身子干实事、谋实招、求实效。

这是站在新时代推进中国特色社会主义伟大事业高度，对提高党的执政能力和领导水平提出的新要求。

抓不抓落实，能不能抓好落实，其实是衡量领导是否具有担当精神的重要指针。理想信念和初心使命本质上是需要实践的，只有见诸行动、担当作为，才有说服力和感召力。进入新发展阶段，党员干部担当作为的最大着力点，就是要推动党中央关于立足新发展阶段、贯彻新发展理念、构建新发展格局、推动高质量发展决策部署的落实，推动全面建设社会主义现代化国家目标任务的落实。勇于担当就是要有强烈的责任意识，能够担当就是要有担当重任的能力，敢于担当就是要有负责担当的底气。要坚持干字当头、苦干实干，脚踏实地做好本职工作，在加快科技自立自强、促进经济循环畅通、推动绿色发展、推进乡村振兴、实行高水平对外开放等主战场勇挑重担，以钉钉子精神落实好各项任务，坚决反对形式主义、官僚主义。要强化问题导向，聚焦事关改革发展稳定的重大问题、扭住群众普遍关心和反映强烈的突出问题，着力寻求破解之道。要针对工作越来越专业化、专门化、精细化的特点，加强专业知识和专业能力训练，补上知识弱项、能力短板，练就干事创业的铁肩膀和真本领。要发扬斗争精神，在原则问题上不当软骨头，在风险挑战面前敢于斗争、善于斗争。

狠抓落实是一切工作取得成效的关键和保证，必须勇于开拓创新，必须善于抢抓机遇，必须突出重点，必须注重细节，必须树立正确的政绩观，必须强化责任。善不善于抓落实，抓落实的力度、措施、效果怎么样，是领导干部工作能力水平的体现，也直接关系党的执政本领的强弱。强化领导干部的理性和发展思维，就是强调领导干部要以踏石留印、抓铁有痕的劲头，切实干出成效来，做到言必信、行必果；就是要把雷厉风行和久久为功有机结合起来，勇于攻坚克难，做实做细做好各项工作；就是要有"功成不必在我"的思想境界，一张蓝图绘到底，做到真抓实干，一步一个脚印、稳扎稳打向前走，不断积小胜为大胜。

抓落实是个一以贯之的过程，必须持之以恒、有始有终。现在有的金融机构，工作虎头蛇尾，把阶段任务的落实当成是整个任务的落实，把巩固、扩大工作成果的起点当成完成任务的终点，甚至是检查评比前猛抓，检查评比一过就不抓，领导盯得紧就抓，领导不盯就不抓。要改变这种状况，一是要抓反复、反复抓。要一个环节接着一个环节地抓，一个问题接着一个问题地落实，一件事情接着一件事情办，做到不抓出成效不撒手，有了成效不放松，不见效果不收兵。二是抓具体、亲自抓。机关工作无小事，人民群众工作大如天。各级领导不能当甩手掌柜，工作一定要抓具体、亲自抓，该开的会要开，该讲的话要讲，该检查的要检查，该你干的工作一定要干，该抓落实的要千方百计落实，坚决打通"最后一公里"。三是要抓回合、抓问责。对每一项任务、每一件工作，特别是重点工作、重大事项、重要部署，都要注意跟踪检查和督办，不仅需要文件和会议指导，而且还要到现场了解情况和工作过程，要在亲知、真知、深知上下功夫，对一项工作不能一劳永逸，要善于杀"回马枪"，从根本上杜绝弄虚作假的现象，使各项工作有布置、有检查、有落实、有效果。

## 八、增强驾驭风险本领

新时代可能会面临包括经济、政治、意识形态、社会风险以及来自自然界的各种重大风险，党员干部有没有驾驭风险的能力显得至关重要。增强驾驭风险本领，健全各方面风险防控机制，善于处理各种复杂矛盾，勇于战胜前进道路上的各种艰难险阻，牢牢把握工作主动权。这就要求领导干部必须增强忧患意识，既要有完善防控各类风险长效机制的能力，又要有勇于和善于处理各种危机的胆识和办法，从而增强驾驭风险本领，借风扬帆、险中求胜。

健全各方面风险防控机制，善于处理各种复杂矛盾，勇于战胜前进道路上的各种艰难险阻，牢牢把握工作主动权。常言道，夫风生于地，起于青萍之末。只有在青萍之末着力，才能把将起之风遏阻消解。从这个朴素的科学认知原理上说，无论抓应急管理还是抓风险管理，都应该关口前移、溯源施治，把工作重心放到源头治理上，在风险欲起未起之时就将其化解，这就需要建立相应的一系列风险防控机制并保持其正常运行、发挥作用。

所以要牢牢把握工作主动权，要做到手中有策。"凡事预则立，不预则废。"有了这个"预"，就会有备无患、遇事不慌。金融机构要着眼长远，变压力为动力，化矛盾为契机，积极应对风险挑战，在市场波动产品价格升降过程中寻求捕捉机遇。要进一步树立风险意识，强化过程管理，建立防范体系，对于可能出现的问题和危机要有充分、扎实的准备，制定出1~2种措施，必要时甚至是几十种应对预案，防患于未然。措施的制定切忌泛泛而谈如空中楼阁，要精准、精细、规范，且具有可操作性，以严的标准、实的要求，细分目标任务、突出问题导向、强化督查落实，逐层逐级穿透至末端因素。

要增强忧患意识，居安思危，保持良好的精神状态。习近平总书记指出，防止发生系统性金融风险是金融工作的永恒主题。一些党员干部忧患意识的思想底线、居安思危的主观防线尚不牢靠。这是决定风险防控机制建立和有效运行的思想基础。思想基础牢靠，风险防控机制就容易反应灵敏、运行有效，也能快速健全完善；如果不够牢靠，即使风险防控机制再完备也难以发挥作用。从当前形势看，有些身处发展一线的机构和干部特别是一把手受追求显绩的影响，重视改革发展成绩，而对风险防控不够重视、有所忽视甚至藐视风险，有的领导干部风险意识淡薄、麻痹大意，对风险充耳不闻、熟视无睹，甚至讳疾忌医、养痈遗患。这些情况必须引起高度重视。因此，要增强忧患意识、做到居安思危，夯实风险防控机制建设、运行的前提基础。具体而言，各级党组织要自觉着力提高和强化忧患意识，推动各部门普遍形成浓厚牢固、体现到日常细节上的风险意识，让每个干部时刻绷紧风险意识这根弦，使之对工作时刻保持高度的风险敏锐性、洞察力和预见力，对风险看在前、想在前、防在前，促进形成既牢固又敏锐的心理机制，筑牢应对风险的思想底线和主观防线。

驾驭风险需要强化领导干部的理性和发展思维，就是强调领导干部既要看到改革开放和社会主义现代化建设的历史性成就，同时又要看到国际国内形势发生广泛而深刻的变化，改革发展面临着新形势、新任务、新挑战。一要抓住风险的客观性，积极驾驭风险。风险是矛盾的一种集中体现，不以人的主观愿望而存在。风险当前，躲是躲不掉的，只有积极作为，才能使风险转移，才能使风险得到化解。二要抓住风险的隐蔽性，主动识别风险。风险貌似从天而降，突如其来，但其实不过是一个矛盾的积累爆发过程，也有一个从量变到质变的过程。只不过，这种转变极其缓慢极其隐蔽，不易被察觉发现。风险面前，对于一个有准备的人来说会掌握主动，从容应对；但是对于一个没有准备的人来说，就会觉得猝不及防，惶然失措。因此，领导干部要见微知著，抓住苗头，尽早介入风险治理。三要抓住风险的双面性，趋利避害。风险来临，如果处理得好，风险可能变成机遇；如果处理不好，也可能变成危机。所以风险并不一定都是坏事，也可能成为好事，它不仅能够倒逼应对者素质的提升，而且本身有可能带来创新发展的机遇。风险的双面性还表现在对于不同的主体来说，风险具有相对性。一个风险对一方主体来说是危险，但是对于处于对立面的主体来说就可能是机遇。这就要求领导干部坚持辩证思维，能够注意矛盾的对立面并创造条件促成其向好的方面转化，转危为安、化危为机。四要抓住风险的复合性，防范系统性风险。当前，我们面临的风险既有国内的经济、政治、意识形态、社会风险以及来自自然界的风险，也有国际经济、政治、军事等风险，而且这些风险可能复合发生，演变为系统风险。因此，习近平总书记要求，要力争把风险化解在源头。不让小风险演化为大风险，不让个别风险演化为综合风险，不让局部风险演化为区域性或系统性风险，不让经济风险演化为社会政治风险，不让国际风险演化为国内风险。五要抓住风险的扩散性，操控风险。美国次贷危机表明，如果风险处置不当，有可能使区域性风险转变为全国性风险，由一国风险转变为全球性风险。因此，习近平总书记指出，面对波谲云诡的国际形势、复杂敏感的周边环境、艰巨繁重的改革发展稳定任务，我们必须始终保持高度警惕。我们既要有防范风险的先手，也要有应对和化解风险挑战的高招；既要打好防范和抵御风险的有准备之战，也要打好化险为夷、转危为机的战略主动战。

# 第九章 中外金融科技发展情况及其差异

金融科技作为技术驱动的金融创新,是深化金融供给侧结构性改革、增强金融服务实体经济能力的重要引擎,是落实新形势下党对金融工作部署的题中之义。以党建引领新时代的金融工作,就要自觉把金融工作放在"四个全面"战略布局、"五位一体"总体布局中来谋划和推进,深刻把握社会发展和人民群众对金融工作的需求,大力发展金融科技和金融创新。数字经济的蓬勃兴起为金融创新发展构筑了广阔舞台,数字技术的快速演进为金融数字化转型注入充沛活力,金融科技逐步迈入高质量发展的新阶段。信息通信核心技术持续演进,推进金融科技关键技术与热点应用的规模和范围不断扩展。以数字技术为核心的金融科技将激活金融业发展新动能。一方面,在数字化赋能下传统金融行业能够优化现有业务,实现提质增效;另一方面,通过金融、智能算法、数据的融合,金融业将数字化贯穿金融服务全流程,实现金融科技创新和金融场景创新,拓宽金融业行业边界,让金融服务内容更加多元,挖掘用户更多潜在需求,提升用户黏性和服务体验,以高质量发展服务党和社会发展大局。

## 一、中国金融科技发展情况

"十三五"期间,金融业贯彻落实党中央、国务院决策部署,聚力"六稳""六保",坚持发展与监管两手抓,推动金融科技在实体经济的沃土中落地生根。大数据、云计算、人工智能、区块链等技术金融应用成效显著,金融服务覆盖面逐步扩大,优质金融产品供给不断丰富,金融惠民利企水平持续提升。金融科技创新监管工具稳步实施，监管规则体系和监管框架不断健全，金融守正创新能力大幅提高。总的来看，在党的坚强领导下，我国金融科技发展从星星之火到百舸争流、从基础支撑到驱动变革，呈现出旺盛生机与活力，有力提升金融服务质效，高效赋能实体经济，为金融业高质量发展注入充沛动力。

我国金融科技发展同时面临诸多挑战，发展不平衡不充分的问题不容忽视。数字化浪潮下智能技术应用带来的数字鸿沟问题日益凸显，区域间金融发展不平衡问题依然存在，部分大型互联网平台公司向金融领域无序扩张造成竞争失衡，大小金融机构间数字化发展"马太效应"尚待消除，技术应用百花齐放而关键核心技术亟须突破。这些不平衡不充分的问题正是未来一段时期深化金融与科技融合、推动金融业数字化发展亟须攻关的重要课题。

从科技在金融行业应用的深度和变革影响来看，金融领域的科技应用可以分为以下三个阶段：第一阶段为金融电子化阶段，着重于IT技术的后台应用，即利用软硬件实现办公的电子化提升业务处理效率，代表性的产品或业务有核心交易系统、账务系统和期货系统等；第二阶段为互联网金融阶段，聚焦于前端服务渠道的互联网化，即利用互联网对接金融的资产端、交易端、支付端、资金端，实现渠道网络化，代表性的产品或业务有网上银行、互联网理财、P2P、移动支付；第三阶段为金融科技阶段，强调业务前、中、后台的全流程科技应用变革，即利用前沿技术变革业务流程，推动业务创新，突出在大规模场景下的自动化和精细化运行，代表性的产品或业务有大数据征信、智能投顾、风险定价、量化投资、数字货币。

总的来看，中国金融科技起步较晚，后来居上。1993年国务院《有关金融体制改革的决定》提出"加快金融电子化建设"，中国金融信息化提上日程，随着移动通信和物流基建的迅速发展，目前我国在全球金融科技竞争格局中处于第一梯队。但是，中国金融科技投融资正在逐渐降温，从行业投融资事件数量来看，受互联网金融热潮的影响，2015—2018年为金融科技投融资的高峰期，2019年出现降温。2020年受到新冠肺炎疫情的影响以及行业内监管规范政策频出，投融资事件数量进一步下降。从投融资金额来看，2018年为中国金融科技投融资金额最高的年份，达到了

1581.11亿元[①]，主要是因为中国金融科技领域在2018年迎来快速发展：银行等传统金融机构建立科技子公司，发力数字化；以百度、阿里巴巴、腾讯、京东为首的互联网巨头也纷纷着力于金融科技。中国金融科技市场在审慎稳妥的监管环境下，传统金融机构在金融科技领域的主动性明显增强。2020年国有大型银行科技投入增长了34.54%，远高于其整体收入4.44%的增速，且传统金融机构在金融科技战略定位上正在从"科技赋能"逐步向"科技引领"转型[②]。另外，大型互联网平台公司金融科技业务在监管政策环境下，更加注重科技服务与类金融业务的隔离，类金融业务加快获取金融牌照步伐，并不断强化自身科技属性。这也导致中国金融科技市场格局的寡头化，其他国家和地区金融科技以中小型企业为主，而我国金融科技市场结构趋向少数大型互联网企业主导。《2020胡润全球独角兽榜》显示，我国18家金融科技行业独角兽企业估值共计16340亿元。然而，中国金融科技应用场景众多，应用深度尚不足。金融科技在传统金融领域应用场景和细分赛道众多，传统金融机构与互联网企业各有优势，竞争与合作并存。但是目前来看，金融科技在各领域的应用尚存不足，不管是投入产出比较低、技术融合不足抑或是监管趋严，均导致金融科技整体的应用深度不够。未来随着新基建上升为国家战略高度，将推动金融科技发展进入新一阶段，总体来说，更好地服务实体经济、普惠金融和绿色金融是三大方向。

金融科技将持续助力金融服务实体经济。为贯彻落实党对金融工作的指导精神，在工业和信息化部、财政部、央行、银保监会、证监会等多项涉及金融业服务实体经济的政策文件中，多次出现要求"充分利用金融科技能力"的政策细则，未来金融科技的作用将进一步深化。一是借助金融科技建立信息交互平台，消除金融机构与实体经济的信息鸿沟；二是金融科技推动智能风控，降低中小企业融资风险；三是金融科技纳入产业链全要素，通过区块链加持供应链金融，为产业链的企业增信；四是在当前资本市场注册制转型的背景下，通过金融科技赋能多层次资本市场建设，例

---

① 资料来源：前瞻产业研究院《中国科技金融服务深度调研与投资战略规划分析报告》。
② 同上。

如，利用人工智能系统识别、提取和分析海量金融信息，为上市审核流程"加速"，甄别企业信息披露的真实性，从而更好地提升上市公司质量，助力我国资本市场健康发展。

金融科技将为我国乡村振兴提供重要支撑。当前，我国已取得脱贫攻坚的全面胜利，2021年全面推进乡村振兴，这也是"三农"工作重心的历史性转移。一方面，通过金融科技手段，构建起农村电商基础设施，鼓励企业建立产销衔接的农业服务平台，建立"从田间到餐桌"的一站式服务；另一方面，构建农村信用数据体系，为农村消费者、生产者提供更精准的资金支持，包括涉农账户管理、资金管理、资金结算等多项金融服务。同时，挖掘农、林、牧、副、渔等农村场景，构建连接上下游企业的公共服务平台，形成基于核心企业的农村供应链金融模式，助力农村新兴产业以及新兴经济业态的健康发展。

金融科技将加速赋能绿色金融，助力实现碳达峰和碳中和。当前，我国绿色金融发展的痛点包括标准不统一、信息不对称、绿色识别成本高、监管成本高、绿色金融难以向小微企业和消费领域延伸等。而金融科技为解决上述问题提供了新的工具和手段。例如，一些机构利用卫星数据、机器学习绘制自然资源碳汇地图，基于地图数据形成绿色信用信息体系。再如，可建立绿色金融信息统计平台，打通环保部门和金融机构的信息沟通渠道，帮助金融监管部门提升监管效率。通过绿色金融业务信息的实时采集、统计分析和管理应用，为绿色金融支持政策和衍生交易等提供充分的信息和数据基础。还可利用金融科技提升碳足迹计量与核算水平，约束企业碳排放行为，建立银行个人的"碳账户"，鼓励全民开展低碳生活。

## 二、国外金融科技发展情况[①]

2020年，全球金融科技市场从新冠肺炎疫情中加快恢复，产业发展呈

---

① 资料来源：中国人民银行《中国金融稳定报告（2020）》。

现新动向。区域方面，北美地区仍稳居首位，金融科技市场规模占全球近30%；东南亚及拉美地区的发展速度最快；业务趋势方面，数字货币、绿色金融、普惠金融等已经成为全球关注热点，大型科技公司在数字支付、数字投资等领域持续强化布局。同时，金融数据安全成为全球监管关注重点，金融基础设施领域数字化转型加速趋势下，全球金融监管与协同合作持续强化。

全球金融科技发展可以分为三大阶段，分别为金融信息化、互联网金融、金融与科技深度融合，而早在20世纪80年代，西方国家在金融自由化背景下，开始探索电子信息技术与金融的融合。

国外银行在金融科技方面的参与程度已经非常深入，渐渐成为探索金融科技前景的主力军。在美国，知名的高盛和美国银行，都是金融科技的超级拥趸，他们采取的手段都是收购，通过收购有潜力的金融科技项目来补强自身的金融科技实力。其中，高盛不仅入股了 Square 和 Bluefin 等支付服务提供商，还巨额投资于比特币创业公司和大数据领域。美国银行主办自己的年度科技峰会来挑选项目及伙伴，其曾公布每年用于新技术、数字项目和创业公司收购的预算为30亿美元。此外，欧洲的德意志银行、瑞士银行，以及近代金融发祥地荷兰的银行机构，在金融科技方面的投资也非常巨大，着眼的技术领域非常前沿。譬如德国最大的银行德意志银行计划投资7.5亿欧元用于数字战略，并在内部成立一个数字智库，聘请400名员工集中精力展开内部研发。

中央银行数字货币（CBDC）研究和试点加快。根据国际清算银行2020年初发布的《关于央行数字货币的后续调查》，全球参与调查的中央银行约80%已开展了 CBDC 相关工作，其中40%已从概念研究转向试验阶段，另有10%已经开展试点。例如，瑞典央行为顺应非现金支付趋势、降低发钞成本研发的电子克朗（e-Krona）已于2020年2月开始试点；日本央行和欧洲央行为提高跨境大额支付和证券结算系统效率，联合研发批发型 CBDC（Stella 项目），目前正在开展分阶段测试。

私人部门稳定币发行活跃。自2015年美国私人部门首次推出采用稳定币理念设计的"泰达币"以来，全球稳定币发行日趋活跃。截至2019年6月，市场上流通的稳定币共有66种，另有134个稳定币项目计划推出。其中，美国脸书公司计划推出"天秤币"，为全球数十亿潜在用户提供跨境数字支付服务，引发广泛关注。美国、欧洲等金融管理部门对"天秤币"提出严重关切，指出其可能对反洗钱和反恐怖融资、消费者数据保护、网络安全等方面带来重大挑战。2020 年 4 月，脸书公司又提出进一步改进"天秤币"支付体系安全性和合规性的计划，并尝试获得支付牌照。尽管如此，部分国家仍担心"天秤币"将威胁本国法定货币的地位。

开放银行应用加速。开放银行是指经客户授权，银行通过应用程序接口（API）向第三方机构共享客户银行账户、交易数据的一种业务模式，旨在围绕第三方应用场景，实现金融服务的全覆盖。西班牙对外银行、美国花旗银行等率先打造各自的开放银行平台，中国工商银行、上海浦发银行等也开展了开放银行相关实践。为提升金融业国际竞争力和创新力，部分经济体开始在行业范围内推广开放银行应用。例如，英国推动全国最大的九家银行业机构成立开放银行实施组织（OBIE），制定 API 规范、数据规范等开放银行标准；截至 2020 年 4 月，已有 74 家银行业金融机构和 134 家第三方服务商加入该组织。此外，欧盟、日本、韩国、新加坡等也相继组织实施开放银行计划。

数字银行数量增多。数字银行（也称虚拟银行或直销银行），不设立实体网点，主要采用纯线上运营模式，通过移动客户端远程开展业务。区别于传统银行以实体网点为主的经营方式，数字银行以互联网科技为支撑，提供与应用场景深度结合的存贷款、支付、转账等金融服务，主要面向传统金融服务不足的群体。新加坡金融管理局则计划于 2020 年批准设立 5 家数字银行。在其他经济体，数字银行多以传统银行牌照或业务许可的形式从事线上银行业务，如英国的 Monzo 银行、N26 银行等。

总体来看，各经济体金融管理部门对金融科技活动的监管日趋完善，在明确技术指引、提高监管标准、完善监管手段等方面进行了积极探索。为鼓励创新并防控风险，金融管理部门支持金融科技公司进入市场以弥补当前金融服务的薄弱环节，同时对从事金融活动仍然设置较高的门槛。

完善监管框架，注重风险防控。大多数经济体金融管理部门基于功能监管和行为监管的原则建立金融科技监管框架。一是坚持持牌准入。例如，新加坡金融管理部门设立了专门的数字银行牌照，要求申请机构满足一定准入标准并遵守基于风险的资本要求。二是明确监管细则。例如，英国要求从事开放银行业务的机构遵守《支付服务修订法案（第二版）》规定，银行须按照客户要求将客户账户、交易数据开放给客户授权的第三方支付服务商，第三方支付服务商则须在金融管理部门登记备案。三是发布风险警示、打击非法交易。对加密资产交易等潜在风险较高的业务，大多数经济体金融管理部门持审慎态度。例如，美国证券交易委员会于2020年1月发布风险警示，表示首次交易发行多为利用技术创新噱头进行虚假宣传，提示投资者警惕诈骗行为。

灵活运用监管沙盒等创新监管工具。2015年，英国金融行为监管局（FCA）提出"监管沙盒"的概念，旨在为金融科技创新企业提供一个安全的测试环境。截至2020年5月，FCA已开展5批测试，参与企业累计118家。经过五年多的实践，FCA的沙盒模式愈加成熟，一是为测试企业提供灵活、多样的政策支持，包括限制性牌照、个别指导、规则豁免、无异议函等；二是对原有沙盒进行升级，FCA计划推出跨部门沙盒，为企业提供多个监管部门联合监管的测试。此外，在FCA倡议下，世界银行、国际货币基金组织与FCA等机构于2019年1月共同推出跨国监管沙盒"全球金融创新网络"，计划为企业提供跨国测试。与此同时，澳大利亚、新加坡、韩国等经济体也采用监管沙盒对金融科技进行创新测试。

积极开发监管科技，提升风险防控能力。监管科技指监管当局使用大数据、机器学习等技术实现数据收集、分析、判断等，应用于事前预警、事中监管、事后监督等阶段。近年来，监管科技的作用也从技术辅助逐步转向智能监管，在监管决策和自主分析方面更加智能。例如，澳大利亚证券投资委员会建立市场分析和情报系统，从股票和衍生品交易中提取实时数据，监测异常情况并提供实时预警。

# 第十章　中国金融科技的未来展望

党的二十大报告提出，加快实施创新驱动发展战略。坚持面向世界科技前沿、面向经济主战场、面向国家重大需求、面向人民生命健康，加快实现高水平科技自立自强。以国家战略需求为导向，集聚力量进行原创性引领性科技攻关，坚决打赢关键核心技术攻坚战。加快实施一批具有战略性全局性前瞻性的国家重大科技项目，增强自主创新能力。加强基础研究，突出原创，鼓励自由探索。"十四五"时期，我国开启全面建设社会主义现代化国家新征程，数据成为新的生产要素，数字技术成为新的发展引擎，数字经济浪潮已势不可当。

站在"两个一百年"奋斗目标的历史交汇点上，金融业要凝心聚力、砥砺奋进，不断破解发展瓶颈和难题，推动我国金融科技从"立柱架梁"全面迈入"积厚成势"新阶段。力争到2025年，整体水平与核心竞争力实现跨越式提升，数据要素价值充分释放、数字化转型高质量推进、金融科技治理体系日臻完善、关键核心技术应用更为深化、数字基础设施建设更加先进，以"数字、智慧、绿色、公平"为特征的金融服务能力全面加强，有力支撑创新驱动发展、数字经济、乡村振兴、碳达峰碳中和等战略实施，走出具有中国特色与国际接轨的金融数字化之路，助力经济社会全面奔向数字化、智能化发展新时代。

## 一、金融科技发展指导思想与原则

以习近平新时代中国特色社会主义思想为指导、深刻领会党的二十大精神，贯彻落实《中华人民共和国国民经济和社会发展第十四个五年规划和2035年远景目标纲要》，准确把握新发展阶段、深入践行新发展理念。要坚持"数字驱动、智慧为民、绿色低碳、公平普惠"的发展原则，坚持目标导向和问题导向，以深化金融数据要素应用为基础，以支撑金融供给侧结构性改革为目标，以加快推进金融机构数字化转型为主线，从健全科技治理体系、夯实数字基础底座、加强技术创新引领、激活数字化经营动能、强化创新审慎监管、践行数字普惠金融等方面精准发力，加快健全适应数字经济发展的现代金融体系，为构建新发展格局贡献金融力量。

## 二、金融科技发展六大目标

一是金融业数字化转型更深化。金融业数字化从多点突破迈入深化发展新阶段，全局性、系统性数字思维深入人心，数字化转型的理论、方法、评价体系基本形成，"上云用数赋智"水平稳步提高，金融机构数字化经营能力大幅跃升。

二是数据要素潜能释放更充分。金融数据全生命周期管理体系更加完备，数据能力建设不断强化，跨机构、跨地域、跨行业数据规范共享有力有序推进，金融与民生领域数据融合应用全面深入，数据安全和个人隐私得到有效保障。

三是金融服务提质增效更显著。数字普惠金融和无障碍服务体系更加完善，智慧金融服务与生产生活场景深度融合，科技赋能金融资源更为精准地配置到经济社会发展的关键领域和薄弱环节，金融服务实体经济能力进一步增强。

四是金融科技治理体系更健全。现代化科技治理架构不断完善，科技治理水平显著提高，监管科技应用水平和数字化监管能力持续提升，金融科技创新监管进一步强化，与金融数字化转型相适应的法律、标准、人才体系更完备。

五是关键核心技术应用更深化。关键软硬件技术金融应用研究攻关持续深入、场景适配不断加强、成果转化更加顺畅，稳健高效的技术供应体系逐步健全，产学研用互为支撑、相互促进的开放创新产业生态更加优渥。

六是数字基础设施建设更先进。绿色、智能、高可用金融数据中心建设布局日趋完善，高速泛在、融合互联、安全可靠的金融网络通信支撑保障能力全面加强，云管边端高效协同、灵活调度、弹性部署的新型算力体系基本建成。

## 三、金融科技发展的八个方面

一是强化金融科技治理，全面塑造数字化能力，健全多方参与、协同共治的金融科技伦理规范体系，构建互促共进的数字生态。二是全面加强数据能力建设，在保障安全和隐私前提下推动数据有序共享与综合应用，充分激活数据要素潜能，有力提升金融服务质效。三是建设绿色高可用数据中心，架设安全泛在的金融网络，布局先进高效的算力体系，进一步夯实金融创新发展的"数字底座"。四是深化数字技术金融应用，健全安全与效率并重的科技成果应用体制机制，不断壮大开放创新、合作共赢的产业生态，打通科技成果转化"最后一公里"。五是健全安全高效的金融科技创新体系，搭建业务、技术、数据融合联动的一体化运营中台，建立智能化风控机制，全面激活数字化经营新动能。六是深化金融服务智慧再造，搭建多元融通的服务渠道，着力打造无障碍服务体系，为人民群众提供更加普惠、绿色、人性化的数字金融服务。七是加快监管科技的全方位应用，强化数字化监管能力建设，对金融科技创新实施穿透式监管，筑牢金融与科技的风险防火墙。八是扎实做好金融科技人才培养，持续推动标准规则体系建设,强化法律法规制度执行,护航金融科技行稳致远。

## 四、金融科技发展的三个注意事项

在强化数字经济安全体系方面,要提升网络安全应急处置能力。加强电信、金融、能源、交通运输、水利等重要行业领域关键信息基础设施网络安全防护能力,支持开展常态化安全风险评估,加强网络安全等级保护和密码应用安全性评估;要提升数据安全保障水平。建立健全数据安全治理体系,研究完善行业数据安全管理政策。建立数据分类分级保护制度,研究推进数据安全标准体系建设,规范数据采集、传输、存储、处理、共享、销毁全生命周期管理,推动数据使用者落实数据安全保护责任。要切实有效防范各类风险,强化数字经济安全风险综合研判,防范各类风险叠加可能引发的经济风险、技术风险和社会稳定问题。坚持金融活动全部纳入金融监管,加强动态监测,规范数字金融有序创新,严防衍生业务风险。同时,要发挥保险作用,包括"健全失业保险、社会救助制度,完善灵活就业的工伤保险制度。健全灵活就业人员参加社会保险制度和劳动者权益保障制度,推进灵活就业人员参加住房公积金制度试点。探索建立新业态企业劳动保障信用评价、守信激励和失信惩戒等制度"。

在有效拓展数字经济国际合作方面,要加大金融、物流、电子商务等领域的合作模式创新,支持我国数字经济企业"走出去",积极参与国际合作。同时,积极构建良好国际合作环境。积极借鉴国际规则和经验,围绕数据跨境流动、市场准入、反垄断、数字人民币、数据隐私保护等重大问题,探索建立治理规则。

在保障措施方面,要加大资金支持力度。加大对数字经济薄弱环节的投入,拓展多元投融资渠道,鼓励企业开展技术创新。鼓励引导社会资本设立市场化运作的数字经济细分领域基金,支持符合条件的数字经济企业进入多层次资本市场进行融资,鼓励银行业金融机构创新产品和服务,加大对数字经济核心产业的支持力度。加强对各类资金的统筹引导,提升投资质量和效益。

## 五、金融科技核心技术及标准自主可控的重要趋势

一是金融新基建将成为夯实金融业竞争优势的重要底座。2020年3月,中国人民银行、国家发展和改革委员会等六部门联合印发了《统筹监管金融基础设施工作方案》,提出金融基础设施是指为各类金融活动提供基础性公共服务的系统及制度安排,在金融市场运行中居于枢纽地位,是金融市场稳健高效运行的基础性保障,是实施宏观审慎管理和强化风险防控的重要抓手。纵览全球,伴随数字经济的发展,当前已有不少国家或地区的政府和商业组织纷纷加入金融新基建的角逐,在金融资产登记托管系统、清算结算系统、交易设施、交易报告库、重要支付系统、基础征信系统等基础设施方面持续推动新技术的应用。金融业新型基础设施必将对各国金融市场和金融业务创新带来深远影响,成为各国金融业竞争力提升的重要基础,从而成为全球竞争力战略高地,各国亟须通过各类科技手段提升系统能力,深入推进金融业基础设施数字化转型。

二是提升自主创新能力,形成核心科技的"护城河"将成为金融机构的共识。目前,将强化科技能力提升到战略高度,以战略性的资源投入面对金融科技领域的竞争成为各大金融机构的共识。从发展趋势看,当前正处于金融机构金融科技战略走向落地实施的关键性起步阶段,未来5~10年的行业竞争将取决于近2~3年各机构的金融科技战略落实情况。在发展核心技术的同时,我们需要清晰意识到,金融业的安全是国家经济安全的核心之一,而金融安全对金融科技领域提出的要求中,自主创新能力的重要性凸显,把核心技术掌握在自己手里,确保对自身金融科技应用能力的自主把控,既是强化自身关键竞争能力的保证,也是满足市场和用户灵活需求的需要。

三是技术标准不断完善,我国金融科技标准将呈现双循环发展格局。从国内来看,我国已形成《金融科技发展指标》JR/T 0201—2020的金融

行业标准及系列测试规范,包括《金融科技创新应用测试规范》《金融科技创新安全通用规范》《金融科技创新风险监控规范》等。预计我国金融科技标准将在数据资源开放、交易流通、跨境传输和安全保护、普惠金融、乡村振兴等方面不断完善。从国际来看,我国也会积极参与国际标准制定,通过加快先进适用国际标准的转化,探索双多边国际互认形式和境内外机构联合研究机制,提升我国标准的国际影响力。例如,扩大"一带一路"金融科技标准交流"朋友圈",加强金融科技标准的双向交流,提升在移动支付、数字货币、绿色金融等国际标准制定中的影响力,促进中外标准体系融合发展。

四是前沿科技取得突破,或将在金融行业形成细分领域的颠覆式创新。金融业整体变革是在政治、经济、技术、社会等各重因素共同作用下渐进式的过程,不过一些前沿技术的突破会在小范围内形成颠覆式创新,加速金融业螺旋式演进的进程。例如,金融行业目前可以借助数字孪生建立起可视化的平台应用于多个场景,长期来看,借助数字孪生从数字化"仿真"向数字化"全真"升级的机遇,在智能风控、企业管理等方面实现革命性创新。量子科技未来在金融业应用前景也非常广阔,随着大数据近年来呈现爆炸式增长,经典计算的能力瓶颈会随着数据体量的急剧增长而暴露,未来将可能对金融科技发展产生阻碍,而量子计算具有远超经典计算的算力优势,例如,量子计算机的搜索空间可能比当前计算机的搜索空间大数千倍,可以协助分析大量异构数据,进而进行金融预测。

# 结　　语

　　金融是现代经济的核心，是实体经济的血脉。金融安全是国家安全的重要组成部分。必须充分认识金融在经济发展和社会生活中的重要地位和作用，切实把维护金融安全作为治国理政的一件大事，扎扎实实把金融工作做好。在革命战争年代，把支部建在连上，保证了党对军队的绝对领导，在计划经济时代，我们把支部建在单位，保证了党对国有企业的绝对领导。如今，随着市场经济的发展，个体、私营、外资等经济形式持续涌现，企业中员工的独立性和流动性明显增强。有形的组织已经不足以涵盖社会的丰富性，需要用流动的资源概念来应对这个组织边界日益模糊、复杂性日益提高、流动性日益加强的社会。与此同时，党的领导方式也正在从过去包揽一切、高度集权向现在总揽全局、协调各方转变，从依赖行政权力走向注重非权力因素已经成为党的领导方式改进的趋势之一。在这一要求下，党对企业的领导，其出发点就"不在对企业内部的体制性主导与控制，而在对企业整体的战略性引导与政治性影响"，这种影响不仅要通过权力来实现，也需要通过资源整合来完善与提升，特别是党的基层组织，能够依托的权力较少，更要突出资源整合的功能，谋求更广泛的政治认同。在金融机构中体现出的上述党建创新做法，对于我们打破传统思维，从一个新的视角来认识金融机构党建工作，构建基层党建的内生动力及自下而上的党建逻辑，具有重要的启示与参考意义。

# 党建案例篇

党建案例一：

# 胸怀"两个大局" 心系"国之大者"
# 以高质量党建引领金融业高质量发展

## ——新时代全国金融系统党建百优案例述评

### 中国金融思想政治工作研究会秘书处

办好中国的事情，关键在党，关键在坚持党要管党、全面从严治党。中国共产党是中国特色社会主义事业的领导核心，是最高政治领导力量。中国共产党的领导是中国特色社会主义最本质的特征，是中国特色社会主义制度的最大优势，是党和国家的根本所在、命脉所在，是全国各族人民的利益所系、命运所系。党的领导是全面的、系统的、整体的领导。

金融是国之重器，是国民经济的血脉。在庆祝建党 100 周年之际，在"两个一百年"奋斗目标历史交汇的关键节点，总结提炼新时代金融党建的新经验新做法，深化对金融党建工作规律的认识和运用，发挥先进经验和优秀案例的示范引领作用，对进一步推进金融系统以高质量党建引领高质量发展具有重要意义。

2021 年 3 月至 7 月，中国金融思想政治工作研究会与中央和国家机关工委机关党建研究杂志社共同举办了"庆建党百年，创百优案例——新时代全国金融系统党建优秀案例征集活动"。本次活动历经广泛发动、案例申报、专家三审、表彰颁奖等阶段，顺利完成了各项任务，取得了预期效果。

## 一、活动成果

征集活动主题鲜明，导向性强。总结经验运用规律，是为了站在更高起点谋划和推进高质量发展。本次案例征集活动坚持目标导向、问题导向、结果导向，将"总结金融党建经验"作为活动的鲜明主题，旨在总结经验规律、强化结果运用。邀请来自中央宣传部、中央党校（国家行政学院）、中国人民银行、国务院国资委、中国银保监会、国防大学、全国党建研究会、金融时报社等单位的35位相关领域领导、专家对案例进行三轮严格审慎评审。

各级党组织高度重视，积极性高。本次活动中，各单位高度重视，精心组织、广泛动员、踊跃参与，并以此为契机，总结、梳理党建经验和成果，高标准高质量推荐了一批优秀案例。23家中央金融机构、284家金融企业法人单位推荐近800项案例参加本次活动。申报机构覆盖银行、保险、证券、信托、期货、基金、金融租赁等金融业各细分领域。

申报案例党建内容丰富，覆盖面广。申报案例内容涉及全面从严治党的各个方面，反映了党的建设总体布局在金融系统贯彻落实的整体概貌，体现了金融机构党建工作目前的发展阶段和水平，汇集了新时代金融系统全面推进党的政治建设、思想建设、组织建设、作风建设、纪律建设、制度建设、反腐败斗争的鲜活做法和发挥党支部战斗堡垒作用、党员先锋模范作用的示范案例，充分说明坚持党的领导、加强党的建设是金融业实现高质量发展的根本保证。

党的十八大以来，习近平总书记就金融业改革发展和党的建设作出一系列重要指示批示，特别是2017年习近平总书记在第五次全国金融工作会议上的重要讲话为金融业改革发展指明了前进方向、提供了根本遵循。

截至2020年年底，银行业金融机构总资产319.74万亿元，税后利润2.26万亿元；保险公司总资产23.3万亿元；证券行业总资产为8.90万亿元，期货公司总资产规模提升至9848亿元；资产管理业务总体存量约合15

万只基金产品，管理规模达到 63.73 万亿元，具有全球竞争力的金融企业加速上位……金融业交出了一张世界瞩目的答卷。

本次活动收到的近 800 项党建案例和这份亮眼的"成绩单"全视角展现党的十八大以来，金融系统坚持以习近平新时代中国特色社会主义思想为指引，毫不动摇坚持党的领导，持续加强党的建设，深化金融反腐，净化政治生态，把思想政治工作贯穿党的建设始终，红色旗帜更加鲜明、红色基因更加丰富、红色引擎更加强劲，改革发展取得新的重大成就，党建优势切实转化为发展优势、竞争优势、创新优势。

## 二、主要特点

本次获评百优的党建案例集中反映了新时代金融机构党建工作 7 个方面的主要特点。

### （一）秉纲目张，执本末从，全面加强党的政治建设

党的政治建设是党的根本性建设，对整个党的建设起到统领作用。"秉纲而目自张，执本而末自从。"抓好党的政治建设，把握住政治方向、政治立场、政治大局，各项工作就能立标铸魂。

1. 坚决做到"两个维护"，不仅有鲜明的态度，更有扎实的行动

国家开发银行新一届党委班子成立以来，建立了贯彻落实习近平总书记重要指示批示工作台账、贯彻落实党中央决策部署工作台账、执行中央党内法规"规定动作"工作台账，实现"总书记讲的话、党中央下的令、党中央立的规"，都有工作情况台账，都有推动落实机制，都有具体行动，切实把"两个维护"体现到工作全过程各方面，落实到全体党员干部的实际行动中。

中国进出口银行公司客户部肩负稳外贸、服务企业"走出去"之责，党总支探索形成聚焦党的政治建设、政策性银行职责使命、作风建设"三个围绕"，狠抓思想政治工作方式、基层组织建设形式、干部队伍培养模式

"三项创新"的"三、三"工作法，2018—2021年累计发放外贸产业贷款超过5000亿元、发放"一带一路"贷款近5000亿元，以扎实的业绩体现践行"两个维护"的思想自觉、政治自觉、行动自觉。"十四五"时期我国将形成更高水平开放型经济新体制，以高水平开放打造国际经济合作和竞争新优势。关键时刻听指挥、拉得出，重大任务扛得住、能攻坚，国有金融机构当有这样的思想自觉、政治自觉、行动自觉。

2. 坚持党的政治领导，建设中国特色现代国有企业制度

坚持党的政治领导，完善党的领导体制，要求把加强党的领导和完善公司治理统一起来，建设中国特色现代国有企业制度。党组织内嵌到公司治理结构中，并非叠床架屋，不是强力捆绑，更不会程序空转，而是旨在将制度优势转化为治理优势。各地各国有金融企业积极推动在公司治理工作中体现党的领导。中国工商银行董事会办公室党支部牵头完成"党建入章"工作，在公司章程中明确了党委的领导核心作用，明确了党委的职责权限、决策程序和保障机制，把党的领导融入公司治理各环节。

3. 从全局和政治高度贯彻落实党中央决策部署

国有金融机构首要责任是以政治建设统领金融改革发展全局，践行"两个维护"，心系"国之大者"，从全局和政治高度正确处理党建与业务的关系。2020年初，广东银保监局机关3个处室党支部和辖内分局3个科室党支部"一帮一"先行结对试点，创建"五联共建"党建新模式，彰显政治机关定位，增强党组织政治功能，以基层党建高质量发展促进监管工作不断提质增效。

为突出和夯实政治功能，坚定执行党的政治路线，提高监管干部政治能力，四川证监局党委同步研究谋划党建和业务重点工作，完善公权力清单和责任清单，健全"强监管、强监督"的制度机制，为党支部"赋权""赋能"，2019—2021年取得了四川省直接融资超万亿元（高于2017年以前17年的总和）、新增28家A股上市公司等显著成绩。

## （二）举旗铸魂，凝心聚力，坚持用党的创新理论武装头脑

思想建设是党的基础性建设。党的十八大以来，习近平总书记就坚持

用马克思主义及其中国化创新理论武装全党发表了一系列重要讲话：

"在前进道路上，我们一定要加强全党的理论武装。"

"要炼就'金刚不坏之身'，必须用科学理论武装头脑，不断培植我们的精神家园。"

"要把学习贯彻党的创新理论作为思想武装的重中之重。"

"理论上坚定清醒是思想政治上坚定清醒的前提，科学理论是理想信念坚定的基础。"

"组织是'形'，思想是'魂'。加强党的组织建设，既要'造形'，更要'铸魂'。"

……

一系列铿锵有力的论述深刻揭示了思想建设对于干部队伍建设的重大意义。面对世界百年未有之大变局、国内艰巨繁重的改革发展稳定任务，我们要下好先手棋，打好主动仗，要赢得优势、赢得主动、赢得未来，必须始终坚持用马克思主义中国化最新成果武装头脑，培养和造就一支宏大的德才兼备的高素质金融人才队伍。

广大金融机构把学深悟透习近平新时代中国特色社会主义思想作为"第一议题"，扎实开展党的集中教育活动，加强和改进思想政治工作，切实将学习成果转化为干部队伍政治能力、业务能力。

国家开发银行政策研究室（党委宣传部）党支部始终将学懂弄通做实习近平新时代中国特色社会主义思想作为重大政治责任、长期政治任务，探索建立"四个一"的理论武装工作体系，推动理论学习走深走实走心，使越来越多的党员干部成长为政治强、业务精、作风硬的排头兵。

中国工商银行直属机关党委党支部运用"四个三"工作法，严格落实意识形态工作责任制，坚定主心骨、唱响主旋律、守好主阵地、打好主动仗。

上海银行党委融合全局工作，"深"学"实"做推动"四史"学习，强示范"引力"、添组织"活力"、聚发展"合力"、赋战略"动力"，以"四力"共振推动了党建和各项工作的开展。

### （三）强基固本，舒筋活络，激发基层党组织生机活力

基层是党的执政之基、力量之源。金融业改革发展提质增效，需要在基本组织、基本队伍、基本制度上下功夫："舒经通络"，着力健全上下贯通、执行有力的组织体系，把党的组织建到投资项目、业务一线、经营网点、服务窗口以及基层监管组织，使党组织"神经末梢""肌体细胞"健康良好；"强基固本"，抓实做细基层党建，充分激发释放基层党组织红色动能，保证金融血脉充沛流通。严防责任落实中"变样走形"、贯彻执行中"沙滩流水不到头"。

2021年9月末，国有企业资产负债率64.2%，是"去杠杆"的重中之重。中国建设银行全资子公司——建信投资在国家去杠杆战略部署的背景下成立，主要从事债转股及配套支持业务。建信投资公司党委树立"抓党建就是抓发展，抓好党建就是最大的政绩"理念，通过"配、训、考、标、晒、融"六个方面的措施和方法，着力推进党支部标准化规范化建设，切实强化政治功能，履行政治责任，帮助国有企业改制重组、整合盘活资产。

在江苏邳州这片红色沃土上，邳州农商银行启动"弘扬淮海战役精神，争当'乡村振兴'先锋"系列主题党建活动，打造红色文化主题银行，把革命精神瑰宝化为扎根"三农"、丰农裕商的内生动力，建强红色堡垒，激活红色动能。

既要坚持正确政治方向、创新支持实体经济，又要避免金融风险，考验金融系统各级党组织的改革智慧。

上海期货交易所党委把深化不忘初心、牢记使命长效机制作为深入推进全面从严治党和深抓基层党建全面达标、全面过硬的重要抓手，深化"业务中有政治、政治中有业务"，为激发员工敢闯敢试敢突破、创新创业创一流孕育新动能。

郑州商品交易所党委坚持党建工作"巡检"强基、"考核"问效，持续提高党的建设质量和服务实体经济能力，上市交易期货、期权等金融衍生品范围覆盖粮、棉和能源、化工等多个国民经济重要领域。

针对公司党组织点多面广、人员分散等特点，华鑫证券创新异地党建工作方法，通过扩大组织覆盖、压实主体责任、优化制度机制、丰富载体形式，不断促推党建工作的规范化建设。

世界百年未有之大变局加速演进，服务实体经济面临很多挑战，拔据点、破关隘、赢得光明的未来，需要的是与历史同步伐、与时代共命运的金融战队、金融战士，需要的是传承红色基因、充满红色动能的基层党组织！

### （四）统筹兼顾，同频共振，促进党建与业务工作深度融合

围绕发展抓党建、抓好党建促发展，是金融业高质量发展的题中应有之义。如何准确把握党的建设与金融工作的相互联系，找准两者之间同频共振的切入点、结合点、着力点？近年来，金融机构一系列打通堵点、解决难点、消除痛点的做法举措落实落地，以创新实践回应时代之问。

1. 践行"以人民为中心"的发展思想

为中国人民谋幸福，为中华民族谋复兴，是中国共产党人的初心和使命，是高质量发展的任务和使命。证监会投资者保护局形成以"六抓"促"六新"的党建实践路径，设立"12386"热线，切实维护中小投资者合法权益，成功处理近70万件投资者诉求，帮助投资者挽回损失超过2亿元，在全国各地建设投资者教育基地143家，推动投资者教育纳入国民教育体系，惠及4900所学校、5800万名学生。

2. 注重提升各级党组织的组织力

如何贯彻落实好新时代党的组织路线，实现党的组织和党的工作全覆盖？国泰君安证券强化政治意识、发展意识和问题意识，建立"融·党建"工作模式，把党建工作要求深度融入公司改革发展各阶段、各方面、各主体，以更好把组织能力转化为发展活力。招商银行探索构建"四梁八柱"党建工作体系，配合业务条线，切入企业经营圈、政府生态圈、个人客户生活圈，实现专业党建工作能力和优质客户服务能力的有机结合。

3. 努力把党建优势转化为发展优势

中国工商银行企业文化部党总支坚持"五抓五化提五力"工作法，坚

持党建和业务深度融合,在宣传贯彻中央精神、党委战略上作表率,在服务发展、赋能员工上下功夫,提升理论宣导、培训引导、文化传导、团青工作水平,有力支撑全行党的建设和转型发展。

中国出口信用保险公司浙江分公司党委实践探索"六同步"工作法,推动"党建+业务"深度融合,党建工作和业务工作同频共振、同向发力,进一步发挥服务地方开放型经济作用,实现海外投资险承保规模首次突破50亿美元、搭建13个"信保+担保"融资平台、全年保单融资额超26亿美元的好成绩。

### (五)走在前列,作出表率,着力提高机关党的建设质量

机关党的建设是党的建设新的伟大工程的重要组成部分,对本单位本系统党的建设发挥重要的风向标作用。

山东银保监局机关党委以机关党建为抓手,以打造一流监管队伍、争创一流监管业绩为目标,党建监管齐抓共管,深化党员作风建设,实现监管效能与机关党建的双提升。

中国银行直属机关党委积极探索实施党建工作积分制管理,研发"复兴壹号"智慧党建平台,强化结果运用,形成激励效应,运用互联网技术和信息化手段推动机关党建工作高质量发展。

光大集团总部机关党委着力践行集团"三三五"党建工作要求,全面推进机关党的建设高质量发展,在"强总部"建设中打造模范机关。

在党的建设实践中,各方面工作都要从领导机关抓起、从领导干部抓起,从机关到基层,以机关党建的表率、示范引领带动基层加强党建、提升水平。国有金融机构机关党组织必须做到"两个维护"、当好"三个表率"、走好"最先一公里",以实实在在的行动和成果创建让党中央放心、让人民群众满意的模范机关。

### (六)打造品牌,提升质效,发挥党建品牌示范带动作用

党建品牌是国有企业重要的无形资产,品牌创建是新时代推进党建工作的有效途径。当前,不少金融企业将培育党建品牌作为提高党建工作质

效、探索特色强企之路的重要抓手，在改革创新中提炼品牌、在巩固提升中打响品牌、在持续推进中做强品牌，以党建品牌凝聚发展优势。

作为中国农业银行专职服务央企的统筹牵头部门，大客户部党总支探索出一套具有前台部门特色、职业特点、工作特性的基层党建工作模式，通过创建党建品牌——"七心"工程，推动与央企客户的联学共建，实现了党建与业务两协同、两促进、两提高。截至目前，名单客户授信总额超8万亿元，不良贷款率仅0.04%。

面对"回归本源、专注主业"的新挑战、新要求，中国东方人力资源部党支部以"政治素质过硬、支委班子过硬、党员队伍过硬、履职能力过硬"为目标，着力创建"家文化·心服务"党建品牌，当好服务党员的贴心人、干部选用的放心人、人才培育的用心人，促进党建工作质效全面提升。

围绕广州实现老城市新活力、"四个出新出彩"重点任务，广州银行党委着力推动全行党建向"更严标准、更高质量、更大效能"转变，通过创建"广融出新彩"党建品牌，有效强化组织感召力，充分调动广大党员干部创先争优意识，全面推进服务实体经济"惠万企"、发展绿色金融"保生态"、乡村振兴路上"办实事"等工作开展。

## （七）明责知责，履职尽责，压紧压实管党治党责任

加强和改进金融系统党建工作，必须牵住责任制这个"牛鼻子"。在全面建设社会主义现代化国家新征程上，无论是服务实体经济，助力实现"碳达峰碳中和"目标任务，还是支持许多投资大、收益薄的基础设施项目以及风险大、周期长的技术研发项目，国有金融机构都必须把"一岗双责"落到实处，压紧压实党建工作责任，切实发挥党组织作用，既报"经济账"，又晒"党建账"，推动党建工作从"软指标"变为"硬约束"，以党建引领改革发展正确方向，以高质量发展成果检验党建成效。

### 1. 切实履行管党治党主体责任

只有切实履行全面从严治党主体责任，扛起主责、抓好主业、当好主角，全面从严治党才能持续推进。中国光大银行北京分行党委切实履行主体责任，做到分工到人、责任到人、考核到人，强化一级抓一级、层层抓

落实的党建工作格局,把党建工作列入分行党委重要工作议程,认真落实分行党委班子成员基层党建联系点制度。

浦发银行党委充分发挥巡察工作在全面从严治党中的重要作用,自觉承担起巡察工作的主体责任,提高站位,加强巡察工作组织保障;聚焦"3+N",突出巡察政治监督作用;贯通融合,提升巡察工作协同效应;整章建制,推进巡察标准化规范化,通过巡察整改不断提高党的建设质量。

2. 建立健全明责知责、履责尽责、考核评价的全链条责任体系

抓好各级党组织的责任链条,确保"上级有部署、下级有落实"。杭州银行党委巩固完善"四责协同"责任体系,建立健全党委主体责任、党委书记第一责任、纪检组监督责任、班子成员"一岗双责"的"四责协同"机制,一级抓一级,层层抓落实,形成知责、明责、履责、尽责、督责、问责,有目标管理、有过程管控、有评价反馈的闭环回路。

中国信达湖北分公司党委建立"党委——支部——党员"联动机制,明晰责任清单,做到明责知责;加强督促检查,严格通报问责;优化考核机制,激励履职尽责,党员思想觉悟增强,围绕急难险重的项目任务发力攻坚,发挥了支部的战斗堡垒作用,党建效能不断彰显。

3. 强化党建考核结果运用

近年来,金融系统各级党组织将党建工作和中心工作一起谋划、一起部署、一起考核,党建实效与对党组织负责人的绩效考核、选拔任用直接挂钩,制度建设新趋势业已成型。银河金控党委坚持一手抓党委自身建设,一手抓基层党建,推动党支部建设标准化、规范化,规范考核评价体系,完善公司总部和对子公司的综合考核评价,逐层分解传导绩效目标,强化考核结果运用,优化国有金融资本管理模式。

中国长城资产坚持聚焦扶贫抓党建、抓好党建强基层、建强基层助脱贫,坚持把扶贫任务完成情况作为经营业绩考核的重要内容,定期督导,强化考核,统筹协调所属银行、证券、信托、基金、寿险等各类子公司党委发挥自身优势参与脱贫攻坚,打造了一批可复制、可推广的金融脱贫示范项目。

## （八）党建引领，目标驱动，以高质量党建引领高质量发展

在第五次全国金融工作会议上，习近平总书记对党的十八大以来金融业改革发展成就给予了充分肯定。这份改革发展成果来之不易，是党的十八大以来我国金融业加强党建引领、坚持全面从严治党，进行思想再造、肌体重塑、转型升级的阶段性成果。

实践证明，党建工作做实就是生产力，做强就是竞争力。坚持党的领导是中国金融业实现高质量发展的制胜法宝。

国之脊梁，当心系"国之大者"。主权财富基金是全球资本市场一支不容忽视的重要力量。中投公司 2020 年度报告显示，公司总资产达 1.2 万亿美元，净资产 1.1 万亿美元，境外投资净收益率为 14.07%；中央汇金受托管理的国有金融资本达到 5.19 万亿元人民币。中投公司成功构建了党委统一领导、具有中投特色的国际一流主权财富基金治理模式，做强做大国有金融资本。

在助力打赢脱贫攻坚战中，中国证券业协会党委加强党建引领，推动行业履行政治责任和社会责任，102 家证券公司结对帮扶的 307 个国家级贫困县全部实现脱贫摘帽；帮助贫困地区通过债券、产业基金等方式融资 2500 多亿元，上市融资超过 126 亿元；设立超 100 个公益基金和产业基金，规模 200 多亿元；帮助销售贫困地区农产品 4.53 亿元。

"千名农信党员干部访万企""万个驿站'三走进'"、4000 多名"金融红管家"、8450 余名党员干部担任乡村"金融顾问""金融联络员"，"产业链＋党建联盟""行业＋党建联盟""园区＋党建联盟"……这些都是浙江省农信联社党委探索实践"党建＋金融"服务，以"建设共同富裕示范区"为奋斗目标，充分发挥党建联盟协同优势、党员先锋模范作用的实实在在举措。

"碳中和银行""绿色银行""雷锋银行""党建联盟""金融联络员""银行业高质量党建指标体系""具有中投特色的国际一流主权财富基金治理模式"等不断涌现出的创新案例，为新时代金融业加强党建引领增添了生动注脚。

"胜人者有力，自胜者强。"党的十九届六中全会系统总结了党的百年奋斗重大成就和历史经验，向全党全社会发出了向第二个百年奋斗目标奋进的动员令。新征程上，金融系统各级党组织必须持续推进新时代党的建设新的伟大工程，以党的政治建设为统领，深入学习贯彻习近平新时代中国特色社会主义思想，把思想政治工作贯穿党的建设始终，不断夯实基层基础，树立正确用人导向，充分发挥全面从严治党的政治引领和政治保障作用，不断提升政治判断力、政治领悟力、政治执行力，增强"四个意识"，坚定"四个自信"，做到"两个维护"，以党的建设实际成效凝聚起推动经济社会发展的磅礴力量，为中华民族伟大复兴作出新的更大贡献！

党建案例二：

# "一帮一、结对红"
# 打造"五联共建"党建新模式

广东银保监局党委

广东银保监局党委深入学习贯彻习近平总书记在中央和国家机关党的建设工作会议上的重要讲话精神，创新省局机关处室党支部和辖内分局科室党支部"一帮一"结对试点，打造"五联共建"党建新模式，形成以上率下、以党建促监管、以机关带系统的党建新格局，推动基层党组织建设全面进步、全面过硬。

## 一、主要做法

### （一）支部联建

局党委聚焦"三个导向"，主动靠前谋划，科学制定方案，搭好联建机制，夯实支部结对共建基础。一是聚焦引领导向，精心选取结对支部。以强化分局功能监管、法人监管和产险监管为切入点，针对性选取省局机关统信处、农银处、产险处党支部分别与分局对口科室党支部结成"一帮一"对子，一对一强化党建引领、上下联动和精准帮扶。二是聚焦目标导向，递次明细联建任务。局党委加强联建统筹，制定总体方案，明确加强政治建设、强化理论武装、培养业务骨干、解决实际问题、服务中心工作5个方面总任务。结对共建党支部根据自身实际，制定实施方案，进一步细化共建举措。三是聚焦实效导向,积极创新支持平台。省局机关统信处党支部发挥科技优势,运用信息技术手段探索开发"党建信息管理平台",帮助分局加强"三会一课"活动提醒,提升党务管理效率。

## (二) 理论联学

结对共建党支部坚持把党的政治建设摆在首位,在联动学习上唱好"三字经",强化理论武装。一是在学习机制上突出"联"字。省局机关处室党支部书记与分局科室党支部书记联手强化思想政治引领,联合讲专题党课4次,联合召开党员大会10次,党员"面对面"学习研讨,营造比学赶超良好学习氛围。二是在学习内容上突出"实"字。省局机关处室党支部带动分局科室党支部深入学习习近平新时代中国特色社会主义思想、习近平总书记关于金融工作和广东工作的重要指示批示精神,主动向党的理论和路线方针政策看齐,进一步强化政治机关意识。三是在学习形式上突出"新"字。省局机关处室党支部发扬"站位高、视野宽"优势,搭建党建结对平台,通过"线上分享、线下学习"新形式,增强理论联学的实效性和吸引力。

## (三) 活动联办

结对共建党支部围绕"三个突出"联合开展组织生活,不断增强党员队伍生机活力。一是突出"党味",强化党性锤炼。产险处党支部和分局结对党支部就近就便利用红色资源,到广州黄花岗公园为烈士扫墓并重温入党誓词,到佛山大观博物馆开展廉政和爱国主义教育活动等,教育引导党员干部发扬党的光荣传统、赓续红色血脉。二是突出"鲜味",密切党群联系。农银处党支部和分局结对党支部联合开展"走基层、守初心、担使命"主题党日,实地走访辖区村镇银行、乡镇企业与农户,了解普惠金融政策落实情况,找准"三农"对金融服务的鲜活需求,增强为民监管定力,提高监管工作针对性。三是突出"情味",不断凝心聚力。省局机关处室党支部书记主动与分局党员逐一深入开展谈心谈话,真心指导、耐心引领,使基层党员干部深受鼓舞。结对党支部组队参加省局举办的趣味运动会，奋勇拼搏、斩获荣誉，检验结对共建的组织力、战斗力。

### （四）业务联动

结对共建党支部坚持围绕中心、服务大局，通过"三个紧扣"加强上下联动、协同配合。一是紧扣联动监管。农银处党支部指导分局制定涉农及小微企业贷款占比差异化考核要求，获得银保监会肯定；统信处党支部指导分局推广区域特色报表实践经验，促进分局非现场监管效能不断提升；产险处党支部多次赴分局现场交流指导，推动分局车险综合改革工作在全省"走先一步"。二是紧扣联动调研。结对共建党支部建立重点课题联合调研机制，共同开展调查研究14次，形成"类车险"互助平台及银行业保险业支持民营企业发展多篇优秀成果，有效提升分局干部分析、研究、解决问题的能力水平。三是紧扣联动整改。针对巡察发现的分局监管工作不严肃、不负责等问题，省局机关处室党支部指导分局科室党支部认真剖析问题根源，制订整改计划，高效推动相关问题全部完成整改。

### （五）干部联训

结对共建党支部将锻炼队伍作为重中之重，通过"三个强化"加强干部培养锻炼。一是强化"跟班培养"。省局处室党支部建立跟班学习制度，安排分局科室党支部年轻党员干部参加省局行政许可、非现场监管、现场检查、制度修订等监管工作，"干中学"帮助分局干部拓宽眼界视野，提高宏观思维能力，练就过硬监管本领。二是强化"滴灌培养"。农银处党支部为分局结对党支部业务骨干"一对一"配备"专属导师"，产险处党支部为分局结对党支部党员干部按车险、农险等业务领域配备"专线导师"，主动传经验、帮业务、带作风，潜移默化提升干部综合素质。三是强化"一线培养"。农银处党支部抽调分局结对党支部业务骨干参与高风险联社改制农商行的前期验收、改制审核工作，在急难险重任务一线培养锻炼年轻干部，强化分局党员干部的政治意识、责任意识和担当精神，砥砺精神品质。

## 二、工作成效

### （一）党支部标准化规范化建设有了新进步

省局处室党支部工作对局系统基层党建具有重要风向标作用，"五联共建"通过以上率下、以机关带系统，有效促进了党支部标准化规范化建设。

### （二）党员队伍的综合素质有了新提升

加强党员队伍建设是基层党组织的基本任务，"五联共建"突出思想淬炼、政治锻炼、实践训练，提高党员队伍的政治判断力、政治领悟力、政治执行力，增强了金融监管专业本领。

### （三）银行保险监管工作质效有了新提高

围绕中心、服务大局是基层党建工作的根本职责，"五联共建"坚持党建工作和监管工作一起谋划、一起部署、一起推进，发挥党组织战斗堡垒作用，以基层党建高质量发展促进监管工作不断提质增效。

党建案例三：

# 以中台思维推进基层党建数字化、智慧化转型

中国农业银行研发中心党委

为进一步破解基层党建突出问题，中国农业银行研发中心党委以党支部建设为重点，利用数字化、智慧化技术推动基层党建工作流程与管理模式变革，提出和践行了"党建中台"新理念，使基层支部焕发出新的强大生机活力。

## 一、主要做法

### （一）党建中台内涵诠释

党建中台就是将党建服务和党建能力部署到党建工作平台，进行统一管控，从而构建起全方位、全流程、专业化的党建服务工厂，实现党建工作"点、线、面"协调统一，进而为基层提供共享、开放、高效、安全的党建服务。

### （二）党建中台的"五大能力"

一是党建资源规划和治理能力。对党建相关的人力资源、财务资源、实物资产、无形资产等各项资源进行评估，紧密结合企业发展目标，按照各项资源的特点，有针对性地进行整合治理，建立党建资源目录，为党建

资源使用和决策分析提供强有力支撑。二是党建资源采集和存储能力。强调多渠道、全域进行数据的采集和存储，挖掘企业内部经营管理数据，实现数据标准化、规范化、归一化，通过技术手段打通外部渠道，与其他党组织和企业对接，建立企业级、全维度的党建资源池。三是党建资源共享和协作能力。通过搭建党务信息发布、党员干部学习、主题党日共建等常态化交流机制，在横向和纵向两个维度上将组织圈层打通，各党组织之间能够加强工作联动，提高工作的灵活性和快速反应机制。四是党建价值探索和分析能力。建立面向服务对象的价值探索机制，让不同层面的用户都能够采用适当方法探索党建资源价值，让用户自己去探索这些资源，并发现其中的价值。五是党建服务构建和管理能力。构建党建生态圈，在党建中台上不断产生各种党建服务，在保证服务的可用性和稳定性的基础上，还需要具备强大的服务管理能力，各项服务应该可被记录、被跟踪、被监控。

### （三）党建中台建设的"三大步"

第一步，初创阶段。发展目标是由手工转向线上。着力点是基层党务工作线上化、平台化，优化工作流程。具体措施包括：建设党建工作平台，将基层党务工作者从手工开展党务工作中解放出来；全面梳理优化管理工作流程，能线上化的线上化、能精简的精简。第二步，推进阶段。发展目标是由基层党务推动转向自上向下推动。着力点是将党建上升至企业发展层面统筹部署；按模块分解各项工作，不断加强中台服务类型和服务质量。具体措施包括：加强党委办事机构（党群工作部）统筹管理职能；通过项目化方式不断丰富党建服务，强化能力复用。第三步，提升阶段。发展目标是由静态供给推动转向动态需求拉动。着力点是党建工作实时动态呈现和智能决策支持；各基层党组织可根据需求定制中台服务。具体措施包括：将大数据、人工智能等现代技术引入党建工作平台，实时呈现和智能决策分析；推动各基层党组织和党员主动完善中台功能，并探索应用价值。

## 二、工作成效

农业银行研发中心以建设一站式党建平台"铛铛"为核心,打造了十大党建业务中心和与之相适应的党建数据服务平台,逐步构建起全流程、全视图的线上基层党建服务矩阵,推动基层党建数字化、智慧化转型。"铛铛"平台采用 ARM 国产化架构,实现了技术完全自主可控和 PC 端、移动端多渠道信息互联互通,深度重塑了原有的党建工作流程。

### (一)学习中心

推动党员利用碎片化时间在手机端随时随地在线学习,开辟百年党史学习教育专区,进一步提升了党史学习教育成效。

### (二)制度中心

参照行政制度体系,搭建起农业银行研发中心党建制度体系,并逐步与行政制度体系管理相互融入。

### (三)组织中心

实现了对研发中心辖内 29 个党总支及直属党支部、77 个基层支部、1 个临时党支部和全体党员的线上化管理,缩短了管理半径,构建了基层党组织的统一视图。

### (四)项目中心

累计支持了研发中心几十个党建项目,包括建章立制类、改革试点类、决策支持类以及创新研究类项目,推动各级党组织参与党建项目的研究、实践与推广工作中。

### (五)流程中心

按照"为员工减负、为管理增效"的要求,推进办公服务、党建服务、人力服务、考勤服务、研发支持、安全服务、财务服务、后勤服务审批流程以线上化方式进行整合,实现审批流程统一入口。

### (六)监督中心

员工可以通过匿名方式在农业银行研发中心回声社区反映最关心、最迫切需要解决的各类问题,领导干部督办相关部门及时答复并提出解决方案,每月统计热点问题,跟踪解决情况。

### (七)考评中心

实现了党建考核全流程一体化管理,在线上申报环节,支部可通过平台完成党建、团青、工会、宣传等工作的线上申报;在线上审批环节,可在线上完成考核填报、文件上传、部门审批、退回修改等操作;在线上打分环节,考核管理员可对每个考核项在线打分,并由系统自动计算考核成绩。

### (八)活动中心

集成了视频直播、线上会议功能,为支部打造了线上组织生活新阵地,特别是新冠肺炎疫情期间,有效支持了支部"三会一课"、民主生活会、党日活动等的正常开展。

### (九)党费中心

实现了党费缴纳、党费管理、党费报销的全流程线上化管理,并设置权限控制,党委、党总支(直属党支部)、支部(党小组)、党员4个层级查看党费缴纳信息和列支情况。

### (十)党员中心

以图表方式直观展现每位党员的党建工作积分情况和支部工作落实情况,推动基层党组织清单式管理、党员积分制管理"两项管理"线上化。同时,建立智能党员画像模型,通过数据挖掘、人工智能等先进信息技术,深入分析挖掘党员学习教育、党员评价、绩效考核等数据，实现对每位党员情况的数字化构建，为党支部标准化规范化建设提供科学依据。

数字化党建中台是推动党建与业务深度融合的一项重要创新实践，进一步激发了党组织活力，增强了党组织凝聚力，为"智慧党建"建设打造了科技赋能的示范样板！

**党建案例四：**

# 以"四个五"为抓手
# 全方位开创党建工作新局面

中国建设银行运营数据中心党委

中国建设银行运营数据中心是建行生产及灾备系统、建行云产品及基础平台的运行管理机构，承担着全行系统安全稳定运行的主体责任，也是智能运维系统研发以及云计算、大数据、物联网、5G等新技术创新实施的技术密集型机构，在建行推进"三大战略"、践行新金融理念、推动数字化经营行动中发挥着重要基础支撑作用。中心党委坚持以习近平新时代中国特色社会主义思想为指导，围绕建行"三大战略"、新金融行动等，服务信息系统安全稳定大局，以"四个五"为抓手，开创党建工作新局面。

## 一、主要做法

### （一）着力"五深化"，强化政治引领

一是深化理论学习，提高政治站位。推动"第一议题+重要议题+自选议题"制度落地。2020年26次党委会有19次进行学习，各支部学习260余次。二是深化政治机关意识教育，履行教育职责。建立"专项工作组+细化工作项+落实到支部"三维体系，实现党建培训全覆盖。强化宣传阵地建设，2020年各渠道刊稿300余篇。三是深化思想政治引领，确保步调统一。建立"五个一"体系，包括"七小五微"一工程、"网格化"

管理一模式、书记接待一日期、谈心谈话一覆盖、"党课开讲啦"一活动，以支部为阵地解决思想工作"大"课题。四是深化政治实践，增强"政治三力"。在疫情防控中练兵，"党员突击队"筑牢抗疫技术大后方。在结对共建中练兵，探索党建与乡村振兴、新金融行动的融合。五是深化青年理论提升工程，建强后备军。青年理论学习小组实现40岁以下员工全覆盖，"每日自学＋每月集体学＋定期研讨"多措并举。

### （二）落实"五严格"，强化组织基础和责任落实

一是严格落实"第一责任人"职责和"一岗双责"，强化党建主体责任。通过《基层党建工作量化考核方案》将"一岗双责"落地；通过年度党建工作要点，实现全面从严治党清单化。二是严格抓好党支部标准化规范化建设，强化组织根基。规范组织设置、组织生活，选优配强班子。严肃党内政治生活，中心党委书记带头讲授专题党课。三是严格落实问题整改，强化先进性建设。实现"防—查—改"一体化：一防，严格教育管理，建立内部采购纪检委员监督机制；二查，对标巡视巡察问题自查；三改，落实主题教育"回头看"及"灯下黑"专项整改。四是严格落实问计于民，强化基层导向。实现"三畅通"：畅通传达，按周刊发《中心工作动态》；畅通表达，多渠道收集意见建议、及时回应；畅通循环，依托劳动竞赛，畅通"提出问题—解决问题—智能升级"良性循环。五是严格落实党建带群团，提升"聚心聚力聚智聚情"能力。工会活动推陈出新，首次举办的"云运动会"参与率高达93%。团总支品牌"零距离座谈会"，丰富青年成长平台。

### （三）推进"五严肃"，强化党风廉政建设

一是严肃纠"四风"，贯彻落实中央"八项规定"及其实施细则精神。在中心三地办公、往来频繁的情况下，保持出差零接送、零宴请。二是严肃纪律教育，警示教育常态化。采用案例剖析、观看警示片、风险点提示等方式，全员覆盖，筑牢防线。三是严肃监督执纪，精准有效用好监督执纪"四种形态"。深化日常监督，将纪检职能纳入采购、重大事项审核中，

要求纪检委员列席采购谈判；深化支委履职培训及员工行为管理。四是严肃家风家教，促进廉洁从业。通过主题教育、党日活动，营造风清气正的政治生态。五是严肃制止餐饮浪费，弘扬节约风尚。以主题活动为载体，营造节俭氛围；以科技助力，让智能调控覆盖餐饮计划、采购、供应、回收全流程，减少厨余量。

### （四）抓好"五关键"，强化党建业务融合

一是抓好系统建设，夯实业务发展基石。党委书记挂帅、党委委员驻守一线，率领党员骨干守牢制度、流程、技术、人员各环节。二是抓好平台建设，做好"三大战略"基础支撑。支部书记作为"第一责任人"，把党建要求融入平台建设，把党员骨干培养成技术中坚力量。三是抓好自主创新，践行新发展理念。发挥知识密集型人才优势，以"运数大讲堂"为阵地，进行技术探索，成立专项党员攻坚队，实现核心技术自立自强。四是抓好品牌建设，弘扬红色文化。长期深耕品牌建设，"红色梦想""蓝色港湾""躬耕乐道""友你友我"四大党建品牌形成合力。五是抓好评优评先，发挥示范引领作用。依托党员三线量化积分，创新评优体系，对星标党组织、星标党员举办"授星"仪式，并将典型事迹印制在台历、卡片等文创产品上，形成争优创先新局面。

## 二、工作成效

近年来，建行运营数据中心的党建成果、工作业绩、群团风采等，得到了上级组织、广大员工、社会各界高度认可。

### （一）党建工作见成效

2021 年上半年荣获中央和国家机关工委表彰 1 次，总行及以上集体奖 18 次、个人奖 112 人次；2020 年荣获国家级集体奖 1 个、总行机关及以上 7 个，表彰个人 177 人次；2019 年荣获行业级集体奖 1 个、总行机关及以上 12 个。

### (二) 党建引领群团齐发展见成效

先后获得了全国青年安全生产示范岗、中央和国家机关职工运动会特别贡献单位等荣誉，入围2018年度全国青年五四奖章（集体）30个候选集体，并获评创建模范机关先进单位、先进基层党组织、先进工会组织、五四红旗团支部、企业文化建设先进单位、"身边的榜样十佳集体"等称号。

### (三) 品牌建设见成效

"躬耕乐道"品牌曾获第二届中央国家机关十大基层学习品牌，为金融业此届唯一获奖品牌。

### (四) 党建引领业务发展见成效

坚持科技自立自强，技术和数据双轮推动下，信息系统保持99.99%以上高可用率，科技支撑能力和客户服务能力双提升；建行云倍速增长，助推"智慧政务平台"等重点业务，夯实社会治理基础；2020年申请专利数翻倍至300件，牵头"智能运维"国家标准草案编写，打响核心技术保卫战，促进行业进步。

党建案例五：

# 创新党建工作机制
# 将党支部标准化规范化建设落到实处

建信金融资产投资有限公司党委

建信金融资产投资有限公司是中国建设银行全资子公司，在国家去杠杆战略部署的背景下成立，主要从事债转股及配套支持业务。建信投资公司党委深入贯彻新时代党的组织路线，坚持"党的一切工作到支部"的鲜明导向，聚焦"配、训、考、标、晒、融"6个方面创新党建工作机制，着力推进党支部标准化规范化建设，实现了以高质量党建引领高质量业务发展。

## 一、主要做法

### （一）选优"配"强党务人员，保障党建工作有人干

以组织保障为重点，构建上下贯通、执行严密的组织体系。一是支部设置全面有效覆盖，弘扬"支部建在连上"光荣传统，以部门为单位设置党支部，实现组织设置全覆盖。二是配强专职党务人员和支部班子成员，注重选拔党性强、作风正的骨干担任专职党务工作人员，党支部书记均由机构主要负责人担任，其他负责人全部进入党支部委员会，着力打造能力强、业务精的党务工作队伍。三是配优党支部兼职党建工作人员，在每个党支部选拔1名业务骨干担任兼职党建工作联系人，将党建工作对象发展成为党建工作力量。

## （二）开展分层分类培"训"，明确党建工作怎么干

分层次开展精准培训，着力培养一批党建工作的行家里手。一是针对支部书记和党务工作人员，从提升支部党建工作和加强队伍建设两个角度，有针对性地提升党务工作能力和队伍建设能力。二是针对组织委员和党建工作联系人，突出专业化和实操性培训，建立常态化培训机制，围绕组织建设、"三会一课"、党员教育管理监督、党费管理、发展党员等重点难点专题讲解，对新任组织委员、纪检委员、党务工作人员进行先培训后上岗，切实提高党支部凝聚力战斗力。

## （三）建立全面"考"核体系，确保党建工作干到位

建立全面督导机制，有效打通支部党建"最后一公里"。一是党支部和党务人员量化考核。党委书记与各支部书记签署《全面从严治党责任书》，制定《党建工作考核方案》，将党支部考核结果与党务工作人员个人考核挂钩，对于抓党建不力的，实行"一票否决"。二是党建考核全员全覆盖。将党建工作纳入党员个人年度绩效目标任务书，既考业务又考党建。三是新员工党建业务双达标。结合公司员工来源广的特点，汇编党建知识题库，纳入新员工试用期考试内容，增强员工党建意识。

## （四）"标"准化手册化模板，减轻党支部工作负担

加强支部精细化管理、规范化开展、标准化建设。一是支部选举程序化，制定选举模板26份，明确选举程序，规范方法步骤，做到操作有模板、执行有标准。二是主题党日制度化，印发《"主题党日"工作方案》，列出23项参考活动目录清单，健全党员经常性教育机制。三是发展党员模板化，编发《发展党员工作标准化手册》，形成37个模板，按照"一人一档、一事一记、一步一审"的要求，实现发展党员工作全程纪实。四是班子成员任务表格化，制订《领导班子成员参加基层党组织活动计划表》，一年一表确保领导干部严格落实双重组织生活。五是年度任务清单化，制定了《党委工作要点》《支部工作计划》，工作细化到条目、责任落实

到岗位、任务明确到人员。六是民主评议标准化，细化评议标准，一人一表确保程序严格、内容扎实、结果过硬。七是党建制度清晰化，汇编各类党建制度文件共100余项，为基层党建工作开展提供学习指南和工作遵循。

### （五）随时"晒"成果亮特色，实现互学互促共提升

多形式搭建党建工作常态化交流平台，实现基层支部党建工作质量与活力全面提升。一是建立党建工作专栏，在内网创建专栏，实时宣传党建工作亮点。二是按季度编发《建信投资党建参考》，围绕中央精神、总行动向、支部活动等内容，搭建党务公开和信息交流平台。三是相互观摩党支部工作记录本，汇编40条填写要点，组织各支部相互找差距、共交流、促提升。四是微信群激发支部创新活力。建立党员学习群、入党学习群，展示"三会一课"、主题党日开展情况，推动支部工作由被动完成转向主动创新。

### （六）强化党建业务"融"合，激发活力促业务发展

积极探索党建与业务工作同频共振的方法路径，促进党建与业务深度融合。一是战略契合，举办"推进三大战略，践行大行使命"主题活动、"劳动者港湾"志愿服务、"我为公司建言献策"金点子大赛，把党建工作融入建行集团"三大战略"、新金融理念及公司业务发展。二是组织联合，与总行部门、兄弟单位、同业机构开展联学共建活动，实现党建、业务多领域深度融合发展。三是思想聚合，赴井冈山、遵义、红旗渠、百色等地举办党性教育培训班；举办"学习贯彻党的十九大精神""党史党章党规党纪"知识竞赛，打造"指尖课堂"；开展"促进党员发挥先锋模范作用"和常态化学习张富清英雄系列活动，以部门（团队）为单位成立张富清突击队（服务队），设置张富清服务热线，促进党建与业务融合有形有效。

## 二、经验启示

建信投资公司党委通过不断创新党建工作机制,党建工作取得明显成效。在高质量党建的引领下,建信投资公司以做"股权投资的国家队、集团协同的生力军、资产管理的新力量、服务实体的践行者"为使命,始终引领行业发展,主要业绩指标持续保持同业领先地位,相关成果在"砥砺奋进的五年"大型成就展、"伟大的变革——庆祝改革开放40周年"大型展览及"复兴之路·新时代部分"主题展览上展出。

党支部标准化规范化建设是新时代全面提升基层党组织工作质量的重要举措。建信投资公司党委从基本组织、基本队伍、基本制度严起,针对党建工作力量不足、党务工作人员经验欠缺等痛点难点问题,创新党建工作机制,在实践中不断提炼优化,把复杂的工作要求简化为可操作、可量化的模板和机制,对于全面提升基层党建科学化、规范化水平具有一定的借鉴意义。

党建案例六：

# 五步同心强队伍　融入战略促发展

中国银河证券股份有限公司党建工作部

中国银河证券股份有限公司党建工作部是公司基层党建专责职能部门，是服务公司党委落实全面从严治党主体责任、统筹强化系统党建工作的重要机构。党建工作部党支部坚持打铁必须自身硬，实施"五部同心强队伍、融入战略促发展"党建工作法，努力锻造一支政治坚强、本领高强、作风顽强的党建铁军，为更好地服务公司党建事业和发展大局提供坚强保证。

## 一、主要做法

（一）理论修心，夯实思想根基，树起政治过硬的党建工作者队伍形象

一是建立机制常态学。建立"第一议题"制度、以团队为小组的"常学机制"和吸纳群众、民主党派积极参与的"共学机制"，推动理论学习常态化、长效化。二是明确内容全面学。持续深入学习习近平新时代中国特色社会主义思想，同步学习中央及上级党委、公司党委决策部署，以及公司发展战略、业务知识等，既学理论、又学业务，围绕大局强能力，紧扣中心抓落实。三是干部带头深入学。公司分管领导主动以普通党员身份参与支部组织生活，讲授专题党课，带头学思践悟、交流体会。党支部书

记及时领学，讲党课、促学习，提要求、教方法。

**（二）制度规心，打造样本支部，推进全系统党建标准化规范化建设**

一是坚持"双向进入、交叉任职"，加强基层党建带头人队伍建设。选优配强支部班子，推动行政班子与支委班子"双向进入、交叉任职"，细化各支部委员工作职责清单。二是坚持"结合实际、创新载体"，提升组织生活质量。在规范落实党内组织生活制度的基础上，创新方式方法，开展"我是党员我承诺，我是先锋我示范""文化建设印我心，银河成长伴我行"主题月等特色活动，增强党建活动的吸引力和感召力。三是坚持严管与厚爱结合，规范党员队伍管理。党支部把严守政治纪律和政治规矩放在首位，常态化开展党风廉政教育，加强先进典型学习，抓实日常谈心谈话等工作，让党员信任组织、依靠组织、敬畏组织、维护组织。

**（三）融入中心，激活先锋驱动，精准服务公司发展战略落地**

一是学习业务、研究战略，党建工作融得进去、干得好。党支部委员领学行业发展报告、公司发展战略及重要业务工作报告，让支部党员和员工及时了解公司发展重点，找准工作切入口，保证党建与业务相融互促。二是搭建平台、激发活力，优势能发挥、效果好。策划开展"理论大学习、能力大提升、工作大进位""党建与业务大讨论"等活动，搭建"银河先锋课堂"，推出《基层党建参考》专刊，推广学理论促业务的经验方法，让书记讲给书记听，以基层经验教基层，推动系统上下集思广益抓党建、促发展。三是创建品牌、引领风尚，学习不缺榜样、导向好。党支部在品牌工作中走在前、作表率，总结形成建设"四强"支部的党建品牌，引发了基层总结支部工作法、创建党建品牌的热潮。推出"一支部一品牌"专项工作，推介党建优、业绩优"双优"党支部经验做法，"品牌工作"本身已经成为银河党建的"品牌"。

### （四）下沉重心，强化研究实效，提升服务基层能力

一是培养专业的党建研究队伍。聚焦行业特点和公司发展实际，建立健全党建重点工作评估机制，研究基层党建现状，形成研究报告，为公司党委了解和分析形势任务、优化制度措施提供一手资料支撑和参考建议。二是培养协同的党建作战队伍。支部创新实施"网格化"管理模式，建立"党支部书记—支部委员会—党员—群众"的凝心聚力"同心圆"模式，层层凝聚力量、环环强化落实，切实把党建优势转化为队伍精气神和凝聚力。三是培养热心的党建服务队伍。不断深化党支部党员服务基层的能力建设，成为全系统的党建专家咨询组。制作发展党员、组织生活等规范化指引手册，加强常态化调研指导，随时随地为基层想办法、出主意，做到服务态度好、指导方法好、工作效果好、群众反映好。

### （五）凝聚人心，优化工作方式，以有温度的党建工作稳人心暖人心

一是做细思想政治工作。党支部书记带头树立部门风清气正、真抓实干、团结协作三种价值导向，经常开展谈心谈话。部门设立"党员示范岗"，在各个团队树立标杆旗帜。策划推出"我是党员、我战疫线""我的扶贫故事"等以基层员工为主角的宣传报道，用身边事教育身边人。二是做实部门文化工作。积极总结部门在落实公司核心价值观方面的典型做法，形成有党建底色、有部门风采的特色文化。同时，把文化落在增强员工幸福感上，为老同志举办退休欢送会，鼓励老同志讲述自己的"银河故事"，增强部门员工的归属感和荣誉感。三是做好定点帮扶工作。支部将承担好乡村振兴工作作为砥砺支部员工宗旨意识和为民情怀的"磨刀石"，深入学习贯彻习近平总书记关于扶贫工作、乡村振兴工作的重要论述精神，探索实施"党委担当、金融特色、产业为主、人人参与"的银河静宁帮扶模式，有力帮扶甘肃静宁县、内蒙古林西县、贵州道真县、山西左权县、新疆和田县如期打赢脱贫攻坚战，同步开启乡村振兴新征程。

## 二、工作成效

### （一）建强队伍，提升了团队战斗力

通过"五步同心"的党建工作法，筑造了履职尽责业务强的好堡垒，锻造了一支信念过硬、政治过硬、责任过硬、能力过硬、作风过硬的党建铁军，实现了党建工作与中心工作的高度融合、同频共振。

### （二）作出表率，加强了支部示范力

坚持多管齐下建强支部，以身作则走在抓党建、强管理、促发展的前列，及时总结、广泛推介经验，为全系统党支部建设树立了标杆，成为公司基层党建的一面旗帜。

### （三）转化优势，强化了党建作用力

通过加强支部建设，发挥有证券行业特色的高素质专业化党建工作者队伍作用，公司党建工作始终围绕改革发展中心任务着力，政治优势转化为公司高质量发展优势效果显著。2020年公司经营继续保持上升态势，集团口径实现营业收入237亿元，同比增长39%，实现净利润73.2亿元，同比增长39%，稳居行业前列。

党建案例七：

# 构建"四梁八柱"党建工作体系
# 促进党建与业务深度融合

招商银行党委组织部

近年来，招商银行深入贯彻新时代党的建设总要求和党的组织路线，结合"两学一做"学习教育常态化制度化、"不忘初心、牢记使命"主题教育、党史学习教育等，围绕"抓基层、强基础、夯实基本功"目标，在完善基本组织、基本队伍和基本制度的基础上，着力加强党建工作，推动党建和业务深度融合，探索构建起招商银行"四梁八柱"党建工作体系，以标准化、信息化、产品化、品牌化的工作思路，建设8类赋能基层的专业工具。

## 一、主要做法

### （一）规范为本，推动党建工作标准化建设

基层党务工作有两大痛点，一是专业人手流动快，因岗位调动带来的基层党务工作者变化时有发生；二是专业工具门槛高，党内常用的法规制度有上百部，而实践中个案差异大，没有丰富的实践经验难以做到"对症下药"。经过深入思考和研究，招商银行从党务工作的通用性切入，为各级党组织梳理出一套标准工具，分步解决难题。

第一步，以构建党建工作全景图为出发点，编写《招商银行系统加强

党建工作责任清单》（以下简称"党建100问"），以100个问答细致回应了"基层党建做什么"的问题，夯实了基层党务工作者的基本功。

第二步，在"党建100问"基础上，相继推出《党建实务手册》《支部工作手册》《党内制度法规汇编》3本支部工作工具书。其中，《党建实务手册》吸收了"共产党员网"上的500个常见问题和解答，有效解决了"基层党建怎么做"的问题，强化了基层党务工作者的抓落实能力。

第三步，将工具的运用延伸到支部，制定《招商银行支部建设达标活动指标体系》，将支部工作分为5类26项，明确了考核标准和目标任务；编写《招商银行党支部工作标准体系》，梳理汇编17项流程化工作的指引、流程清单和文书模板。标准化工具从实现路径层面解决了"基层党支部做成什么样"的问题，提升了基层党务工作者的工作质效。

第四步，结合实际，从党委和支部两个层面为基层党务工作者赋能，制定《招商银行党建工作评价体系》，通过"以终为始"的视角进一步对"党建100问"和《指标体系》优化升级，让基层党建工作形成"从责任起点到评估终点"的闭合回路。

## （二）科技加持，推动党建工作信息化发展

在通过标准化建设提升基层党建工作质量的基础上，招商银行以建设金融科技银行为契机，推动党建工作信息化创新。

2017年，招商银行App的生活缴费产品"缴费云"平台中首次增加了党费收缴功能，实现党费的一键通知、线上缴纳、实时统计和自动记账等功能，并为党员用户设置专属党费缴纳页面，开启党建信息化探索之路。

2018年初，招行自主研发的"智慧党建云平台"上线。这一全场景党务流程线上化平台，以全系统2000多个党组织和3万多名党员的真实组织生态为样本，覆盖基层党建工作60余个场景，从功能上实现了"六管"，即管组织、管队伍、管党务、管程序、管标准、管数据，达到"应用即培训、流程即制度、系统即管理"的效果，进一步推动了党建工作信息化建设。作为SaaS服务系统，也可为企业客户提供增值服务，实现金融与非金融产品的互联互通。

### (三) 全员赋能，推动党建工作产品化升级

要激发党员干部落实党建责任的内驱力，关键要变被动为主动。党建工作做好了就是生产力，与业务深度融合，是党建工作的内在要求。2018年以来，招商银行鼓励全系统各级党组织积极与客户单位开展党建共建，充分发挥党组织联动作用解决客户难题，并将现有的体系、手册、系统等通过不同场景下的使用需求，细分为8类赋能工具，与客户共享共建。

这8类赋能工具是招商银行党建工作体系中稳稳伫立的8根"立柱"，是党建工作的有形体现，主要包括：标准体系、评价体系、实务手册、法规汇编、活动阵地、党建资源库、"缴费云"平台和"智慧党建云平台"。

### (四) 开放融合，推动党建工作品牌化传播

本着"开门做党建"的宗旨，招商银行党委组织部门积极配合业务条线，切入企业经营圈、政府生态圈、个人客户生活圈，与客户既谈业务，也聊党建。一方面，鼓励党支部在日常工作中真学真用，熟悉党建工作的工具和方法，与客户交流"言之有物"；另一方面，引导基层开展"四进活动"（进企业、进校园、进商圈、进社区），鼓励业务团队党支部主动与客户签订党建共建协议，通过交流学习提升党建工作水平，深化业务合作机会。

逐步建立的党建工作品牌是招商银行"因您而变"价值观和"开放融合"方法论的具体体现，是专业党建工作能力和优质客户服务能力的有机结合。客户在认可招商银行党建工作专业能力的同时，进一步深化了对"招商银行"品牌的认同。

## 二、经验启示

招商银行始终以做好中心工作为出发点，坚持"客户在哪里，产品和服务就延伸到哪里"，让党建工作品牌与专业能力转化为组织、人才及发展优势。

在"四梁八柱"党建工作体系的构建中,招商银行打通组织脉络,将党建与业务深度融合,真正解决"两张皮"问题,让党建工作从"有形"迈向"有效"。标准化和信息化建设,持续为基层党组织"赋能减负",破解了企业党务工作者人手不足难题,解放了生产力;产品化和品牌化建设,激发起党员干部的内驱力,由内而外的化学反应促成"飞轮效应"形成,发展了生产力。组织焕发起的生命力,深度彰显出"党建就是生产力"。

党建案例八：

# 坚持党的全面领导
# 深度融合推动高质量发展

西安银行党委

近年来，西安银行在发展中充分发挥党的领导核心和政治核心作用，突出把方向、管大局、保落实的主体责任，切实把党的全面领导融入公司治理各环节，把党的制度优势转化为公司治理效能，有效引导西安银行深化改革，实现"质量、效益、规模"均衡发展，成长为西北首家A股上市银行。

## 一、主要做法

### （一）强化党委领导核心作用，引领正确的发展方向

一是按照企业党建工作要求，行党委将党组织的设置、党建工作要求写入公司章程，进一步明确了党组织在法人治理结构中的地位。二是将党委会研究作为董事会、监事会、管理层决策重大问题的前置程序，充分体现党委在"把方向、谋战略、抓改革、促发展、控风险"等方面的作用。三是全面落实"双向进入、交叉任职"的领导体制，形成了既分工又协作、相对独立又制衡的科学领导体制。

### （二）强化思想引领，汇聚发展合力

一是高度重视理论学习，通过集中研讨、专家辅导等方式，深入学习

党的十九届五中全会精神、习近平总书记来陕考察重要讲话精神等，不断提升党员干部政治素养。二是深入开展"不忘初心、牢记使命"主题教育、党史学习教育等，促进党员干部政治思想素质、纪律规矩意识不断增强。三是利用红色资源开展革命传统、理想信念教育，深挖典型事例开展主题宣讲活动，弘扬正能量。四是借助网络优势，充分利用内网、企业号、党建云平台等，创新党员教育管理新途径。

**（三）深化基层组织建设与业务发展的融合，强化战斗堡垒作用**

行党委通过不断探索"党建＋擂台赛、技能竞赛"等多种形式，强化党组织战斗堡垒作用。辖属党组织积极探索"党建＋"模式，将党建与经营管理、业务营销、风险防控等有效融合、互融共进；在业务发展中成立党员突击队，党员干部率先垂范、勇挑重任，成为关键项目的"排头兵"；与企业客户结对共建，联合开展多种形式的主题党日等。同时，通过推进标准化党支部、党员示范岗创建，强化党组织和党员示范引领作用，全行现已创建党员示范岗175个，多个党支部、个人获得西安市国资委党委授予的"标准化党支部"和"共产党员示范岗"称号。

**（四）抓好党风廉政建设，以从严治党促进从严治行**

不断完善党风廉政建设工作机制，健全"一把手负总责、分管领导各负其责、班子成员齐抓共管、相关部门协调配合各尽其责"的领导体制和工作机制。支持纪检监察体制改革，加强党风廉政建设与反腐败工作，成立党风廉政建设办公室，将党风廉政建设与党建、经营工作同部署、同落实、同检查、同考核。持续加强党员干部廉洁教育，深入开展"以案促改"警示教育、纪律教育宣传月、清廉金融文化建设、廉洁家风教育活动等，将清廉文化理念贯穿到经营管理的各方面、各环节，培育清正廉洁的政治生态。

**（五）坚持党对干部人才工作的全面领导，锻造高素质干部人才队伍**

行党委坚持按照市场化选人用人机制，通过公开竞聘、行内选拔、行外引进等方式，陆续选聘年富力强、高学历中层管理人员，持续引进各类专业人才，推进优化专业条线建设，拓宽专业人才晋升通道，充实优化核心人才梯队，激发工作能动性。同时，实施分层次、差异化、多领域培训，持续加强干部能力素质建设，积极运用"三项机制"，形成能上能下的干部任用机制，全面激发党员干部新动能。2019—2021年，先后有25名中青年干部获得省市政府、总工会及监管等部门颁发的劳动模范、杰出青年、"五一"劳动奖章、"五一"巾帼标兵等荣誉。

### （六）强化党委引领作用，促进转型发展连上新台阶

行党委始终坚持"不忘初心坚守本源，服务实体稳中求进"的总基调，"服务地方经济、服务中小企业、服务市民百姓"的发展定位，把坚持金融助力地方社会发展作为出发点和落脚点，积极落实中央和地方的重大决策部署，服务国家重大战略，服务地方经济转型升级和国家中心城市建设，主动与地方经济社会发展相契合，与区域经济发展同频共振，走出了一条差异化和特色化的发展道路，实现经济效益和社会效益的双丰收，获得了市场、投资者和客户的高度评价和认可。

### （七）不忘初心、牢记使命，践行企业责任担当

主动扛起金融企业的责任与担当，捐资1200万元服务地方抗疫；制定支持疫情防控和复工复产的"十五条"政策、"八项工作举措""九项优惠政策"等，支持稳企业保就业；降低小微企业融资成本，全力支持企业复工复产、复商复市。践行聚焦民生的服务理念，创新性打造"智慧医院综合服务平台"，2020—2021年已为78万名患者提供192万笔智慧诊疗服务；打造"房易通"房地产行业金融解决方案，为百姓实现安居梦架起"梦想的桥梁"，为地方政府落实"住房不炒"政策提供"工具箱"；不断强化行业精准扶贫和驻村脱贫攻坚工作，加大对贫困地区的资金支持力度。

## 二、经验启示

银行发展要始终坚持党的全面领导,充分发挥党的领导核心和政治核心作用,将党的建设融入企业发展中,坚持以高质量党建引领高质量发展。一是领导坚实有力。始终以习近平新时代中国特色社会主义思想为指导,坚持"集体研究、民主决策"原则,有效发挥领导核心作用。层层压实党建主体责任,真正做到党建与经营发展同部署、同推动、同检查、同考核,充分用好党建考核"指挥棒"。二是组织建设更具活力。充分借助信息科技优势,不断创新党建工作形式,提升工作效率。创新党员教育管理新途径、党建宣传形式,拓宽党建思路,探索"党建+"模式,使党建工作与业务发展深度融合,焕发新活力。三是党员表率作用更加突出。通过细化党员示范岗标准,积极打造党员示范名片,党员的先锋模范作用进一步凸显,成为推动业务发展的主力军、"排头兵"。四是廉洁风险防线更加牢固。坚持落实"两个责任",通过全面从严治党带动全面从严治行,强化重点岗位、重点环节、重点领域的风险管控,为稳定发展筑牢根基。

党建案例九：

# 紧跟新形势　落实新要求　锚定新任务
# 以党建新成效开创改革发展新局面

唐山银行党委

金融是国家重要的核心竞争力。习近平总书记强调，做好新形势下金融工作，要坚持党中央对金融工作集中统一领导，确保金融改革发展正确方向，确保国家金融安全。唐山银行党委坚持以习近平新时代中国特色社会主义思想为指导，高度重视全行党建思想政治工作，始终坚持"围绕中心抓党建，抓好党建促发展"的工作思路，着力画好党建工作与中心工作相融合的"同心圆"，以高质量党建推动企业高质量发展，切实发挥了城商行在服务地方经济发展中的先锋队作用，有力支持了地方经济的发展。

## 一、基本情况

唐山银行成立于1998年，是唐山市唯一一家具有独立法人资格的国有控股地方城市商业银行，国有股权占比92.41%。1997年12月，原唐山市28家城市信用社组建成立唐山城市合作银行，1998年2月更名为唐山市商业银行，2014年12月更名为唐山银行。目前，全行现有员工1500余名，设有总行一级部室20个，支行68家，网点遍及唐山市区与各县区。全行设党委1个，行党委领导班子成员5人，党支部38个，党员500余名，党员占比33%。

截至2021年9月末，全行资产总额2191.41亿元，存款总额1627.74

亿元，存款市场占有率位居全市第二，储蓄存款增量全市第一，主要人均指标在全国银行业中排名前列。近年来，唐山银行的发展获得了社会各界的高度认可，接连荣获2020年中国商业银行竞争力榜单"城市商业银行第一名"、最具科技竞争力中小银行、2020年度责任企业等重要荣誉和奖项。在国际权威财经媒体《银行家》发布的2020年"全球银行1000强"榜单中，唐山银行位列全球银行第434位，在全国银行业排名第81位，已连续5年荣登全球银行500强。

## 二、主要做法

习近平总书记强调，坚持党对国有企业的领导是重大政治原则，必须一以贯之。唐山银行新一届党委领导班子，自2018年任职以来，始终坚持以习近平新时代中国特色社会主义思想为指导，深入贯彻落实习近平总书记在国有企业党的建设工作会议上的讲话精神，坚持党对国有企业的领导不动摇，切实发挥党组织把方向、管大局、促落实的作用，持续推进党建工作和业务工作深度融合，以抓好党建带动业务高质量开展，以业务高质量开展促进党建质量不断提升。

### （一）推进"三大融合"，让政治要求硬起来

一是推进党建与公司治理融合。唐山银行始终坚持党对金融工作的集中统一领导，努力把党的领导融入公司治理各环节，持续推进党的领导与公司治理深度融合、有机统一。积极开展"党建入章"。公司章程作为"企业内部的根本法"，将党建工作要求写入公司章程，是推进党建与公司治理有机融合的重要制度性安排。按照中央和上级党委要求，2017年唐山银行将党建工作要求规范写入公司章程，经过2次修订，公司章程中党建要求内容逐步完善，明确了党组织的职责权限、机构设置、运行机制、基础保障等事项，并着重指出党委研究讨论是董事会、高级管理层决策"三重一大"等重大问题的前置程序，全面落实党组织在公司治理中的法定地

位，确保党委的领导核心和政治核心作用有效发挥。持续完善"决策机制"。坚持重大经营管理事项经党委研究讨论后，再由董事会或高级管理层作出决定。规范"三重一大"事项决策机制，按照"党委把方向、管大局、促落实，董事会定战略、作决策、防风险，经营层谋经营、抓落实、强管理"的原则，制定《唐山银行"三重一大"决策制度实施办法》《唐山银行党委前置研究讨论重大经营管理事项清单》，明确了党委会、董事会、高管层在"三重一大"事项中的具体决策范围、决策规则与程序等内容，切实提高决策水平，防范决策风险。切实落实"交叉任职"。不断完善"双向进入、交叉任职"领导机制，严格落实党委书记、董事长由一人担任，经理层成员与党委领导班子成员适度交叉任职，利用身兼双重角色的体制优势，将党委的工作考虑传达到经营层和各级机构的决策活动和经营执行中。

二是推进党建与经营管理融合。作为国有金融机构，唐山银行始终坚持价值导向，围绕企业组织"价值创造"这个中心和大局，创造性开展党建工作，把党建融入经营管理各个环节，切实解决党建虚化、边缘化问题。选优配强"领头羊"。组织强不强，关键看"头羊"，唐山银行在选人用人方面，突出政治标准，激励担当作为，任用干部以"实在、实干、实绩"为原则，遵循民主集中制，征求党风廉政意见，严格落实公示和干部德、能、勤、绩、廉考察程序，将政治坚定、清正廉洁、坚持原则、敢于负责的干部选拔出来。在党支部班子配备方面，明确要求单位负责人与党支部书记"一肩挑"，切实把优秀业务骨干选拔到基层党支部书记岗位上来。发挥考核"指挥棒"。把党建考核评价结果纳入部室和主要负责人季度、年度考核，通过将党建工作目标与企业经营发展目标相结合，把党建要求与岗位要求相结合的方式，保证党委意见、组织意图在经营管理过程中得到有效落实。在考核内容上，着力加强党支部日常党建工作完成情况和过程质量考核，将党支部需要完成的党建、党务工作进行细化和赋值，每个要点、每次工作完成情况都赋予明确的分值和加减分标准，做到内容具体、指向清晰，堵断年终"一考定乾坤"的党建考核工作思路，逐步建立起常态化、长效化考核方式，切实发挥党建考核指挥棒、风向标、助推器作用。

党建业务"双驱动"。党建工作与业务工作如同"车之双轮",要防止党建与业务融合"两张皮"问题,关键要对党建工作和中心工作统筹谋划、"双轮驱动",为确保党委意图融入日常经营管理,促使党建与业务经营同心同向、同频共振,真正做到"两手抓、两手硬",唐山银行创新党建工作方式方法,每年年初,紧密结合年度经营发展目标,以明确阶段主题形式,做好全年党建工作安排。比如,创新开展的"四讲四查四做"主题教育活动,将全年分为三阶段,分别以"四讲""四查""四做"为主题开展党建思想政治工作。"四讲"阶段,通过学习、研讨、培训等形式,教育引导员工牢固树立"讲使命""讲政治""讲创新""讲纪律"的"四讲"理念;"四查"阶段,通过开展批评与自我批评、创先争优、作风纪律检查等方式,全面检查员工在奋斗精神、工作实绩、遵章守纪、工作作风四方面存在的问题;"四做"阶段,通过开展劳动竞赛、树典型立标杆、扬正气聚能量活动的方式,激励员工争做"政治上的明白人""学习上的勤奋人""规矩上的老实人""工作上的开路人",为解决员工做什么样的人、怎么做的问题指明了方向。整个主题活动,将业务工作与党建工作有机统一起来,层层递进、环环相扣、贯穿全年,有力解决了员工在工作、思想、作风、纪律等方方面面存在的问题。类似的活动每年都在开展,比如"我是党员我带头""党员活动季"主题实践活动等等,切实推进了党建工作与业务工作的深度融合,增强了全行干部员工的敬业意识、责任意识、服务意识及遵章守纪意识,提振干事创业风气。

三是推进党建与监督机制融合。近年来,唐山银行逆势崛起,由小到大、由弱变强,彻底改变了落后面貌,逐步奠定了自己的市场地位,很重要的一点是来自健全的监督管理机制。围绕基层党组织建设、落实中央"八项规定"、履行岗位职责等方面,定期开展专项督导检查,或以聘请第三方公司、组织成立联合检查组等形式,开展现场突击检查,对排查出的苗头性、倾向性问题做到早发现、早提醒、早纠正,并综合运用监督执纪"四种形态"予以严肃问责,督促整改落实;在春节、中秋等重要节点,必重申各项规定要求,严明纪律和规矩,并以走访全行各网点等形式检查落实情况,强化节假日廉洁自律;每月开展一次员工异常行为排查、每年开展一次全员家访排查，及时掌握党员干部思想动态、家庭情况、社交"圈子"，强化党员干部日常监督。坚持开展常态化、精准化警示教育，每半年组织召开1次警示教育大会，以警示教育视频的形式，将半年内发现的员工违规违纪行为面向全行予以曝光，强化员工遵规守纪意识；建设唐山市首家以金融反腐为题材的廉政教育室，定期开展廉政谈话、组织签订廉洁自律承诺书，切实增强廉洁自律意识。制定《唐山银行股份有限公司干部管理办法》《唐山银行股份有限公司案件问责工作管理办法》，强化内部监督，健全责任体系。特别是把加强党建相关要求融入"三会一层"履职评价体系，加强监督、检查和评估，确保党的路线、方针、政策和重大决策部署不折不扣地贯彻落实。

### （二）突出"两大导向"，让业务发展跑起来

党建工作做实了就是生产力，做细了就是凝聚力，做强了就是竞争力。唐山银行党委始终以党建为统领，以改革转型、结构调整为主线，高站位思考唐山银行在新阶段的发展战略，聚焦高质量发展规划、转型发展重点任务、营销管理重大项目等问题，深入分析银行面对的新区域格局、新监管形势、新科技趋势等带来的机遇挑战，制定了《2020—2022年发展战略规划纲要》，狠抓战略先导、创新驱动、转型升级和学优争先四大发展关键要素，推动思想行动回归初心、业务发展回归本源，全面开启高质量发展新征程。

一是突出主业导向。近年来，唐山银行积极响应中央、省、市委号召，主动适应全面建成小康社会的新形势，主动适应供给侧结构性改革的新要求，以服务地方经济发展、服务中小企业发展、服务城乡居民为本源，建立业务常态化调研机制，及时调整目标管理流程，驱动主业更快发展。截至2021年9月末，全行资产总额2191.41亿元，存款总额1627.74亿元，存款市场占有率位居全市第二，储蓄存款增量全市第一，主要人均指标在全国银行业中排名前列。

深入践行普惠金融，在河北省城商行率先成立了普惠金融部，通过完善组织架构、优化业务流程、研发特色信贷产品等方式，集中力量、全力

推进普惠业务开展。2020年以来，普惠型小微企业贷款累计发放8.35万笔，金额24.81亿元，贷款投放平均利率4.4%。2021年1月4日，《人民日报》刊发题为《唐山银行大力发展普惠金融》的报道，对我行在推动普惠金融事业发展方面做出的探索和取得的成绩予以充分肯定。2021年以来，为高质量支持乡村振兴，于4月专门成立乡村振兴领导小组，并率先成立乡村振兴部，建立了专业化的金融服务机制，迅速研发推出了"兴农贷"专项信贷产品，通过将乐亭县作为乡村振兴服务试点县，不断探索金融服务乡村振兴新模式，全面开启了乡村振兴新征程。

全力支持地方经济发展，自新冠肺炎疫情暴发以来，在服务全市重点项目的同时，制定出台了十八项金融举措，全力支持疫情防控和"六稳""六保"工作。通过建立"绿色审批通道"，累计为北方最大的医用酒精生产企业——中溶科技、医用口罩生产企业——迈森医疗等5家疫情防控相关企业提供贷款2.35亿元，为唐鸿重工、海洋牧场等59家企业复工复产提供贷款114亿元。抗疫期间，成功发行了河北省首只疫情防控专项同业存单1.3亿元，用于对疫情防控相关领域企业的信贷支持，为企业纾困解难，助力疫情防控。

二是突出转型导向。近年来，唐山银行抢抓互联网金融蓬勃发展的历史机遇，把科技金融建设作为兴行之要，在科技金融开发、应用及推广方面实现了重大突破。积极探索构建小微企业金融服务新模式，承建唐山市企业综合金融服务平台，通过构建小微企业与金融机构的线上智能撮合机制，充分整合和利用唐山政府部门84项涉企数据对企业精准画像，助力破解政银企信息不对称的问题及优化配置金融要素资源，构建起银企对接的新渠道。2020年11月20日，国务院办公厅发出通报，将唐山市以推广应用企业综合金融服务平台为总抓手的"春雨金服"行动列为国务院第七次"六稳""六保"大督查中形成的典型做法和先进经验予以表扬。

唐山银行顺应利率市场化趋势，依托标准化建设，以风险防范和效率提升为核心，充分运用现代金融工具和创新要素，进一步丰富产品体系，形成了覆盖个人与公司客户的数百款产品。在渠道拓展方面，形成了覆盖柜面、智能设备、网上银行以及随身银行等多元化的服务于产品的销售渠道,为客户的财富增值提供更加丰富的选择。

在"互联网+金融服务+小微商户"新零售转型和"科技银行"转型特色化建设方面,唐山银行主动顺应金融发展趋势,将金融服务融入客户日常生活及生产经营活动,打造金融服务新业态,提升金融服务的普惠性,借助供应链融资、消费金融等业务模式,与小微企业联盟,将线下支行网点改造为"共享店",与联盟商户共享资源,使金融服务"增值",实现"1+N"的合作模式,促进银行、商户、客户多方共赢,扶持中小微企业发展。

在风险管控的数字化、智能化水平方面,致力于打造全行级数字化智能风控平台,建立涵盖贷前、贷中、贷后全流程管控体系,通过对数据、模型、控制策略进行规范统一化管理,对归集的海量数据通过大数据、人工智能全面分析挖掘,搭建风险控制模型实时监控风险指标,为风险管理提供有价值的参考信息,有效提升风险管控能力。

### (三)做好"四篇文章",让企业文化立起来

蓬勃生命力的焕发,离不开良好企业文化的凝聚与支撑。唐山银行党委始终高举党的旗帜,紧密结合行业特色,发挥党建对企业文化、人才建设、内控合规、社会责任等"软实力"的推动作用,为高质量发展持续"输血""造血"。

一是做好"党建+企业文化"的文章。人民有信仰,国家有力量,民族有希望。企业文化作为现代企业重要的管理方法,是企业核心竞争力的重要组成部分,是企业持续发展的精神支柱和动力源泉。历经20余年的发展,唐山银行在资本实力、利润水平、管理能力、员工素质和社会贡献等方面都有了质的飞跃,这些进步和成绩,既是不断提升经营管理的结果,也是注重文化建设的结果。近年来,唐山银行党委切实发挥党组织把方向、管大局、保落实的作用,着力加强企业文化顶层战略谋划,把好企业文化方向盘。通过组建企业文化建设领导小组,开展同业文化调研、文化战略咨询、资料搜集整理等多项工作,系统梳理、总结和提升了唐山银行建立以来的文化精髓,构建了唐山银行企业文化体系,明确了"建设面向未来

智慧银行"的发展愿景、"以诚意和科技追求卓越品质,让客户享受更好的金融服务"的企业使命、不断践行"以诚为本、客户第一、精益匠心、行稳致远"的核心价值观,"百折不挠、团结协作、创新发展、追求卓越"的企业精神。唐山银行企业文化体系既秉承了属地唐山大钊精神、抗震精神的历史风骨,又展现百折不挠、创新发展的精神印记,同时又赋予了新时期唐山银行发展所必需的时代特色和现代理念。为提升企业文化理念认同,促使企业文化落地,唐山银行在核心企业文化理念的基础上,明确了子文化理念、治行行为准则、行训等详细内容,并以编制《企业文化手册》《唐行之窗》期刊、行报等行内刊物,要求全行文化理念统一"上墙",开展企业文化先进评选活动等为抓手,增强文化认同,引导广大干部员工文化理念变成"植根于内心的修养",把践行企业文化变成"无须提醒的自觉",营造向上的企业氛围,引导向上的精神力量,打造健康昂扬的企业文化,以此助推企业高质量发展。

二是做好"党建+人才建设"的文章。人才队伍特别是高素质人才队伍建设是影响银行竞争力和发展的决定性因素。唐山银行党委始终坚持党管人才原则,把人才队伍建设作为兴行大计来抓,秉承尊重人才、培养人才、人尽其才的宗旨,围绕学、思、用、干等要素,持续加大人才引育力度,着力打造高素质复合型人才队伍。2020—2021年,招聘引入博士2人、硕士49人,毕业于985、211院校的毕业生52人,进一步提升了全行人员层次。截至2021年9月末,全行正式在岗员工1463人中本科学历及以上人员占比77.9%,其中,硕士212人、博士7人,为业务发展奠定坚实的人力智力基础。在人才培养方面,构建校企战略合作,着力打造高素质人才队伍建设。为进一步提高全行干部员工能力素质,加强金融科技创新,深化政策理论研究,经向监管部门报备,2020年9月23日由唐山银行主办的唐山银行大学正式成立,结合工作实际对全行干部员工开展分层次、全覆盖系统培训,2020—2021年累计开展培训活动285场,培训人次合计25560人,成为唐山银行打造人力资源核心优势和建设高素质人才队伍的坚实保障。在此基础上,唐山银行先后与北京交通大学、中央财经大学签署战略合作协议,初步建立了双方"产学研"合作关系,将人才强行战略迈向更广阔、更专业的领域。2021年9月，唐山银行申请设立的博士后创新实践基地经河北省人力资源和社会保障厅、河北省博士后工作管理委员会审批通过，以此激发金融创新项目孵化活力，充分发挥人才对业务创新的支撑作用，标志着唐山银行在"产学研"人才培养道路上迈出了更为坚实的一步。

三是做好"党建+内控合规"的文章。银行是经营风险的特殊行业，风险无处不在，特别是面对经济新常态，信用风险、市场风险、操作风险、流动性风险叠加在一起，对银行的发展提出了新的挑战，培育良好的内控合规文化是适应经济新常态、加快转型发展的必然要求。近年来，唐山银行党委深入贯彻落实党中央关于防控金融风险的重大决策部署，以党建为统领，秉承"人人都讲合规、事事都做合规、严管就是厚爱、违规必被追责"的合规文化理念，不断加强合规风险管理体系建设，推动合规管理水平实现新突破。完善合规制度流程，对全行现有内控制度规定进行全面梳理，对重要合同范本进行重点检查，及时、动态监测外部监管规定，持续更新完善内部控制体系，确保覆盖所有业务领域和关键管理环节，将各项业务制度的合规管理要求嵌入到业务流程，努力实现管理规范化、经营合规化、工作标准化；深化合规体系建设，构建内控合规绩效考核体系，持续开展"制度落实年""案件防控提升年"等活动，定期开展专项风险排查及员工月度、季度行为排查，对检查发现的问题予以严肃追责问责，保持对违规违纪行为的高压态势，着力培育廉洁文化，塑造超强的制度执行力；强化合规警示教育，每年党委书记带头讲授一次廉政党课，组织全行人员签订案防责任书，每半年召开一次全行性警示教育大会，每季度刊发一期《警示教育专刊》，不定期印发"合规风险提示"，持续提升全行干部员工合规素养和思想境界，努力打造明纪律、知敬畏、存戒惧、守底线、作表率的专业金融队伍。

四是做好"党建+社会责任"的文章。习近平总书记强调，只有积极承担社会责任的企业才是最有竞争力和生命力的企业。唐山银行党委始终秉承国有控股银行责任担当，坚守"服务地方、服务中小、服务城乡"的市场定位，积极践行社会责任，努力实现企业价值和社会价值同步提升。

在全力支持地方经济发展、深入践行普惠金融、助力乡村振兴的基础上，更是积极投身社会公益领域，致力于公益事业。面对突如其来的新冠肺炎疫情，唐山银行党委助力地方打赢疫情防控阻击战，先后向唐山市卫健委、各区县及疫情防控相关人员捐赠400余万元的资金与物资，多方位积极支持抗击疫情；连续13年开展驻村帮扶，累计拨付帮扶款272.58万元，助力唐山市决战决胜脱贫攻坚；连续3年开展"筑梦远航"助学项目，累计资助760余名即将踏进大学校门的贫困学生108万元。为构建慈善公益长效机制，2020年，经民政部门备案核准，唐山银行党委先后注资共计678.84万元成立了"盛唐慈善信托"，致力于打造面向地方的公益慈善平台，围绕扶贫济困、公共突发事件、文教体育和环境保护等开展一系列公益慈善活动。慈善信托成立后在唐山市公益、扶贫等慈善事业中发挥了积极作用，已分别向全市464名建档立卡贫困残疾人、全市765名励志奋进的困难学生以及市扶贫办捐赠善款18笔，捐赠金额289万元。唐山银行践行社会责任的努力不断得到广泛的认可，先后荣获"河北省脱贫攻坚先进集体""卓越竞争力金融扶贫银行""精准扶贫先锋机构"等荣誉和奖项，并连续3年被中国新闻社、中国新闻周刊评选为"年度责任企业"。

## 三、工作启示

一是坚持党的领导，坚定不移强"根"固"魂"。作为国有金融企业必须深刻认识自身的政治属性，坚持以党的建设为统领，切实发挥"把方向、管大局、保落实"作用，增强"四个意识"，坚定"四个自信"，做到"两个维护"，把全面加强党的领导贯彻落实企业生产经营全过程，从讲政治的高度谋划和推进工作，充分发挥组织动员优势，提高执行力，增强创造力，在引领企业健康发展上定方向、增动力，真正把党建成效转化为企业发展的扎实基础和不竭动力，推动中央决策及上级党委部署在企业落地生根、见到实效。

二是围绕中心工作抓党建，坚定不移把党建工作融入企业发展的各个环节之中。抓党建不能"坐而论道"、不能凌空蹈虚，必须虚功做实，只有围绕中心工作抓党建，党建才有切实抓手，党建更能体现实效。始终秉承党建、业务同发展的思路和理念，努力做到"三同步、三结合"，即党的组织与经营组织同步组建、党建工作与业务工作同步开展、党建成效与工作业绩同步考核，党建工作与业务工作相结合、党建活动与中心工作相结合、党员作用发挥与推动企业发展相结合。不断把党组织的政治优势转化为企业发展优势，把党组织的活力转化为企业发展活力，实现党建提升与企业发展的双赢目标。

三是重视高素质干部和人才队伍建设，充分发挥党组织在选人用人中的领导和把关作用，严格用人标准，认真做好干部的培养、选拔、考察和推荐工作，真正把专业素养高、专业能力强、群众口碑好的"好干部"选拔出来，并将其放在合适的岗位上用起来。要把"党管干部"的外延扩大到党管人才上，充分做好优秀人才储备培养工作，为他们提供具有前瞻性、实践性和具有岗位适配性、针对性的专业能力培训平台，着力为企业打造一支勇于创新、善于攻坚的优秀干部队伍和人才队伍。

四是要重视企业文化建设工作，文化软实力集中体现了一个企业基于文化而具有的凝聚力和生命力，以及由此产生的吸引力和影响力。提高文化软实力，是一项"形于中"而"发于外"的重大战略任务。国有企业文化是在党组织的坚强领导下实施的管理实践，是企业在发展过程中形成的意识形态、物质形态、制度形态等文化的复合体。面对经济新常态，要想在激烈的市场竞争中立足前行，不仅要盯紧企业经营管理和科技创新，更要结合自身实际构建具有特色的企业文化，将特色企业文化融入日常经营管理，通过文化规范员工、凝聚员工，通过文化塑造企业良好形象，助推企业实现高质量发展。

2021年是中国共产党建党100周年，也是"十四五"规划的开局之年。站在"两个一百年"奋斗目标的历史交汇点上，唐山银行将持续优化探索党建与业务发展的深入融合，以常态化政治建设机制确保战略发展方向，以权责明晰决策机制确保发挥党组织领导作用，以企业文化建设机制凝聚踏实干事正能量，以市场化选贤任能机制提供高素质人才支撑，以内控监督长效机制营造廉洁合规氛围,把思想和行动统一到党中央和省、市委各项决策部署上来,本着"以诚意和科技追求卓越品质,让客户享受更好的金融服务"的企业使命,为早日建成省内领先、国内一流、符合新时代高质量发展要求的优秀国有金融企业而不懈奋斗,努力在助力地方经济社会高质量发展、加快实现"三个努力建成"目标中作出新的更大贡献。

## ▶ 科技创新案例篇

科技创新案例一：

# 元宇宙双碳数字经济与金融科技创新研究

中国电子科技集团公司　蔡子元

2021年10月18日，习近平总书记主持中共中央政治局第三十四次集体学习，并就推动我国数字经济健康发展发表了重要讲话，而后《求是》杂志发表习近平总书记重要文章《不断做强做优做大我国数字经济》，为我国数字经济高质量发展指明道路。习近平总书记强调，要站在统筹中华民族伟大复兴战略全局和世界百年未有之大变局的高度，统筹国内国际两个大局、发展安全两件大事，充分发挥海量数据和丰富应用场景优势，促进数字技术与实体经济深度融合，赋能传统产业转型升级，催生新产业新业态新模式，不断做强做优做大我国数字经济。

《求是》杂志发表的重要文章指出，数字经济事关国家发展大局；综合判断，发展数字经济意义重大，是把握新一轮科技革命和产业变革新机遇的战略选择。习近平总书记为我们深刻阐明了发展数字经济的重大意义，科学总结了我国数字经济发展的显著成就和主要问题，对发展我国数字经济提出一系列明确要求：第一，强调数字经济正在成为重组全球要素资源、重塑全球经济结构、改变全球竞争格局的关键力量；第二，强调数字经济健康发展，有利于推动构建新发展格局，有利于推动建设现代化经济体系，有利于推动构筑国家竞争新优势；第三，强调加强关键核心技术攻关，加快新型基础设施建设，推动数字经济和实体经济融合发展，推进重点领域数字产业发展，规范数字经济发展，完善数字经济治理体系，积极参与数字经济国际合作。

## 一、发展元宇宙产业符合数字经济的战略创新要求

作为继农业经济、工业经济之后的主要经济形态，数字经济是以数据资源为关键要素，以现代信息网络为主要载体，以融合型智能化应用、全要素数字化转型为重要推动力，赋能金融科技类产品创新，促进公平与效率更加统一的新经济形态。在这个日益数字化的时代，发展数字经济是把握机遇、赢得未来的战略选择。

元宇宙是互联网 3.0（Web 3.0）的具像化实施，诸如数字孪生、人工智能、语义网络、知识图谱、平行计算、三维建模、区块链、云原生、VR/AR、分布式存储、隐私计算、移动通信、内生安全、泛在物联网等技术集成在一起，也无法明确阐释元宇宙产业的发展方向；甚至缺少以上任意单项或多项技术，元宇宙仍然还是元宇宙。元宇宙是符合互联网 3.0 "开放、隐私、共建"目标的新数字内容、服务、计算与基础设施，其发展与数字经济紧密相关。

以电脑客户端（PC 端）为代表的 Web 1.0 只能以单向的信息方式向用户提供消费媒介及搜索内容；以移动端为代表的 Web 2.0 能够以双向的信息方式向用户提供社交、电子商务与互动媒体，并可少量建立数字价值产品。Web 3.0 将以三维空间体验帮助用户建立数字信息与经济价值全双向的交流渠道，使每一位元宇宙用户可建立除电话号码、电子邮件、社交账号以外的新的互联网立体身份，以享受全新的金融数字化服务，让用户能够"自由"地生活和工作在元宇宙之中。

"自由"的含义不是想干什么就能干什么，尤其当元宇宙技术应用在实际的经济行为中以及具体的金融业操作中时，更不能缺少底层监管逻辑和安全措施。事实证明，只有与现实相关的制裁措施才能真正遏制网络犯罪行为。所谓"自由"，应该是指不想干什么就能不干什么，但在 Web 2.0 的环境下，由几大互联网巨头形成的垄断信息生态使终端用户无法跨平台操作，进而抑制了社会生产力及用户自主性的发展。在元宇宙"开放、隐

私、共建"的目标下，C端①产品的生态壁垒将被消除，B端②产品也将采用开放共建的新框架，产生去中心化的新系统与新服务，建立以用户数据产生价值并循环哺育产品系统的新经济模式。

因此，元宇宙不仅是下一代互联网，更是下一代数字经济与金融科技的主战场。从社会、经济、文化三大角度出发，元宇宙会为社会信用体系、价值交换、生产关系等种种既定规则带来改变，同时将衍生出多类金融领域的应用场景，如元宇宙碳市场、元宇宙碳金融、元宇宙工业互联网、元宇宙数字资产合约、元宇宙国际结算等。当前互联网金融系统面临的诸多难题或将逐一得到解决。

从银行业角度出发，元宇宙赋予了生态圈更多的数字资产价值，元宇宙背后有区块链、移动交互、产业芯片、人工智能、网络及运算、物联网通信等多项技术的支撑，可以满足更多的信贷场景需求，助力投融资市场形成新的战略高地，形成征信授信全流程的数字化。数字化技术创造了金融的联通性、数据的贯通性以及价值的互通性，这些因素构成了一股新的力量。资产与资本的进一步数字化将为金融科技带来更多的想象空间，一个崭新的"元宇宙"在信息技术（IT）行业与金融行业跨界的试探中逐步浮现。

元宇宙是数字经济的下一站，对元宇宙的不断探寻是为了探索新的数字空间，也为社会整体信用体系的数字化转型提供了新路径。元宇宙相关技术、应用场景完全和国家数字经济战略相一致，元宇宙未来的发展将为数字经济发展赋能，促进新技术落地。

## 二、"双碳"经济的产业形成以及数字化发展需求

"双碳"经济的产业形成是基于环境科学与金融科技双向创新的需求。从环保领域的角度出发，其起源可以追溯到1988年IPCC的成立开始，即

---

① C端：面向一般消费者的平台、软件及其他服务。
② B端：面向企业或其他商业项目的平台、软件及服务。

世界气象组织和联合国环境规划署联合建立的政府间气候变化专门委员会（Intergovernmental Panel on Climate Change，IPCC）。狭义的"双碳"经济是指以碳排放权或者低碳项目本身为标的物，从而进行交易的市场性活动，简称为"碳交易"，大体包括了碳现货、碳期货以及碳期权等产品的交易。在现阶段，国内外的关注点更多聚焦的也是这类碳交易产品。广义的"双碳"经济是指与减少温室气体排放有关的各种制度安排和经济活动，包括低碳项目开发的投融资、碳排放权及其衍生品的交易和投资，以及其他相关的金融中介活动，包括相关的数字化与互联网的创新实践。

事实上，数字化手段是"双碳"产业必不可少的推动力，开发碳市场也对我国金融机构和金融人才提出了更高要求。"双碳"经济的标的物天生就是一种虚拟产品或者数字产品，其交易规则严格、开发程序复杂、销售合同多涉及境外客户，且合同期限长、风险评级技术要求高，非专业机构难以胜任碳市场项目的数字化开发和系统执行。例如，经常提及的清洁发展机制（Clean Development Mechanism，CDM）或联合履行机制（Joint Implementation，JI），都涉及减排单位的数字化认证或核查，若减排项目无法获得标准化认证，则会导致交付风险，直接降低参与主体的投资预期收益。

为保证碳减排项目对投资人的吸引力，数字化系统的开发者既需要熟悉减排单位需求国和具体项目所在国的认证标准和程序，也要了解有关国家的政策和法律；同时，还需要对交付风险和政策风险进行金融评级并提供担保。且不说大数据、云计算、区块链、元宇宙等数字经济领域的创新性需求，就是这种涉及产业金融系统的标准化综合信息技术的金融机构复合型人才，目前在我国也是十分稀缺的。

基于以上原因，我国"双碳"经济市场相比国外发育得还很不完全。例如，CDM机制项下的碳减排额就是一种数字化虚拟商品，在国外，CDM项目的评估及排放权的购买大多数是由碳资产管理或者碳中介机构完成的，而不是由碳交易所或者银行直接下场完成，国家或各省市级碳交易所会以合理价格去购买不同中介平台上的数字化碳资产管理产品，碳资产管理产品的数字化构建以及价格发现往往由交易主体发挥市场化作用。目前，我国政府主管部门虽然可以采购第三方机构针对主体企业所上报的碳排放数据进行的核查成果，但最终能够测定碳排放量以及定价的第三方碳中介机构尚处于起步阶段，这也就导致了市场难以开发或者消化大量的碳减排项目。另外，我国也缺乏专业的第三方技术咨询体系来帮助国内金融机构主体分析、评估、规避碳减排项目的投资风险、交易风险以及政策风险。项目投资风险主要涉及工程建设风险，如生态环境导向的开发（EOD）项目是否能按期建成投产，碳资源能否按预期产生等。在项目运行阶段，会存在碳数据监测或核实风险，减排项目收入也因此存在不确定性，影响金融机构的碳金融服务支持。这些"双碳"经济的复杂性业务服务都是政府不应该承担的。

以上阐述了双碳经济产业与当下数字经济技术发展之间的关系，如果回到与"双碳"概念相关的金融产业的形成与发展的论述上，对于金融领域的专家来说，肯定相对熟悉碳交易与碳金融产品的设计，如碳指数、碳存款、碳资管、碳托管、碳融资、碳基金、碳期货、碳期权、碳信托、碳债券、碳远期、碳保理、碳保险、碳质押、碳回购等。他们反而是对碳排放量数据的精确度与可靠性，以及碳数据盘查的企业级、省市级、国家级的科学测量测算方法想要一探究竟；而且对碳排放量的资产化，以及碳定价与信用机制的发展是否存在某种统一的权威标准较为感兴趣。毕竟，相关数据测算是否能够长时间保持精确一致，会严重影响上层碳金融系统的稳定性。对于任何锚定碳定价产品的虚拟资产来说，其科学测量方法确实可能会随着测量仪器的更替，或者对大气认知科学的更新而发生变化。但是到目前为止，由《京都议定书》确定的 6 种温室气体已有近 30 年的历史，人类所确定的 1 万亿吨总碳排放量峰值也没有改变。在全球碳排放总额固定的前提下，各国每年释放给市场的量逐步减少，而全球任何一个经济活动基本都需要消耗碳排放额度，于是碳排放额度就开始像经济世界里的一种货币，其天然具有全球流通的属性，且影响力巨大，具备在其上面构筑金融系统、发展金融产品的可能性。

另外，需要声明的是，整套碳金融系统和基础设施的建设并不是临时工程，在人类实现"2050 碳中和"或者我国"3060 双碳目标"达成后，碳金融体系将继续服务人类经济社会,以确保人类生活在一个净零碳的环境里。

## 三、"双碳"经济体系的科学方法与市场发展趋势

### (一)碳科学与政治背景

无论是从科学还是政治的角度出发,全球变暖都是自冷战之后全球最受瞩目的议题。起初是在欧盟的促进下,联合国组织相关专家进行研究,只为阐明一个问题:全球变暖到底是不是人类活动造成的。由此,全体人类进行了史无前例的多国协商与博弈,并取得了一定成果。联合国相关部门为进一步研究解决全球变暖的路径,发布了《IPCC全球升温1.5℃特别报告》,为碳达峰和碳中和提供了科学的数据支撑,全球主要经济体也在此背景下构建起全球碳交易体系。

能源是人类进步的物质基础。从最早的钻木取火,到煤炭的广泛利用,再到当下的石油时代,以及未来有望替代石油的天然气和各种新能源,人类经济的发展史实际上就是一部能源发展史。但全球变暖这一议题,似乎就要打破人类固有的发展路径。目前认为,人类活动"很可能"是导致气候变暖的主要原因,大量的能源物质被利用后,即使部分二氧化碳已在自然界的碳循环中被吸收,但自工业革命起,大气中的二氧化碳浓度还是由280ppm上升到了411ppm,最终使全球变暖,影响了地球生态系统。基于此,联合国开始控制碳排放总量,以避免全球进一步变暖。

温室气体的共同点在于它们能够吸收红外线。由于太阳辐射以可见光居多,这些可见光能够直接穿透大气层,到达并加热地面。加热后的地面会放射红外线以释放热量,但这些红外线不能穿透大气层,因此热量就保留在地面附近的大气中,从而造成温室效应。其实,水蒸气是最主要的温室气体,但与二氧化碳不同,水蒸气可以凝结成水,大气中的水蒸气含量基本稳定,不会出现如其他温室气体的累积现象,所以现在讨论温室气体

时并不考虑水蒸气。近年来大气中温室气体的浓度急剧上升，燃烧化石燃料会使二氧化碳的含量增加，饲养牲畜的粪便发酵、污水泄漏及稻田粪肥发酵等活动会产生大量甲烷气体，还有许多人类合成的、自然界原本不存在的气体，如氟里昂。

《IPCC 全球升温 1.5℃ 特别报告》提出如下建议：到 2030 年，全球二氧化碳排放量需要比 2010 年的水平下降约 45%，到 2050 年左右达到"净零"排放。我国及各主要经济体也纷纷宣布各自的碳达峰及碳中和计划，自下而上推出了包括碳交易在内的一系列措施。但截至目前，各国碳交易体系的搭建都还处在初始阶段。最终，未来各国的碳交易体系能否衔接成一个全球体系，像全球外汇交易体系或其他大宗商品交易体系一样运行，尚难以预估。

碳交易是 1997 年《京都议定书》为促进全球减少温室气体排放，采用市场机制，自下而上建立的以《联合国气候变化框架公约》为依据的温室气体排放权（减排量）交易。二氧化碳（$CO_2$）、甲烷（$CH_4$）、一氧化二氮（$N_2O$）、氢氟碳化物（$HFC_s$）、全氟碳化物（$PFC_s$）及六氟化硫（$SF_6$）为公约纳入的 6 种要求减排的温室气体，其中后 3 类气体造成温室效应的能力比二氧化碳强万倍，但对全球升温的贡献百分比来说，二氧化碳的含量较多，所占的比例也最大，约为 25%，所以温室气体交易往往以每吨二氧化碳当量（$tCO_2e$）为计量单位。

为进一步了解碳交易的政治由来，首先得介绍 IPCC。该机构于 1988 年成立，下设有三个工作组，分别对气候系统与气候变化的科学问题、气候变化的影响与适应气候变化的方法以及减缓气候变化的可能性三方面进行评估，每一份评估报告都需要经历五年左右的起草、编纂与审议周期。IPCC 可以说是科学研究创造经济价值的典范，它用数据证明是人类经济活动导致了全球气候变暖。IPCC 在首份评估报告中明确指出，人类需要马上控制温室气体的排放，否则到 21 世纪末，全球平均温度将较工业革命前水平高出 4℃。在第二次报告中，IPCC 指出二氧化碳排放是人为导致气候变化的最重要因素。在第三次报告中，IPCC 提出进一步的量化证据，表明温度上升主要归因于人类活动，由人类活动引起气候变化的可能性为 66%。

在第四次报告中 IPCC 指出，全球平均地面温度升高非常可能是由于人为排放的温室气体浓度增加导致的，可能性达到 90%。第五次报告指出，人类活动"极有可能"（95% 以上可能性）导致了 20 世纪 50 年代以来的大部分（50% 以上）全球地表平均气温升高。

历次 IPCC 报告也直接成就了全球气候谈判的里程碑。1990 年第一次评估报告，推动了 1992 年《联合国气候变化框架公约》（以下简称《公约》）的签署；1995 年第二次评估报告，推动了 1997 年的《公约》第三次缔约方会议（COP3），会上通过了《京都议定书》；2001 年第三次评估报告，推动了《京都议定书》的生效和执行；2007 年第四次评估报告，推动《公约》缔约方在印度尼西亚巴厘岛通过了名为"巴厘路线图"的决议；2014 年第五次评估报告，推动了 2015 年《巴黎协定》的签署；2018 年《全球升温 1.5℃ 特别报告》鼓励全球社会向 1.5℃ 的目标迈进，而不是 2℃。这 0.5℃ 可以说是生态环境的生死线，每一点额外的升温都会产生重大的影响，比 1.5℃ 更高的升温会增加一些长期的或不可逆转的全球环境变化风险。将全球变暖限制在 1.5℃ 而不是 2℃，有助于促进人类社会实现公平的可持续发展。与温升 2℃ 相比，如果将全球平均温升幅度控制在 1.5℃ 以内，全球海平面上升幅度将减少 10cm，夏季北冰洋没有海冰的可能性将从十年一次降低为百年一次，珊瑚礁消失的比例从大于 99% 降低至 70%~90%。控温在 1.5℃ 之内的路径目标指出，全球应在土地、能源、工业、建筑、交通、城市等各方面进行快速而深远的转型，到 2030 年全球二氧化碳排放量应比 2010 年下降约 45%，到 2050 年达到"净零"排放。

回过头来看，从 1992 年《联合国气候变化框架公约》签署以来，欧盟都是谈判的主要推动方。在较早的阶段，各国在气候变化问题上想要推动"自上而下"式的全球气候治理模式，但在 1995—2005 年围绕《京都议定书》的谈判期间，美国反对单方面的减排义务安排，选择退出。《京都议定书》生效的前提之一是全部签署方的碳排放量需要超过《公约》缔约方附件一名单中 55% 的排放量。在 2001 年，时任美国总统的小布什以"发展中国家不承担义务"为由，宣布退出《京都议定书》，成为唯一一个没有签署《京都议定书》的工业化国家。最终在欧盟的努力下，俄罗斯于

2004年签署了《京都议定书》,使其得以生效。

而后,各国在2007—2009年开启了双轨制谈判机制,制定了"巴厘路线图",并对发展中国家也提出了减排要求。最终在2015年,达成了适用于所有缔约方的《巴黎协定》,主要由中国和美国一起牵头推动,采用"自下而上"的模式,即各经济体自主制定碳减排计划。最终,《巴黎协定》确定了长远目标,但这项协定对各国并无强制约束力;确立的"自下而上"式的减排模式,同意各国自主推动减排安排,约定每5年检视减排成绩,然后通过再谈判的方式向未达成目标的国家施压。

在此背景下,欧盟、中国、美国等纷纷制定了相应的目标。根据欧盟官网信息,欧盟对于2030年的目标是温室气体排放较1990年下降40%,可再生能源占比达到32%以上,能源效率改善率达到32.5%,并且在2050年前努力实现整个欧盟净零排放目标。

2020年9月,在第75届联合国大会上,中国向国际社会作出承诺:到2030年前,力争二氧化碳排放达到峰值,到2060年前力争实现碳中和。2021年4月,拜登政府承诺,到2030年美国温室气体排放量将较2005年的水平减少50%~52%,到2035年通过向可再生能源过渡实现无碳发电,到2050年实现碳中和。

## (二) 碳盘查测量与核算

碳盘查标准是确保碳排放数据准确可靠的依据,也是"双碳"经济能够继续构筑,使其体系得以完整的保障。目前践行的碳市场交易行为中,企业实际碳排放量的计量、确定以及排放指标的落实和管理,执行的是"报告—核查"制度,即企业自主上报,政府主管部门采购第三方机构的服务,对企业上报的数据进行核查,最终确定排放量。根据最新的规定,未来将初步转化为"报告—抽查"制度,即企业上报碳排放数据且对数据的准确性负责,环保监察大队对企业填报数据进行抽查。

国内碳交易领域采用的碳排放核算标准是各行业的温室气体排放核算方法与报告指南,虽然目前是由国家生态环境部主导碳交易,但是电力行业以外的核算规则仍主要沿用国家发展和改革委员会制定的核算方法与报告指南。如果是碳交易试点地区，则用本地区的核算指南。

在碳测量与报告层面，核算依据涉及统计制度、国家标准、会计制度和各种各样的政策法规，允许多套核算规则并行使用，但是过多的核算规则可能导致核算边界不一致、数据来源不统一等问题。这意味着企业可以在不伪造、不篡改原始数据的前提下，灵活变通地运用各种核算规则，实现对数据的操纵。各企业的碳会计方法必须合乎标准化原则，碳审计方法也应由具有专业资质的第三方机构进行。但是在第三方机构对数据的核查层面，因为倾向于使用认证认可领域"仅对送检样品负责"的商业模式，导致第三方机构不对核查结果承担实质上的责任，在核查实践中"形式重于实质"。总之，企业的碳排放量在一定程度上是可以进行"合规化改造"的，类似会计领域的"做帐"或"交易规划"。企业的"碳资产管理"，实质上是对数据和信息的管理，与企业的温室气体排放量没有直接的、必然的联系。这就要求国家必须采用普遍可信、可追溯、防篡改、隐私安全的新数据基础设施，这也是数字经济建设的通用性问题及面临的迫切挑战。

2006年，IPCC指南给出了温室气体排放源的部门和类别，包括能源、工业过程和产品使用、农业林业和其他土地利用、废弃物，共四个部门。每个部门下又包含若干个子类别，如能源部门包括燃料燃烧和燃料的逃逸排放两个子类；工业过程和产品使用部门包括采矿业、化学工业、金属工业、电子工业、其他生产、碳卤化合物和六氟化硫生产、碳卤化合物和六氟化硫的消费等；农业、林业和其他土地利用部门包括畜牧、土地、土地上累积源等；废弃物部门包括固体废弃物填埋处理、生物处理、焚烧和露天燃烧、废水处理等。在明确了"双碳"的"碳"所涵盖的气体和主要排放源（IPCC的部门和类别）之后，如何量化测算碳排放就成为实现碳达峰、碳中和的关键。量化"双碳"的"碳"，在国家、省、企业等不同层面上的方法是不一样的，所考虑的范围和关注的重点也有差异。

国家层面碳排放的计算是按照1999年《联合国气候变化框架公约》有关会议的决议，缔约方应利用《1996年IPCC国家温室气体清单指南（修订版）》，对温室气体的排放源和汇进行计算，以温室气体全球增温潜势（Global Warming Potential，GWP）来衡量各国温室气体总排放量。2013年，联合国第 9 次气候变化峰会要求缔约方使用《2006 年 IPCC 国家温室气体清单指南》，并鼓励使用 IPCC 第四次评估报告提出的温室气体 100 年全球增温潜势衡量总排放量。《2006 年 IPCC 国家温室气体清单指南》涵盖了人为"碳"排放的主要源，并充分考虑了部门之间的交叉、重复，给出了解决跨部门的交叉、重复的计算和报告方法，以避免重复计算和漏算。目前最新的国家温室气体清单指南是 IPCC 组织全球科学家对 2006 年指南进行修订和完善后的《2019 年精细化 2006 年 IPCC 国家温室气体清单指南》。

各省级层面碳排放的计算则遵照国家发展和改革委员会于 2010 年组织有关部门和研究单位以 IPCC 清单指南基础，编制的《省级温室气体排放清单编制指南（试行）》，该指南被广泛地应用于省级和地方层面温室气体清单的计算，为地方制定温室气体控制方案和达峰路径设计提供了技术支持。在省级清单编制过程中，电力行业的碳排放是最主要的排放源，其计量方法和设备也最为成熟。考虑电力生产和消费存在区域性的差异，基于区域间公平的思考，省级清单指南中特别增加了与电力调入调出有关的二氧化碳排放量的计算方法。

根据中国碳排放数据库（CEADs）2018 年的数据，全国各省（市、自治区）具有差异显著的碳排放空间分布，也就是说各地碳减排的成本具有显著的不同。

总量差异：河北、山东、江苏、内蒙古、广东排名前五，排放总量全部超过 5 亿吨，产业结构偏重、能源结构偏煤，为域外提供大量高载能产品；福建省全国排名第 16，排放总量为 2.61 亿吨，低于全国平均水平。

强度差异：全国碳排放强度为 1152 千克/万元，宁夏、内蒙古、山西、新疆、河北排名居前五位，北京、上海、广东、浙江、福建居后五位；福建排名居倒数第 5，强度为 676 千克/万元，为全国均值的 58.7%。强度越低的地区碳减排成本相对更高。

压力差异：河北、内蒙古、山东等总量、强度双高的省份，控碳工作压力大；北京、上海、福建等总量、强度双低的省份，控碳工作压力较小；江苏、广东、浙江等总量高、强度低的省份，由于排放体量大，控碳工作同样面临挑战。

对于企业层面的碳排放计算，过去在 CDM 机制的资金支持下，国家发展和改革委员会在 2013—2015 年先后分三批编制公布了针对 24 个行业的企业温室气体排放核算方法与报告指南，为开展企业层面温室气体核算提供技术支持。2015 年，国家标准化管理委员会发布了《工业企业温室气体排放核算和报告通则》，涉及发电、钢铁、民航、化工等 10 个重点行业的企业温室气体排放核算和报告要求的国家标准，并于 2016 年 6 月 1 日起实施，为解决各行业温室气体核算标准不统一提供了帮助。随着 2021 年全国碳市场的正式启动，企业层面的碳排放量化方法的标准化工作突显其重要性，亟需开发服务于碳市场的碳排放核算方法和报告指南，以及基于互联网数字化思路的新平台、新设施。

### （三）碳经济的市场发展

过去的新型冠状病毒感染疫情考验了全球各区域碳定价机制的韧性。疫情的蔓延不可避免地导致了社会经济活动的减少，致使一些现存碳排放交易体系的碳价再次下滑，已不足以支撑《巴黎协定》应对全球碳减排计划的储备金计划。由于疫情的缘故，一些司法管辖区推迟了碳定价工具强制计划和履约承诺；应对气候变化的重要国际会议如第 26 届缔约方会议和一些航空、海事会议已经被推迟，导致国际碳交易与市场规则方面的讨论与决定暂时搁浅。此外，航空产业公司开始质疑在疫情影响下是否还应承担与以往相同的国际航空碳补偿和减排计划（CORSIA）下的抵消义务，国际碳信用额度需求由此变得更加不确定。

尽管社会与经济形势动荡，很多司法管辖区与私营部门仍在加快展开气候行动。为加强气候承诺，各国正在扩大现有碳定价机制的覆盖范围，更多产业被纳入碳价体系。碳价体系的进入门槛也有所降低，从而使更多企业被纳入监管范围。为实现净零排放，很多司法管辖区都加强采用信用机制和结果导向的气候融资（Results Based Climate Finance，RBCF）。另外，为了进一步防止碳泄露，碳边界或称碳关税这一议题在欧洲重新被提上日程，各国很可能因此受到激励，更加积极主动地实施碳定价机制。

当前全球已有 61 项碳定价机制正在实施或计划实施中，其中 31 项关于碳排放交易体系，30项关于碳税，共计涉及120亿吨二氧化碳，约占全球温室气体排放量的22%。尽管碳价在许多司法管辖区不断提高，但仍远远低于实现《巴黎协定》目标所需水平。据碳价格高级别委员会估计，若想以高成本效益方式减少碳排放，碳均价在2020年前至少需达到40～80美元/吨二氧化碳，2030年前达到50～100美元/吨。然而，当前碳定价机制所覆盖的温室气体排放量中，只有不到5%的价格达到这个范围，约一半的排放量价格低于10美元/吨。据国际货币基金组织（IMF）估算，目前全球平均碳价格仅为2美元/吨。总体来说，目前的碳价还是太低了。

碳定价是指对温室气体排放以每吨二氧化碳当量为单位给予明确定价的机制，包括碳税、碳市场交易体系、碳信用机制和基于结果的气候金融。其中，碳税和碳市场交易体系是指明确规定碳价格的各类税费，或者对交易排放配额进行定价。不同于碳市场交易体系下的减排是出于强制义务，碳信用机制是额外于常规情景、自愿进行减排的企业可交易的排放单位。基于结果的气候金融，是气候金融的一种形式，投资方会在受资方完成项目开展前约定的气候目标时进行付款。非履约类自愿型碳信用采购是基于结果的气候金融的一种具体实施形式。内部碳定价则是企业在自我内部政策分析中为温室气体排放赋予财务价值，以促使供应链将气候因素纳入决策考量。

尽管面临一系列国际冲突的挑战以及能源价格的波动，对于2021—2022年来说，全球主要排放交易体系的碳交易价格相比2019—2020年急剧飙升。欧盟碳配额在2021年结束前突破了80欧元/吨，超过2020年底同期价格的两倍。全新的英国排放交易体系启动，英国的配额价格甚至超过欧盟配额。北美的两个市场西部气候倡议（WCI）和区域温室气体减排行动（RGGI），配额价格在2021年内上涨了70%。欧洲是全球交易体量最大的碳市场，2021年价格的飙升源自各国投资方对欧洲减缓气候变化的雄心。更严格的气候政策刺激了市场对配额的需求，导致供不应求，从而带来价格上涨。此外，天然气价格上涨导致电力市场更青睐煤电，煤电需求的上涨致使企业对碳配额的需求上涨。

我国碳排放交易体系于2021年7月开始全国上线交易。由于大多数纳管企业仍处于市场摸索期，和其他成熟碳市场相比，我国碳市场的流动性和价格都有很大增长空间。但不可否认的是，受我国碳市场开市交易的鼓舞，世界所有碳市场的配额价格在2021年下半年都出现了大幅上涨，其中韩国和英国配额价格上涨70%，北美的RGGI、欧盟碳市场和新西兰碳市场的配额价格涨幅在45%~55%。

令人振奋的是，各大市场配额价格飙升的同时，成交量也有一定程度增长，全球2021年碳市场成交总额刷新历史记录，达到前所未有的7600亿欧元。和2020年同期相比，交易总额增长2890亿欧元，增长了164%。不出几年，碳金融产业有望成为远超石油产业数倍以上的新蓝海。

我国的全国性碳交易体系已经落地。参考欧盟碳交易体系的发展轨迹，我国碳交易体系的搭建也是分阶段推进的：先是免费派发碳排放配额，搭建起交易体系；然后逐步对碳排放配额进行有偿拍卖，推进碳交易体系的进一步成熟，包括碳排放额度的定价以及金融衍生品等相关业务的发展，搭建起完整的金融生态；最后尝试衔接全球的碳交易市场，完成碳金融市场的全球整合。

最后，我们需要阐释一下碳交易与碳金融的区别。碳交易是一种系统性平台，碳金融则是一种新的金融生态。考虑到碳排放额度的货币属性，以及未来市场主体之间的交易规模将存在较大差异，碳交易系统的建设可以参考大宗商品交易或者外汇交易系统的发展路径，即先构建交易体系，之后发展交易生态，让自营商和经纪商自然分层，利用自营商和经纪商的零售及批发网络，将需求链条和供应链条持续延长，通过满足不同层级及不同规模企业的交易需求，以构建最活跃的交易体系，在最大程度上保证相关资源的利用效率。在碳交易系统的基础上，碳金融生态的建设可能需要重视资本市场的设计及衔接，如此才能鼓励一定的冒险精神，以促进专业性的进一步提升，通过推进能源科技的持续进步，实现人类社会长期可持续的发展。例如，以国家核证自愿减排量（Chinese Certified Emission Reduction, CCER）为切入口构建资本市场，激励能源科技的持续发展及突破。

大宗商品交易或者外汇交易体系是以场外市场为主的，交易门槛高，与当下的碳交易市场类似。商业银行作为此交易网络的主要支柱，替代了传统交易所的角色。在金融生态初始阶段，交易通道可分为两种，一种是自营商之间的，另一种是自营商和顾客之间的。这类似于碳交易体系初始的阶段，大型发电企业可以被视为自营商，相关的上游及下游企业可以被视为顾客。在此阶段下，需求及供应链条有限，交易次数有限，交易不活跃，容易导致碳排放额度的闲置，限制了相关资源的利用效率。在后期，随着金融生态的繁荣以及信息科技的进步，以上两种交易通道又被进一步划分，自营商和经纪商开始分层，主经纪营销商开始出现，同时大型自营商和大型经纪商开始构建自己的批发及零售网络，进一步容纳交易需求，持续提升金融市场的活跃程度，最终提升相关资源的利用效率。

碳交易市场的发展可以参考这一路径。各类企业在进行经济活动的过程中，碳消耗的差异较大，对应的碳排放交易规模也必然较大，所以碳交易市场必然需要分层，而且很有可能会分出很多层。这就会导致一个问题，一个交易所能不能满足所有类别企业的交易需求？很显然，答案应该是否定的。所以，碳交易体系可以培养多层级的交易主体，使自营商和经纪商同时存在，让自营商和经纪商自然分层，利用自营商和经纪商的批发及零售网络，将需求链条和供应链条持续延长，满足不同层级及不同规模企业的交易需求，在最大程度上提升交易的活跃程度，保证相关资源的利用效率，构建最活跃的交易体系。

除了碳交易体系的功能设计，还需要重视资本市场的设计及衔接，以构建完整的生态。单单只是交易体系，或只能支撑传统行业的发展，还不足以支撑精细化和专业化的发展。整个人类社会需要的不仅仅只是碳交易，更加重要的是能源科技的发展，而能源科技的发展必然会涉及一定的风险和投机，需要更加精细化、专业化的服务。所以，我们可能还需要设计一个资本市场，以保证高端能源科技的发展，鼓励一定的冒险精神，培育专业性更强的买方、卖方及中介等市场参与方。传统的金融市场有两个层级，分别是以商业银行为核心的货币市场和以证券公司为核心的资本市场，其中银行业是基础，风险偏好低，捍卫着国家经济以及金融系统的稳定，而非银行业可以被认为是上层建筑，构建了资本市场，整体风险偏好较高，专业方向更加细化,是金融服务分工进一步细化的产物。

目前,我国碳交易体系的主体是大型电力企业,保证了基础能源体系的稳定。但随着生态建设的逐步推进,自营商和经纪商逐步分层,或者说基础体系中的中介机构开始成长,可能包括部分大型电力企业孵化的专业性子公司,也可能包括独立成长的能源技术公司。这些公司会以逐利为目的,开始寻求更具有专业性的突破,寻找或者开发更有潜力的能源技术,以获取碳交易市场的正反馈和正激励,最终实现人类社会长期可持续的发展。

所以,"双碳"经济生态最终需要推进碳金融资本市场的建设,鼓励能源科技的发展。除了目前由政府派发的碳排放额度以及国家核证自愿减排量以外,我们还可用互联网思维构建上层碳资本市场,激励相关的买方、卖方及中介等市场参与方,鼓励一定的冒险精神,最终实现能源科技的持续发展及突破。

## 四、元宇宙与"双碳"经济的概念融合及金融科技创新

在信息化社会中,数据已经是至关重要的生产资料和生产要素。2022年4月29日,中共中央政治局就依法规范和引导我国资本健康发展进行第三十八次集体学习,其后各种类别与形态的金融资本也被确立为社会主义市场经济的重要生产要素。数据与资本通过金融科技手段的融合,将会创造出生产力发展的新路径,能够深化成为数字经济发展的新动能。

本质上,数据与资本都需要在信息系统或人类社会中流通,才能发挥其价值并产生能量。依托元宇宙或其他互联网技术,数据与资本能够通过虚实融合成为数字资产,为金融系统领域内的征信授信、股权期货、风险管理、投资融资、对冲交易、虚拟货币等金融手段或工具创造新的消费级产品。

类比回顾 Web 2.0 时代,支付宝系统可以作为金融科技消费级产品的代表,其主要解决了线上消费的支付保障性与银行结算的跨平台通用性问

题。若以目前互联网金融科技新发展的角度观察，线上消费以及电商平台消费属于对第三方可见的公开交易行为，并且平台只能由生态方独立建设，用户仅能在商品交易环节参与，不能够满足 Web 3.0 时代共享、隐私、共建的新功能需求。元宇宙作为 Web 3.0 时代的具象化实施，应该让每位用户或企业实体能够具有隐私确权和生成数字资产的能力，并且通过共建可信执行环境和平台，赋能征信授信等金融过程以更加普惠便捷、公平透明、权威灵活的属性，从而加速资本流通，促进资产利用，活跃市场生产，以跨时空地域的方式共享数字资产的金融增值机遇。

Web 2.0 时代的在线支付工具，如支付宝等，促进了货币的虚拟化进程，加速了线上业务的流通；Web 3.0 时代的区块链以及资产数字化技术，将会促进资本的科学健康发展，加速线上线下虚实融合。通过建立公平、可信、隐私、健全的征信授信互链网（区块链的网状互联），积极挖掘资产的投融资属性，赋能生产类企业安全灵活的风险管理与对冲机制。

具体举例来讲，在元宇宙与双碳经济的融合应用市场中，某地林业局每天新增 5 亩绿色商业林地，从木材生产角度分析，其在 10 年后可将新增林地用于建材加工；从碳汇角度分析，可将新增林地作为负碳资产用于上海环境能源交易所的碳排放权交易；从金融科技角度分析，可将新增林地确权为数字资产，通过链上征信授信，在元宇宙中以隐私计算的方式自动演算其时空增值属性，以三维沉浸式虚拟现实技术进行数字资产的可视化展示，从而打包成数字合约的方式用于企业的信贷融资与风险对冲。

通过以上数字资产参与碳金融的合约交易过程可以发现，资产数字化的本质作用是将 Web 2.0 时代难以流通的固态资产，如林业用地，封装为金融合约，并以期货的方式参与资本行为。通常来讲，期货交易的实物商品是大宗消费品，具备投机性的价格发现能力。通过建立对企业单元或普惠个体的新综合征信授信机制，数字资产的元宇宙合约将具有科学与权威属性，其资本发展将更具价值导向，而非投机杠杆操作。

与数字孪生技术不同，在元宇宙中，虚拟的数字资产将具备自我推演的能力，无法实现价值增长的资产合约将会被放弃；创新型的高风险资产合约，通过元宇宙人工智能学习将会被准确授信，其他行业通过对其合约的联邦学习，了解其对于本行业的投资价值，可在元宇宙互链网上进行投资共建，并保障共享其后续发展的红利。由此可见，金融科技的元宇宙技术创新，能够实现虚拟智慧对现实社会的生产力指导，不仅可以引导资本健康发展，还能够促使社会生产资料朝向开拓创新的路线汇聚，促进金融领域科学征信授信机制的综合建设。

元宇宙技术符合 Web 3.0 共享、隐私、共建的特点，是未来 IT 业演进的趋势，能够消除当前各个互联网生态圈之间的壁垒，符合解放社会生产力的发展需求。元宇宙建设中包含了可支撑高流通性的可信执行环境（Trusted Execution Environment，TEE），再增叠数字新基建所建设的绿色征信授信基础平台作为信贷交易通道，能够实现健康引导和促进资本发展分布式金融（DeFi）、游戏化金融（GameFi）与非同质化代币（NFT）数字资产产业的目的。元宇宙系统通过沉浸式三维图像技术，呈现数字资产与其演化增值的逼真前景；通过隐私化的共识机制，追溯数字资产的交易、授信、质押以及信贷等操作，被认为有望解决区块链金融科技技术因为没有关联实际抵押品，难以落地场景化应用的难题，从而将区块链金融产品从目前价格炒作的泥潭中拉出，真正达成以区块链技术赋能资本进入金融科技领域健康发展的初衷。

为了在国家政策法规层面上，解除元宇宙"双碳"金融科技创新类产品的研发顾虑，首先需要重点申明的是区块链技术结合认许制，能够满足金融监管工作的实际需求。以比特币为例，公链上的虚拟货币产品因存在极大的债券类炒作风险，因此面临各国法规的限制。但是，目前区块链技术的发展已经可以结合认许制或其他方式来管控和选择交易节点，通过协议决定让哪些节点参与链上交易验证，以及存取所有的区块资料，并提供治理架构（Governance Structure）和商业逻辑（Business Logic）两大关键特性。当前区块链技术可以分为非实名制和实名制两种，前者如比特币区块链应用，后者如国家发行的数字货币，其账户必然是实名制的，交易可追溯，属于半私密性账本，只有政府机关才有权查阅。如今区块链技术结合认许制，能够为金融监管所需的反洗钱（AML）与身份验证（KYC）规范提供科技工具，因此银行和金融机构普遍倾向采用实名制的区块链产品。

虚拟货币只是区块链技术 1.0 时期的产品，区块链技术 2.0 时期开始出现如智慧资产（Smart Assets）、智慧契约（Smart Contracts）等货币以外的业务拓展协议与产品应用，区块链技术 3.0 则是发展与 NFT 资产和元宇宙系统相结合的、在更复杂的智慧契约架构之上的衍生类产品，并将区块链用于政府、金融、医疗、科学、文化与艺术等领域，促进 IT 技术的场景化落地。

从技术上讲，区块链 2.0 已经可以传递股票、债券等货币以外的数字资产，而被称为区块链 2.5 的技术应用，则可实现诸如货币桥、分布式账本、分布式存储、数据层区块链以及结合了人工智能自治系统的无交易所的国际汇款网络。区块链 3.0 则是以以太坊 2.0 产业架构为代表，实现 NFT 的铸造并开启了元宇宙应用的时代。区块链 2.5 与区块链 3.0 最大的区别在于，3.0 时期侧重于强调研发更为现实、复杂的智慧契约，以促进场景化落地，2.5 时期则仅注重于代币的扩容需求与网络化（货币桥），发展可用于金融领域的联盟制区块链，运行诸如 1∶1 美元、日元、欧元等的货币数字化应用。由于区块链协议甚至项目几乎都是开源的，要取得一个区块链产品的原始代码并不是问题，重点在于选择可靠的区块链服务供应商，协助导入现有的系统，共建上层金融服务类产品。银行或金融机构研究员需对区块链及 Web 3.0 技术有一定的知识储备，才能知道如何选择并将其应用于适合的业务发展情境。金融科技（Fintech）的链上网络化技术刚吹进亚洲，几个月后，一股更强劲的区块链加元宇宙技术的应用落地风潮也开始引爆。当前，全球金融产业可以说是展现了前所未有的决心，试图让区块链技术成为各界迅速参与金融科技创新的关键领域。

为了在体系内设计实际关联抵押品，赋能基于区块链技术的金融科技类产品成功落地场景化应用，"双碳"经济项目目标研发元宇宙级征信授信平台（元宇宙 DApp，去中心化应用程序），拟应用于符合 Web 3.0 生态的碳金融场景。元宇宙 DApp 平台能够帮助融资企业将其碳汇资产数字化上链，生成实际信贷抵押品，以元宇宙内人工智能演算的沉浸式场景，促进终端数字资产的基金化销售；以银行为主体运行隐私区块链，发行锚定碳交易均价的系统稳定币，从而达到扩容流通性、控制资本风险、反哺

"双碳"绿色生态的目的。

具体来讲,对于实业生产、碳金融与数字资产的融合型产品,本文通过提供以下案例,以期获得一定的产品设计启发。

随着页岩油开采市场在美国的兴起,一些新近开发的、比较偏远的产区,其输气管网线路难以在第一时间搭建完善,所开采的石油能够以卡车或者铁路运输,而伴生的页岩气则只能就地烧掉。2017年之后,随着页岩油的产量爆炸式增长,其伴生气产量也跟着水涨船高,从美国德克萨斯州米德兰市、北卡罗来纳州和南卡罗来纳州到加拿大艾伯塔省卡尔加里,沿着整条落基山脉,部分管道已经搭建完备,燃除(Flaring)也已被立法严格控制,伴生气可在井口被分类处理,去除水分、硫化物等再重新注入井下。但是,这样复杂的操作目前还处在试验阶段,面临着经济利用率低下的难题,其主要意义在于保持井下压力并探索二次开采(Produce Gas EOR)。二次开采一口井需要汇集并注入很多口井产生的伴生气,这种注入控制难以持续操作,一般是注入一段时间,停一段时间,再开采一段时间。各井口产生的伴生气需要处理、分离、汇总,再重新加压注入。相同的操作在阿拉斯加半岛的常规井中已有广泛的应用,但也存在经济成本过高的问题,这对于成本本就更高的页岩油开采来说,就更难以推广了。

为了解决偏远地区页岩伴生气运不出来,燃除又会造成严重环境污染的问题(如冰川融化、温室气体排放等),来自美国芝加哥的EZ区块链公司(EZ Blockchain)提供了旨在降低井口燃气与碳排放的智能电网系统(EZ Smartgrid Flaring Mitigation System)。目前,EZ区块链公司已与韦斯科石油天然气勘探公司(Wesco Operating Inc.)合作,将开采页岩油产生的伴生气过滤之后直接用于井口发电,使其日燃气量减少为零,发电价约为3美分/千瓦时,且所有发电不用外送,而是就地进行虚拟货币铸造,相当于以虚拟资产的碳足迹(Carbon Footprint)换取现实世界的碳排放权。

EZ区块链公司的碳汇手段是将井口伴生气铸造为虚拟货币,其在中国现行法规的监管下不具有实际应用的可能性。但是,随着区块链技术3.0时代的到来,通过与元宇宙系统应用的结合,其他非发电的碳汇手段也可以通过数字化技术上载至区块链,从而赋予其碳权与金融属性,进行智慧合约的拆分与重组，并利用信贷工具发展区块链上的质押业务。例如，对于传统天然气管网系统的地下碳储实施、林业牧场的经济木材草场等负碳资产、智慧农业所畜养的农牧渔业等碳汇手段，都可借助元宇宙 3D 采样建模技术与人工智能演算系统，动态模拟其未来经济增长状况，授信其区块链智慧合约，创造新的交易价值，并达到"双碳"发展目标。

## 五、国内外元宇宙数字碳市场与"双碳"科技应用实例

元宇宙技术起源于区块链社区，因此元宇宙的发展愿景不会仅局限于实现计算科学领域的"可自我演进数智孪生系统"，而是从其诞生起就自带了强烈的金融属性，再辅以新媒体、在线支付、社交网络与游戏产业的热捧，陆续推出了增强用户新体感、新身份、新经验的终端设备与运营平台，为元宇宙加持了虚拟现实、互动娱乐、电子商城等入口级应用，吸引了巨量新用户与新资本，使元宇宙金融基础设施与产品应用有了生长的土壤。

虽然元宇宙金融与区块链金融在理念与技术上一脉相承，都具有 Web 3.0 时代的共享、隐私、共建特性，都建立在具有共识机制、隐私计算等能力的基础区块链结算网络之上，但是它们的远期发展目标在本质上是不尽相同的。与区块链去中心化金融（DeFi）、非同质化代币（NFT）以及去中心化交易所（DEX）等赛道发展自动化做市商（AMM），不断刺激虚拟公链上的流动性目标不同，元宇宙应发挥其数字孪生以及人工智能系统优势，应用"预言机"平台等技术，更好地建立传统中心化金融（CeFi）与去中心化金融（DeFi）之间的桥梁传动功能（Transition Bridge），促进如银行信贷、零售消费、生产制造、能源交通、农林水产、数字政务、供应链管理、新医疗教育、碳中和市场等线上线下虚实融合的金融级元宇宙的应用发展，做到以数字技术的发展激励经济体的运行。

《巴黎协定》是 2015 年 12 月在巴黎气候变化大会上通过，2016 年 4 月在纽约签署的气候变化协定，该协定为 2020 年后全球共同应对气候变化

行动列出了总路线图。中国作为第 23 个缔约国，由全国人民代表大会常务委员会在 2016 年 9 月批准加入。美国在特朗普总统时期于 2017 年 6 月宣布退出《巴黎协定》，2020 年 11 月正式退出，又在拜登总统上台后于 2021 年 2 月宣布重返。

从本质上看，《巴黎协定》之所以要针对全球碳排放问题，是因为能源匮乏的欧洲希望借此对全球能源产业的输送链进行一次彻底重塑。美国在特朗普总统时期拒绝与欧洲在环境问题上合作，但随着拜登的登台执政，美国政府要继续执行"重返欧洲"战略，其产业资本瞬间发力，加大对清洁能源技术的投资。2021 年短短一年时间，美国的全球清洁能源专利数就超过了欧洲，其中不乏应用区块链技术的碳金融专利。

目前，欧洲在清洁技术及绿色产业的投资方面落后于中国，美国拜登政府也宣布了一项新计划，在 4 年内花费 2 万亿美元大幅扩大清洁能源的使用，规模达到了欧盟清洁政策的 2 倍有余。未来的清洁能源、零碳制造等具体行业标准，必会被用来作为人为制造全球贸易壁垒的工具。如果届时来自中国的货物不被认定为清洁能源所生产，则可能被施以无端禁令。因此，现在突破相关碳金融操盘技术，对未来掌握平等话语权至关重要。

美国麻省理工学院利用其综合全球系统模型（IGSM）预测了 2030—2100 年全球气温升高的结果，得出的结论是各国完全履行《巴黎协定》的承诺，可使全球温度下降约 0.6~1.1℃，能够达到《巴黎协定》所制定的"上升远低于 1.5℃"的目标。2016 年 11 月，联合国环境计划署在《自然·气候变化》杂志上刊发的一项研究表明，若主要工业化国家都没有履行在《巴黎协定》中的承诺，则与工业化前水平相比，全球温度可能提升 4~5℃，就算通过地球气候系统的自我强化反馈，该阈值也会明显高于 2℃。2018 年在《自然·气候变化》杂志上发表的另一项研究指出，即使处在 1.5℃ 的变暖水平，预计印度、南亚和东南亚的高河流域水量也会明显增加，南美洲、中非、西欧以及美国密西西比地区都会显著增加洪水风险。

美国宇航局科学家、气候变化问题专家詹姆斯·汉森（James Hansen）表示，《巴黎协定》可能沦为一场"只有承诺没有行动"的欺诈行为，并认为只有全面征收二氧化碳排放税，才能迫使全球碳排放量迅速下降。目前并没有任何约束性的执法机制来测量和控制从工厂到消费的任何级别的二氧化碳排放量，也没有建立任何具体的惩罚等级或财政压力，以阻止非绿色产业的继续扩张。但是可以预见，强制措施的制定可能导致许多国家效仿美国退出《巴黎协定》，采用绿色区块链技术的激励机制，结合碳金融科技的产品交易，也许才是市场化控制全球碳排放量的可行性措施。

在2021年4月22日"世界地球日"当天，美国举办了首次全球领导人气候峰会，以视频方式邀请了40位世界各国领导人参加为期两天的会议议程，基本相当于宣布了美国现政府与特朗普时代将采取不同的执政理念，认同了清洁能源将主导未来世界能源格局的主基调。

能源是现代工业社会的基础，美元的全球霸权也正是锚定于20世纪主流的石油能源体系而建立的。如果随着碳定价、碳金融新体系的建立，能源的使用和交易方式将发生根本性变革，更多的新能源成为市场主流，美元的霸权地位无疑将受到挑战，而替代者很有可能就是锚定碳权的数字货币。碳排放权本身由《巴黎协定》背书，是经过全世界170多个主权国家签字认可的可衡量能源资产。2021年11月3日，在英国格拉斯哥举行的《公约》第26次缔约方大会上（COP26），来自45个主要国家的450多家金融公司承诺，将其管理下的130万亿美元资产用于实现《巴黎协定》气候变化目标，其作用无异于为全球碳权贸易建立了备用金储备池。COP26会议还涉及了诸多碳减排的具体细节，试图确定不同国家的碳排放额度，以及这些额度怎么监测、怎么核算、怎么交易等。2022年11月的《公约》第27次缔约方大会（COP27）在埃及红海的沙姆沙伊赫（Sharm El Sheikh）举办，大会继续推动全球气候谈判，并新建了多项新的气候投融资基金。

最后，本节将分别从两个角度具体举例说明元宇宙"双碳"经济在欧美的前沿实践，即实业投资方向与虚拟交易方向。实业投资方向主要是为了促进清洁技术与环保材料的利用，元宇宙"双碳"经济的产品旨在为此提供投资监管、绿色征信、融资信贷与奖惩机制；虚拟交易方向主要是为了建立可信、灵活的全球碳交易市场，元宇宙"双碳"经济的产品旨在为此提供信息系统、计算技术、金融工具与谈判平台。

第一，实业投资方向。《巴黎协定》签署之后，挪威开始了对本国建筑、工程和施工行业（AEC）相关清洁技术与环保材料的大规模投资，试图以智慧、高效利用能源的新工程模式，建设净零排放的城市新建筑群。传统建筑行业使用钢铁、水泥等高耗能材料，以及高燃油重工机械，其碳排放量占到了世界温室气体总排放量的39%。挪威作为碳汇资源丰富的大陆国家，国内拥有数家高科技环保建筑材料制造企业，其各市政部门又是本国最大的基建项目客户，拥有了为建筑行业的可持续发展融合定制碳排放标准的条件与话语权。因此，挪威公务部门自2017年起针对进入本国市场的开发商、合同方以及供应方，出台了一系列绿色环保建筑新要求，并以高风险代价扩大投资了众多国内低碳技术公司，其中还包括了很多人工智能、物联网移动通信、区块链计算技术的信息类科技公司，以赋能建设更多资源可高效利用、过程可智能管理的数字化建筑。

具体来讲，挪威政府重点投资的低碳经济领域有以下三个方面。

碳捕获、利用与封存（CCUS）。本质上来讲，CCUS技术不能消除碳排放，而是捕获工业生产中排放的二氧化碳，将之封存或提纯再利用等。油气生产商、炼铝厂、水泥制造商等重污染企业，必然无法依靠自身能源回收水平达到零碳目标，因此不得不高度依赖CCUS技术。尽管全球工业企业每年二氧化碳使用需求只有2.3亿吨，远低于全球碳排放总量的76亿吨，"碳存储即服务"仍然是一个非常稚嫩的市场。国际能源署的分析师在2021年2月的报告中指出："在推进净零排放的过程中，不能因为CCUS现存经济利用、消费模型的不理想就不予采用。CCUS还有很大降低成本以及工业应用的空间，过去全球风能和太阳能的利用经验已经可以证明CCUS市场化运营的可能性。"

挪威政府在其国内全产业链投资推动了名为"Longship"的CCUS项目，主要涵盖三个子项目，即投资给诺西姆（Norcem）建筑商与奥斯陆能源供应商（Fortum Varme）的两个碳捕获项目，以及投资给"北极光"（Northern Lights）计划的二氧化碳运输及封存项目。"北极光"计划是挪威国家石油公司（Equinor）、壳牌（Shell）与道达尔（Total）共同推出的欧洲二氧化碳运输及封存的基建路线图,挪威政府为其设计了信贷奖励等激励政策。诺西姆项目则由挪威政府全面投资,建设了位于布雷维克(Brevik)港口的水泥制造工厂所附属的碳捕获工厂,每年可捕获水泥制造相关的40万吨二氧化碳排放,相当于20万辆燃油车一年的总排放量。仅水泥工业一项就占了全球5%~7%的二氧化碳总排放量,而诺西姆在布雷维克的水泥厂是世界上第一个配备碳捕获工厂的企业。奥斯陆能源供应商的碳捕捉项目旨在建立"废物能源"工厂,以生物能技术处理不可再循环废物(WtE)。未来,挪威将联合芬兰的富腾公司,预计在欧洲建立450个WtE工厂,每个工厂每年能够从大气二氧化碳循环中抽取掉20万吨的排放量。

低碳建筑材料。作为地广人稀的挪威,本来是不需要建设任何高层建筑的,但为了展示革命性的低碳建筑材料,挪威政府出资建设了世界上第一座也是最高的木制大厦,其位于只有1万人的布鲁蒙达尔(Brumunddal)小镇,距首都奥斯陆仅2小时车程。该大厦被命名为米约萨塔(Mjøstårnet),位于米约萨湖畔,有18层85.4米高,仅比纽约自由女神像矮7.6米。全楼所使用的钢结构只存在于各层顶梁,且只在大厦地基、第一层地板以及最高层封顶处使用了混凝土,该种混凝土也采用了和奥斯陆加勒穆恩机场(Gardermoen)北桥一样的以废物代替部分水泥的可循环混凝土,其表面纳米级孔洞可吸收过滤空气中的污染物。米约萨塔的剩余部分均采用本地云杉供应商(Moelven Limtre)制造的纯木建材,将工业及运输的碳成本降到了最低。具体所采用的低碳纯木建材被称为"层板胶合木"(Glulam),具有抗震、抗极端天气,甚至媲美混凝土的防火消防性能,同时还具有低碳美观、净化空气、有益居者身心健康的功能。全球钢铁及混凝土制造业排出了近1/6的温室气体,而层板胶合木材料只需要同等钢铁材料1/12的制造能耗,且是100%可回收资源,等同于将自然界树木固碳的成果直接拿来使用,无需人类再额外付出成本进行碳捕获了。此外,由于创新地使用了"预制处理+模块化"(Prefabricated)的建筑过程,米约萨塔的建设工地也做到了零碳排放,即所有材料均在能源效率更高的制造工厂完成,工地现场只负责吊装,且所有材料均进行链上数字化管理。未来将采用元宇宙方式,呈现"纯木"材料的溯源及维护过程,以证明低碳建筑材料的可持续性。

净零重工及负碳建筑。除了以上针对工厂制造环节的碳捕获以及针对低碳新材料的源头性清洁技术研究，确保工地现场及日后运营的过程性净零排放管理也是至关重要的。研究表明，奥斯陆作为挪威首都，城市发展迅速，各种工程现场的碳排放量占了城市每日总"正碳"增长的1/5。目前，奥斯陆市政府要求合同开发商使用纯电的重工机械作业，也投资了如纳斯塔（NASTA）、诺贝通（NorBetong）等纯电重工车辆及装备生产商，挪威的主要房地产开放商维得克（Veidekke）和NCC也已能够实现全工程非化石能作业。奥斯陆市政府原本计划2030年完成全城非化石能建设，目前来看，该目标可提前至2025年完成，向世界展示了一个城市如何在减排的同时积极发展建设。此外，奥斯陆市政府与卡腾达（Catenda）公司合作构建了基于BimSync云端的元宇宙信息系统，在建筑完工前能够促进各建设参与方交流合作，进行物流管理与进度监控；在建筑完成后可以连接楼体的新能源数字系统，以保障整栋楼在日常运行时的"负碳"特性，即整座大楼消耗的能源总量小于其新能源的发电总量。

第二，虚拟交易方向。渣打银行大中华及北亚地区可持续金融主管黄翠芝表示，渣打银行将大力支持《巴黎协定》和有关金融科技的创新工作，集团行政总裁温拓思目前担任国际金融协会（IIF）管辖之下的"扩大化自愿性碳交易市场工作组"（Taskforce for Scaling Voluntary Carbon Markets）的主席职务，因此渣打将全力配合提升其银行科技创新力量，以解决全球碳金融的流通性问题。2022年4月，新加坡华侨银行（OCBC）宣布联合绿色元宇宙金融交易公司（MVGX），投资研发绿色金融新解决方案，以帮助跨国大型企业加速实现碳中和目标。MVGX的创建者白波在2022年华尔街绿色峰会（Wall Street Green Summit）上详细阐述了其区块链代币化碳信用额度应用程序（APP）平台帮助跨国企业抵消碳排放足迹的解决方案，并宣称OCBC与MVGX的联合元宇宙碳交易平台将在2022年底上线运营。

MVGX的碳中和代币被称为"CNTs"，由第三方的独立审计机构对其所投资的绿色产业进行资产评估，以确定代币锚定价格。例如，MVGX在2021年11月的COP26会议前，曾试验性地发行了5000枚CNTs，其价格锚定了我国张家口的外资合营风能项目，并通过该项目确定了 CNTs 的代币单价。之后，MVGX 将全部的 5000 枚 CNTs 都卖给了一家香港私募股权基金，不仅迅速收回了自己在该风能项目上的投资，还使该风能项目可被合约化为国际 ESG 基金产品，即将环境责任（Environmental）、社会回馈（Social）、公司人性化管理（Governance）三项指标纳入投资分析，以获得长期稳定的超额收益，其初衷是防止公司财务欺诈导致的股市"黑天鹅"事件。由于我国是最大的碳权需求市场，这一有关我国风能企业的 ESG 基金产品，一经推出就吸引了广大亚太地区机构投资者的注意。

在数字科技创新上，CNTs 是基于 MVGX 的专利技术——非同质化数字孪生（NFDT）而创建的。NFDT 技术来自 ERC–1155 协议，相较普通的基于 ERC–721 协议的 NFT 技术，NFDT 技术有了性能和可编程容量上的提升，并同样采取区块链分布式记账的方式，具有可验证、防篡改的特性，能够对所锚定低碳项目进行实时跟踪与更新。

对于企业来说，生产或购买碳信用额度的治理方式显然比强制征收碳排放税要温和、灵活得多。特别是对于二氧化碳的重排放企业，如运输、钢铁、能源等，可以在碳信用额度价格较低时集中储备。OCBC 预计到 2030 年，世界碳信用额度的需求将增长 15 倍，其全球对公业务部主管伊莱恩·拉姆（Elaine Lam）评论说："基于联合国政府间气候变化专门委员会发布的 2022 年报告，全球大型企业通过减少温室气体排放，努力达成低碳目标的紧迫性正在增加。我们希望通过提供代币化的碳信用融资解决方案来帮助企业履行承诺，并致力于扩大私有化市场融资在缓解气候变化方面的影响力。"

到 2021 年底，OCBC 已经针对可持续低碳经济领域实现扩大信贷规模 247 亿美元，预计远远超过其开始制定的到 2025 年低碳经济信贷规模达 250 亿美元的发展目标。因此，OCBC 已经宣布了其支持低碳经济的新目标：到 2050 年，信贷规模达到 500 亿美元。

科技创新案例二：

# 商业银行数据要素价值发掘与探究

中国建设银行　田国立

党的十九届四中全会首次将数据增列为新的生产要素，五中全会再次确立了数据要素的市场地位，为实现数据要素自身生产价值、发挥对其他要素效率的倍增作用、促进数字经济健康稳定发展奠定了政策基石。在数字经济背景下，建设银行顺应新时代新发展理念要求，以服务人民和经济社会发展为目标，以数据为关键生产要素，以科技为核心生产工具，以平台生态为主要生产方式，积极开展数字化经营和新金融实践，发掘数据要素生产价值，探索适应数字经济时代的数字化转型可行路径。

## 一、数据要素生产价值发掘实践

商业银行天生与数据打交道，但过去主要是记录业务过程和统计经营成果。数据作为一种新型生产要素，其作用在银行业务领域不断被发现、证实和运用，持续推动银行业务运行逻辑、经营模式、管理方式等的优化和变革。

实施金融科技战略，打造数据基础设施。"工欲善其事，必先利其器。"数据的采集、整合、存储、计算、传输、展示等都离不开IT系统的支持。建设银行较早意识到信息系统基础工程在未来银行发展过程中的重要性，2010年及时启动了全行信息系统重构的颠覆性工程——新一代核心系统建设，为数字化转型奠定了牢固基础。新一代核心系统建设统一了全行数据理念,构建了完整的数据逻辑模型,制定了8万余项数据规范,集成了海量行内外入仓数据,联通了100多个应用组件,承载了大规模企业级数据分析应用。在此基础上,建设银行又深化金融科技战略(TOP+),促进人工智能、云计算、区块链、物联网等前沿技术快速应用,敏捷赋能业务创新发展。

改变信贷传统打法,普惠金融超常发展。商业银行信贷融资业务过去主要依靠客户经理调查企业,依靠财务报表评判信用,依靠刚性规则筛选客户。在数字经济时代,继续沿用这些传统信贷业务手段打法推进普惠金融业务,势必面临客户难选、风险难控、工作量大等困难。为此,建设银行运用互联网思维和大数据技术,针对小微企业客户的不同经营特点,量身定制系列化信贷产品。例如,基于客户税务数据,开发与税收相关的信贷产品;利用银行代发工资记录,推出与薪金相关的信贷产品;依据出口退税数据,优化贸易融资信贷产品;依托内外部数据整合,实现了小微企业信贷业务线上自动化审批、智能化风控。建设银行依靠这些基于数据分类定制、精准投放的做法,探索破解普惠金融世界性难题,普惠金融业务连年跨越式增长,并于2020年3月成为全国首家普惠型小微企业贷款余额突破万亿元的商业银行,极大地支持了实体经济发展,实现了银企双赢。

融合行内外数据,精准定位目标客户。国有大型商业银行在发展金融业务的同时,始终承担着一份社会责任。精准扶贫是国家战略,建设银行为了把金融精准扶贫工作做到家,通过匹配客户与建档立卡人员身份证号码、客户工作单位信息、企业地理位置信息等,锁定身边的金融扶贫企业名单,及时将商机信息传递至就近的客户经理,主动宣传、介绍信贷政策和金融扶贫产品。此外,为更好地服务"三农",建设银行还参考人民银行和银保监会口径,充分挖掘内外部数据资源,运用大数据分析手段洞察和识别农民客群特点,聚焦农民金融需求痛点,为农民设计专属金融产品,为农民提供贴心金融服务。

量化违约预警分析,优化风险收益策略。守住不发生系统性风险的底线,是国有大型商业银行的责任和担当。建设银行普惠金融业务之所以能驶上快车道,一个重要因素是得益于风险管控水平的提高。过去,小企业风险预警模型主要采用专家判断法，不仅预警发生率高，而且无效预警多，客户经理天天听到"狼来了"，小企业风险管理成本高、效率低。现在，建设银行通过对历史违约数据和旧模型预警指标进行检验分析，改进了风险预警模型，并发现了高相关性的新预警指标组合，进一步优化了风险预警模型。新的模型投入生产后，显著降低了预警发生率，提高了预警准确率。个人快贷与小微快贷是建设银行落实普惠金融战略的重要产品。为支持实体经济发展，从2018年8月开始，建设银行持续大幅下调小微快贷利率，使小微快贷利率低于个人快贷利率，导致线上办理的个人快贷与小微快贷出现相互套利现象。为此，建设银行通过大数据分析，建立检测套利行为的监测体系，对相关风险做到早发现、早应对、早处置。

深入开展数据治理，破解数据安全之困。数据要素在价值实现的同时，面临的安全问题越来越突出，面对的个人信息保护法规也日趋严格。建设银行始终坚持数据应用和数据安全"两手抓，两手硬"。一方面，利用云技术、加密算法、数据脱敏、安全客户端等手段，防止数据泄露、篡改、损毁和滥用；另一方面，通过数据安全审计强化事后监督。此外，建设银行还引入联邦机器学习（Federated Machine Learning）技术，实现不同机构在数据不迁移的前提下，进行跨机构数据使用和机器学习建模，参与机构均在建模过程中贡献自己独有的特征变量，模型效果全面优于建设银行单边模型。为了进一步构建数据安全管理长效机制，建设银行针对数据应用安全面临的新挑战，对标国内外监管要求和领先实践，找出差距与问题，建立企业级数据安全管理框架，探索制定个人隐私数据安全应用保护策略和保护标准，逐步在个人敏感隐私数据等领域细化和落实数据安全管理要求，最终形成企业级数据安全管理机制。

## 二、数据对其他生产要素的作用探究

数据是人类进入信息时代后爆炸式增长的资源，在生产领域中，它从微不足道变得举足轻重，成为数字经济的关键生产要素。与其他生产要素相比，数据要素具有非实体、可复制、无限供给、边际成本小、能重复使用等特点。数据要素的作用及其发挥作用的方式也与众不同，它只有在使用过程中才能体现价值，睡眠状态的数据没有价值；其价值往往通过与其他生产要素共同作用而体现，且作用前后自身不变，犹如化学反应中的催化剂。

数据的可量化特质引导其他生产要素精准发力。生产要素要获得良好的投入产出效果，必须把握好要素投入时机、场合、数量和节奏，正如精准发力需要计算力的作用点、力的大小和方向一样。为了改变过去的经营管理多凭经验进行决策和判断，建设银行积极推进金融科技战略和数据中台建设，努力实现业务数字化和数字业务化，使银行经营管理的决策依据、实施流程、结果均可量化，各种营销策略、管理标准、风控规则、解决方案等变得可计算、可优化，甚至可通过求极值、数学规划、层次分析法等得到最佳解，助力银行的经营数字化、管理精细化、决策定量化。

数据的标准化特征实现各个生产要素相互融合。正如原子聚合可以释放原子核能量，生产要素融合能够释放要素潜在价值。但物以类聚，融合需要彼此是相同体系、相同标准及相同规格。当一切皆以数据表达后，客观世界的物体有了数字孪生符号。万物皆以数联，数据将银行不同业务条线的客户、不同的产品和服务相互联结起来，产生许多新的业务机会。数据还可将银行客户、产品和服务与银行外部客户、场景和生态联结起来，创造更多商机。数据也使同一要素之间的联结更加通畅、更加紧密、更加多元。例如，社交软件拉近了用户彼此之间的距离。近年来，建设银行积极利用大数据技术，识别客户信息，梳理个人与个人、公司与公司、个人与公司之间的复杂、多类型关系，推动内外部更好地连接、赋能和服务。

数据的易传输特性提升其他生产要素作用效率。数据的空间大跨度传输能力明显高于物体传输。资本、知识、信息等通过数据媒介进行传递，给投资、经营、生活等活动加入了助推器，大大提高了全要素生产率。有了数据传输，物理空间被极度压缩形成降维，决策所需要的各类信息迅速汇集，使决策者可以"运筹帷幄之中，决胜千里之外"。为提高数据传输和共享效率，建设银行配合政府部门建设"互联网+不动产抵押登记"平台，通过与各地不动产登记和交易中心系统直连，进行数据信息的共享交互，实现了不动产抵押登记与抵押授信业务一站式全流程网上办理、实时信息查询和实时监测预警。不动产抵押登记流程数字化改造后，政府部门减轻了窗口服务压力，商业银行降低了业务风险和综合成本，客户节省了办事时间，实现了数据多跑路、客户少跑腿的目的。

数据的可复制特点减少其他生产要素投入开支。数据可以无损耗、无差别、无限制地循环使用，这种同一资源无限供给的特点，使数据要素及其相关生产要素的应用边际成本大幅削减，对生产要素使用者的知识、资本、技术、劳动要求也显著降低。成功的经验可以被快速复制推广，省去相似研发的劳动力、资本、技术、时间等投入。利用数据可复制的特点，建设银行提炼在某个经营单位表现良好的数据分析模型、产品和服务、营销案例等，通过简单参数化改造，使成果得到快速复制转化，大大减少了其他经营单位的研发测试成本。

## 三、数字化转型可行路径探索

未来已来，商业银行数字化转型已刻不容缓。在跨界竞争将成为常态、金融交易将演变成一种非专业廉价服务、客户需求发生重大变化的背景下，商业银行需要积极建设生态、搭建场景、发现触点，主动连接和服务客户。面对新形势，建设银行从自身实际出发，对数字化转型路径进行了探索和实践。

筑牢数字化基础——深埋"数"根。数字化转型既需要理念上的更新，也需要技术上的准备和队伍上的储备。数字化大楼要建得高，数字化基础就要挖得深、筑得宽。数字化基础的牢固与否决定了银行在数字化道路上能走多远、走多久、走多快。为此，建设银行首先确立了金融科技重大战略，完成了金融科技顶层规划设计；建立了全新的企业级技术架构，从银行整体价值链视角，重构业务模型、数据模型、产品模型与用户体验模型，搭建了平台化、组件化、参数化、云化的基础架构体系，打通了业务全流程，实现了快速创新和敏捷交付；在同业中率先组建了专门的大数据分析中心和数字化工厂，形成以"战机群"为中心的一体化数字化经营团队，启动了大规模的数字化人才培养计划。

强化大中台体系——壮大"数"干。传统金融机构的前、后台连接不紧密，后台对前台的支持、联动、整合不足；业务条线多，部门合作少，相同、相近业务过程复用共享少；数字化条件下部门共性职能尚未有效归并，交叉部位内耗大。这与数字经济时代对金融的要求相去甚远。针对上述问题，建设银行加快搭建包括业务中台、数据中台和技术中台在内的大中台体系。提炼账户、支付、推送等可复用共享的业务能力，形成可快捷调取的通用服务模块，支持前台高效获客和敏捷创新；构建数据智能中枢和全域数据供应网，强化数据获取、集成整合、挖掘分析、即时赋能等核心功能；对应用研发、交付、运行技术按照平台化、组件化设计，以云服务为主要交付方式，实现人工智能、物联网等先进技术能力的敏捷供给和快速应用；用大中台体系支撑前台数字化运营，服务后台精细化管理。

布局场景化服务——伸展"数"枝。数字经济时代客户希望不用跑银行就能办理金融业务。因此，银行服务必须要前移，前端与客户接触部分要保持黏性和良好连接，贴近客户生产、生活场景并获客、活客、留客。数据研究表明，便捷和安全的服务是客户最愿意买单的服务；经济活动价值链中，与最终客户直接关联的环节往往是利润率最高的环节。建设银行打造并率先推出了手机银行相关功能，持续研究客户旅程规律，不断完善手机银行服务，把服务送到客户身边。为振兴乡村业务，下沉服务重心，建设银行加快推动"裕农通·村村通"乡村全覆盖专项工作。在不具备传统物理网点建设条件的县域乡镇、农村等地区，以与第三方合作为主，利用其在上述地区的自有渠道，为周边农村客户提供现金取款、转账汇款、代理缴费等金融服务及合作为非金融服务的综合性普惠服务。目前，建设银行"裕农通"服务点已达到57万个，把金融服务送到了农民家门口。

搭建要素汇聚平台——张开"数"叶。叶是树与外界交换物质与能量的平台。数字经济的重要特点是互联、共享、跨界。商业银行从传统商业模式走向平台生态系统已是一种趋势。平台连接供给和需求，汇集信息和数据，构成了内涵丰富的"产业+金融"生态。为此，银行要重新设计价值链，向非金融领域反渗透，用数据连接金融产品和非金融产品，为客户提供综合化、场景化的服务。银行要将商业模式从以交易为基础转化成以服务为基础。作为最重要的金融中介机构，数字经济时代的商业银行要继承和发扬汇聚资源的传统，搭建生产要素汇聚平台，提供特定客群完整生态环境，与平台各参与方合作共赢。例如，为解决百姓住房困难，建设银行开发了"CCB建融家园"住房租赁平台，连接住房租赁市场相关各方，既租房又存房，既办理融资又提供缴费、资讯等服务，形成一个完整的住房租赁生态。目前平台实名注册用户超过2400万，覆盖94%地级以上城市，为住房供需双方提供了各种长租解决方案。

数字经济时代，金融领域成了各路先进生产力代表跨界逐鹿的中原。百年未有之大变局下，商业银行的经营环境、服务对象、技术手段等均已沧桑巨变，数字化转型已经成为商业银行迈向新时代的必由之路。商业银行数据资源宝藏中蕴含着巨大生产潜力，管好、用好这一资源事关转型成败。建设银行的数字化实践开启了自身发展的第二条曲线，但一切都只是刚刚起步，未来要走的路还很长。我们愿同金融各界一道，紧跟时代步伐，积极探索，不断实践，去发现更多的数据要素价值和潜力。

科技创新案例三：

# 数字化经营大潮下如何纵深推进金融科技发展

中国建设银行　金磐石

站在"两个一百年"奋斗目标的历史交汇点上，百年变局与新冠肺炎疫情影响交织叠加，科技自立自强不再是"附加题"，而是关乎银行自身生存和长远发展的"必选题"，是推动金融科技高质量发展的重要途径，也是把握发展主动权、打造未来竞争新优势的战略选择。

在这样的背景下，《中国建设银行金融科技战略规划（2021—2025年）》（以下简称《规划》，即"TOP+2.0"战略规划，"T"指核心技术，"O"指能力开放，"P"指平台生态、"+"指体制机制）正式发布。《金融时报》记者近日采访了建行首席信息官金磐石，了解到建行"TOP+2.0"战略规划的最新动向。

"我们明确'金融科技的领跑者、自主创新的国家队、新金融生态的开拓者'三个战略定位，进一步增强自身科技能力，以此推进金融科技战略纵深发展，践行'人民至上'的新金融行动，纾解社会痛点难点，服务国家建设、服务实体经济、服务社会民生，为促进共同富裕提供有力支撑，助力开启全面建设社会主义现代化国家新征程。"金磐石解释道。

## 一、在实施"TOP+2.0"战略规划时期，建行将在金融科技布局上形成优势

建行坚持一张蓝图绘到底，纵深推进金融科技战略，围绕"TOP+深

化"这个主题,推出"TOP+2.0",继续沿用"TOP+"表述并拓展相应的内涵和外延。

首先,核心技术形成新优势。未来,建行要从科技驱动转向驱动与引领并重,坚持科技驱动金融创新,在发挥科技作为"发动机"驱动引擎作用的同时,着力打造科技的"方向盘"作用;从技术和数据双要素拓展为技术中台和数据中台,持续沉淀企业级复用共享的技术能力和数据能力;从初步布局到提升战力,形成一批业内领先的人工智能自主算法,打造业内一流的领域化智能研发工具链;内涵和外延进一步拓展至5G、量子信息、卫星遥感、工业互联网等技术领域;从单项技术到多项技术融合,强调多学科交叉融合和多技术领域集成创新。

其次,能力开放呈现新格局。未来,建行要强调从业务开放拓展为业务和技术生态全面开放。在业务开放方面,要从单向开放到双向开放,加大与外部生态合作;从线上开放到全渠道开放,实现与网点周边商户、用户的广泛链接;从开放服务到"物"的银行,开放金融服务拓展到"物";从开放金融服务到业务外包,支持云生产;在数据安全合规的前提下,新增开放数据产品服务;加强联邦学习等技术应用,在保护数据安全和用户隐私的前提下,支持广泛的跨法人数据共享应用。在技术生态开放方面,要从封闭到构建众研生态、"建行云"的全面生态开放,聚拢外部大中小科技企业技术力量,增强整体科研供给能力,构建共建共创共享的产业生态发展新格局。

再次,平台生态创造新价值。在解决生态平台建设"从无到有"问题后,未来建行要强调"从有到优"的过程,从初步布局到追求精品,纵深推进生态平台建设,围绕高频生活场景深化客户端核心生态应用,围绕企业全生命周期经营需求建立企业端综合高效的普惠服务能力,围绕智慧生态体系持续推进智慧政务等政府端生态场景建设;从单一平台到融合的生态体系,打通生态平台之间、生态平台与金融服务之间的用户、权益、营销体系,广泛连接全域用户,实现跨生态高效协同,形成生态融合创新的溢出效应;从平台建设到建设运营并重,强调推动生态平台从"建"到"用",推进研发运营一体化模式,打造一批月活用户数市场领先的App,

在运营中贴源发掘客户的场景化需求。

最后，体制机制焕发新活力。建行将更加强调创新，优化创新能力布局，加强科技人才库和领军人才建设；更加强调集团一体化协同机制的深化；更加强调促进业务与技术、数据的深度融合；更加强调平台运营的组织保障能力，以提升生态平台的敏捷响应能力。

## 二、面对日趋激烈的竞争，建行将打造金融科技品牌，推动金融科技高质量发展

一方面，规划明确提出夯实先进、可信、普惠的新金融数字基础设施，打造多元融合、服务丰富、生态开放的"建行云"的目标，首次提出将"建行云"打造成为用户首选的金融业云服务品牌。

要做到这一点，要高质量建设布局合理、高速连接、绿色节能的四大金融级数据中心集群，配套建立高速、安全的金融专网和适应万物互联、海量接入的物联专网，形成高效敏捷的科技供给能力底层基础支撑；要高质量打造随需随用的基础设施云服务能力，加强多地域、多功能区、多技术栈的云基础设施融合管理，持续提升针对不同客群量身定制的基础设施服务敏捷交付能力；要高质量打造共享敏捷协同的技术中台、数据中台和业务中台服务能力，推动中台服务的产品化、精品化，实现端到端的敏捷供给和共享使用；要高质量打造建行"云+"生态，将"建行云"的成果推广成行业标准，引入合作伙伴，通过运营持续完善生态，构建新型"云+"生态体系，稳步提高生态赋能水平；要高质量打造金融级云安全品牌，在更多领域推进分布式架构转型和软硬件国产化替代，打造一流的智能运维体系，强化"建行云"的适配能力和应用效率，形成自主、安全、多元的技术特征。

另一方面，建行将持续升级具有"管理智能化（Intelligent）、产品定制化（Customized）、经营协同化（Collaborated）、渠道无界化（Boundless）"四大特征的"I-CCB"（我的建行）服务品牌。

建行将以管理智能化夯实智能集约的集团运营服务能力,深化精准、穿透、前瞻、智能的集团风险合规管理能力,提升精细化的资源配置管理能力,强化便捷高效的员工服务能力;以产品定制化强化以"用户+"为中心的全域用户经营能力,提升集团产品统筹管理和协同能力;以经营协同化完善集团一体化统筹协同能力,建立企业级研发运营一体化敏捷协同能力,构建科技供给侧培育研发能力的创新生态;以渠道无界化增强互联互通的全渠道协同服务能力,加强金融生态融合创新能力,持续深化客户端、企业端和政府端生态建设和场景应用。

## 三、针对《规划》提出的三个战略定位,建行将采取措施全面实现高水平科技自立自强

首先,要坚持价值创造,融入蓝色血脉,争做金融科技的领跑者。为此,建行未来要致力于打造一流的技术和产品,形成企业级复用共享的技术中台和数据中台,拥有一流的研发实验室,拥有一流的技术供给能力、产品化能力,拥有一流的高质量专利和标准;要致力于打造一流的数据中心;要致力于打造一流的用户体验;要致力于打造一流的集团一体化综合服务,打通产品创新、渠道协同、客户共享、智能运营、风险防控等能力的集团内循环;要致力于打造一流的体制机制和人才队伍,打造"国内最佳、国际一流"的最具价值创造力的银行。

其次,要坚持自主创新,传承红色基因,彰显国家队的使命担当。未来,建行要致力于关键核心技术的研究和试点应用,逐步化解基础设施等关键领域"卡脖子"风险,推动行业信创应用和金融信创生态建设;要致力于国家关键核心技术在金融行业的推广。例如,开展卫星通信、导航和遥感技术应用研究,参与构建工业互联网二级节点,推进量子计算研究等;要致力于数字政府、数字经济、数字社会建设的赋能,助力政府数字化转型;要致力于金融安全防护体系建设,构建企业级网络与信息安全防护体系,服务国家网络安全治理现代化,助力实现行业风险联防联控;要致力

于参与国家与行业标准的制定,催生发展新动能。

最后,要坚持系统观念,贯彻绿色开放,勇当新金融生态的开拓者。未来,建行要致力于新金融生态的融合发展,构筑互联互通新金融生态,以开放促融合,以融合促发展,助力新金融拓维升级;要致力于研运一体化服务模式探索,先行先试场景生态研运一体化建设,提升生态平台"中心化+属地化"运营能力;要致力于科技联盟生态的合作,构建科技研发供应链,增强整体科技研发供给能力,全面实现科技自立自强,科技全面赋能新金融高质量发展。

**科技创新案例四：**

# 金融科技支持绿色金融发展研究

中国建设银行研究院研究员　边　鹏

发展绿色金融已成为我国金融业的共识，金融科技在绿色金融中的作用也逐渐得到业内关注。2021年1月中国环境与发展国际合作委员会与联合国、世界野生动物基金会、德国联邦等机构举行了一场会议，专题研讨金融科技支持生态环境保护。2021年5月6日国际清算银行牵头举办G20 TechSprint活动，主题为"技术支持绿色和可持续金融发展"。如何善用金融科技加快推动绿色金融发展，已经成为一个世界性的议题，本文尝试通过金融科技解决绿色金融的痛点。

## 一、当前绿色金融的痛点

### （一）金融机构的激励机制不健全

在国际上，有人将绿色金融等作为金融机构的受托责任（Fiduciary Duty）[1]，而在实际操作中，金融机构以往并没有将绿色金融内化为内部责任的机制，如果无法将这种责任量化耦合到业务经营中，将很难对金融机构行为产生实质性的影响。在激励机制上，金融机构推动金融科技支持环境保护存在现实障碍，这个障碍是由于环境保护对金融机构具有负的内部

---

[1] Laura Brenden. Understanding Fiduciary Duty and ESG Investing. 2021-01-13. http：//www.the-impactivate.com.

性，通过机构自身考核激励机制不容易实现。例如，银行信贷员熟悉发放化石能源类建设贷款，但对于新能源类相关贷款不熟悉，容易产生畏难情绪，影响绿色金融业务的开展。

### （二）绿色金融标准化程度不高，影响最佳实践的推广

普华永道和世界自然基金会[①]认为对绿色金融的评估工具欠缺标准化，制约监管当局制定相应政策，延缓金融机构以绿色金融为目标改善经营活动。标准化需要解决的内容主要包括三个方面：一是环境保护为人类提供的福祉货币化问题，生物多样性涵盖了海洋、森林、湿地、野生动植物等不同类别的系统，建立一套像温室气体排放核算一样的量化标准是主要挑战之一，这些生态功能如果不能"货币化"，就无法和传统的财务和金融分析模型耦合，影响决策制定。二是环境监测技术整合不够，无法获得充分的客观数据，特别是缺乏与金融业信息系统的整合，生物多样性相关的数据（比如森林覆盖率、水资源利用情况、自然资源分布等）依赖于生态监测技术，而生态监测的数据分散于不同的公共部门；尽管有不少社会组织已经开发了相关工具，比如生物多样性和生态系统服务政府间科学平台（IPBE）、全球森林观察（Global Forest Watch），但这些工具还要通过与金融机构面对现实市场环境融合和重新建模后才能使用。三是主观上企业信息披露不充分，企业可能不愿意披露，也可能不知道该如何披露，因为没有一套像财务会计准则那样的标准，虽然国际财务报告准则理事会（IFRS）已经启动了可持续报告准则[②]，世界自然基金会也正在全球倡导建立"自然相关财务信息披露工作组（TNFD）"，但是这些都还有待进一步推广。这种披露不充分就导致市场无法高效运行，无法恰当估算风险价格。

---

① 普华永道，世界自然基金会. 保护大自然，不容有失——生物多样性：金融风险管理中的下一个前沿领域，2019.

② IFRS. IFRS Foundation Trustees announce strategic direction and further steps based on feedback to sustainability reporting consultation，2021-03-08.

### (三) 金融对企业绿色化改造的支持能力有待提升①

我国十分重视企业的绿色化改造工作。据不完全统计,"十三五"期间,国务院及国家部委出台了十余份鼓励引导绿色化改造的政策文件。但是,制造业企业在环保减排等升级改造过程中,依然经常会遇到各种障碍,金融无法介入,导致改造进度慢、改造效果不理想。例如,民营制造业企业的生产设备如果是进口成套设备,那么这些设备很多是自备绿色化改造接口和软件的,但是,其绿色化改造价格被国外厂商控制,成本往往超出中小企业承受能力,再加上企业的改造周期长、影响产能、失败概率高等因素,导致金融机构介入绿色化改造过程的风险居高不下。金融机构担心"洗绿"(Greenwashing)② 隐患的存在,这里的"洗绿"是指企业伪装成"环境之友",试图掩盖对社会和环境的破坏,以此保全和扩大自己的市场或影响力,这个概念在2010年正式被《牛津英语词典》收录。因为民营中小企业往往存在信用不足、违约成本低的问题,不排除一些企业以骗取绿色金融贷款为目的,将自身包装成环境友好型企业,提供虚假数据和信息,这就增加了金融机构的绿色金融贷款风险,即便数量不多,也足以使金融业形成"不敢贷"的局面。

### (四) 绿色金融交易市场不活跃

活跃的金融市场需要建立在二级市场流动性充足基础之上,充足的流动性能分散市场中已有的风险,并且充分发挥市场定价机制,有利于促进实体经济健康发展。当前,我国绿色金融市场交易不活跃,碳市场和绿色债券市场流动性较差,市场参与度不高,价格处于低位徘徊,不利于发挥市场机制促进绿色金融发展。一方面原因是没有形成做市文化,二级市场持续定价能力较弱,绿色债券交易不活跃。另一方面,做市商不活跃也跟清算效率低、信息技术应用不足、自身宣传等因素有关。

---

① 夏睿瞳. 我国商业银行发展绿色金融业务的困境与策略 [D]. 中国建设银行研究院,2021.
② Sebastiao Vieira de Freitas Netto, et al. Concepts and form of greenwashing: a systematic review [J]. Environmental Sciences Europe,2020 (32): 19.

## 二、我国具备金融科技支持绿色金融发展的优势

### （一）自上而下高度重视

2020年9月22日，习近平总书记在第七十五届联合国大会一般性辩论上正式宣布中国将力争2030年前实现碳达峰、2060年前实现碳中和。2021年3月15日，中央财经委员会第九次会议将碳达峰碳中和纳入生态文明建设总体布局。2021年4月15日，中国人民银行行长易纲在"绿色金融与气候政策"高级别研讨会上表示人民银行高度重视绿色金融，绿色金融可以发挥"加速器"的作用。

### （二）绿色金融市场广阔

我国绿色金融市场发展迅猛。根据中国人民银行数据，截至2020年底，全国绿色贷款余额1.8万亿美元，绿色债券存量约1250亿美元，规模分别居世界第一和世界第二。根据中央财经大学绿色金融国际研究院发布的《中国绿色金融债券市场2020年度分析简报》，2020年，我国境内外发行绿色债券规模累计突破1.4万亿人民币。

### （三）信息基础较好

从供给侧看，信息产业的软硬件蓬勃发展。我国信息产业在全球中也走在前列，在人工智能、大数据、云计算、区块链、5G等新兴技术的研发与应用方面都积极探索，取得先发优势；同时，我国市场规模大，仅仅是金融信息行业体量已达千亿级规模，具备形成行业生态和良性循环。从用户侧看，全民信息与金融素养提升。我国全民信息素养不断提高，不仅是年轻人和中年人，连老年人也普遍使用手机中安装的社交软件进行交流与获取资讯，而嵌入在这些社交软件或手机的快捷支付功能很容易就被人们使用，这已经是在解决人们使用信息服务时遇到的数字鸿沟问题。根据美

国最大的风险基金 KPCB 有关报告,2019 年中国智能手机用户数量已达 3.54 亿,居全球第一。这些智能手机都内嵌摄像头,可以方便扫描二维码或人脸识别,配合指纹识别和 NFC 模块,便于开展支付、转账、理财等诸多银行业务。

### (四)金融科技应用取得很大进展

在全球金融科技浪潮下,我国金融科技应用在移动支付、数字信贷、数字保险等方面取得显著进展。2018 年 11 月,国际知名智库认为中国在移动支付领域领跑全球[①]。2020 年 12 月,中国人民银行党委书记、中国银保监会主席郭树清在新加坡金融科技节上表示金融科技在中国迅猛发展,金融机构数字化转型持续推进,产品和工具应用日益丰富,金融服务的效率和包容性大幅提高。而在中国建设银行的研究[②]中亚洲地区银行金融科技排名领先(见图 1),我国在其中起了重要作用,印证了我国在金融科技领域的领先优势。我国大型银行虽然在金融科技影响力和金融科技投入方面落后于美国,但在金融科技推广、新技术应用和技术研发方面均领跑全球。

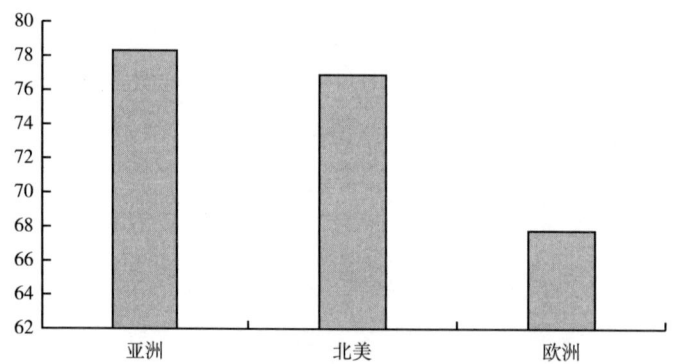

**图 1 G – SIBs 金融科技指数(按洲统计)**

数据来源:中国建设银行研究院,2019.

---

① 李克强向国际金融机构负责人介绍中国移动支付发展情况 [EB/OL]. 中国政府网,2018 - 11 - 08. http://www.cac.gov.cn/2018 - 11/08/c_1123681954.htm.

② 林胜,闫晗,边鹏. 全球系统重要性银行金融科技能力评估研究 [J]. 金融发展研究,2020 (01).

## 三、金融科技支持绿色金融存在重大机遇

### （一）使绿色金融融入金融机构经营活动中

金融机构可以通过大数据、人工智能、物联网、5G 等信息技术将经营活动与绿色金融目标紧密结合。

1. 通过大数据建立环境保护与金融的定量关系

大数据为金融活动提供了更多的数据，有助于实现对环境生态敏感资产的精准评价。世界银行与世界自然基金组织在 2020 年 12 月提出空间金融①（Spatial Finance）的概念，这是一套地理信息驱动的方法，可以用来评价特定商业资产的环境、社会和公司治理（ESG）情况，包括单一公司、母公司、投资组合和国家评级。据了解，世界自然基金组织（WWF）已经建成空间金融信息系统，并为国内某大型银行发放火电站贷款项目提供环境风险评估服务。但是限于该组织是非营利机构，所以无法向金融机构销售这类空间金融系统。

除了卫星定位等空间大数据以外，多功能传感器、摄像头等设备能够在生产现场收集到企业第一手的环保数据，这些数据通过物联网、5G 等通信手段传输到远端的金融机构平台。同时，金融机构平台还可以通过互联网，以开源数据获取等方式收集政务公开的各地环保实时数据以及环保处罚公示文本信息，一同作为"反洗绿"的手段。特别是，还可以采集到国家关于环境保护的政策文本，作为绿色金融合规的依据。

2. 通过人工智能评估绿色金融风险

对于结构化的数据，人工智能可以直接建模评估绿色金融风险。金融资产涉及的环境相关指标数量多、变化快，如果由人工负责，将成为

---

① WWF & WORLD BANK GROUP. Spatial Finance: Challenges and Opportunities in a Changing World. International Bank for Reconstruction and Development / The World Bank, 2020 (12).

不可能的任务，而人工智能正好能帮助解决这类问题，特别是可以借鉴 ESG 领域的实践经验。TruValue Labs 公司较早地实现了 ESG 指标评价的系统化、自动化、实时化，采用机器学习方式对资产的 ESG 评级建模。Arabesque 公司研发了 S-Ray 系统，使用 1000 个相关指标和 100 个核心指标，可以全天全球实时评价 7000 多家上市公司的 ESG 情况。这些自动化的 ESG 工具覆盖绿色金融评价因子，可以用来研发绿色金融领域的智能投顾产品。

对于非结构化的数据，如摄像头数据、卫星定位、文本、图片等大数据，人工智能通过图像识别、自然语言处理、文本挖掘等大数据处理技术将其解析成计算机可以直接分析判断的结构化数据，及时监督企业环境保护指标。这些数据可以在绿色金融融资前作为信用评估依据，在绿色金融融资后作为风险跟踪的抓手。

所有这些数据分析结果最终都可以通过多元线性回归建模和时间序列分析等机器学习方法，从历史数据比对中发现数据可疑点，实现多种来源的数据交叉验证，确保数据真实性，实现"反洗绿"的任务。

### （二）提升绿色金融体系标准化水平

以我国构建金融标准化服务平台为契机，建设绿色金融标准化服务平台，推动绿色金融标准化工作数字化工作。建立绿色金融标准大数据平台，构建标准关键字检索、标准全文检索、标准相关度检索等功能，形成金融标准术语库，提供绿色金融标准多种查询服务，探索机器可读的绿色金融标准。目前，我国金融标准化技术委员会正在积极推进绿色金融标准制定工作，但是国际上还没有单独的绿色金融专项标准，欧盟和 ISO 都是在可持续金融标准下覆盖绿色金融标准，相信我国绿色金融标准即将问世并起到重要作用。在绿色金融标准出台之前，我们可以借鉴 ICT 行业中的常见方式，依靠开源软件平台推动形成实事性的最佳实践标准。我国在 2020 年 6 月成立首家开源基金会——开放原子开源基金会，整合信息行业力量建设国产开源生态，开源软件平台可以成为绿色金融标准落地的潜在场景。

### (三) 推动传统制造业企业绿色化改造

2021年3月，国家发展和改革委员会等13部门发布《关于加快推动制造服务业高质量发展的意见》，明确提高行业绿色化水平，工业互联网正好为传统制造业绿色化改造提供了新的金融契机。国内已有部分工业互联网企业，通过集成5G、人工智能、物联网等多种当前成熟技术，在不影响工厂正常生产的前提下，以"非侵入"方式采集工厂空气排放、噪声、实时电流、进出货物等运转数据，并提供给金融机构用来评估环境风险。更为关键的是，这些采集到的多源数据可以彼此校验，通过机器学习模型来确保数据的真实性，实现"反洗绿"（Anti Greenwashing）[①]审查。金融机构只有在这些数据可信的前提下才会"敢贷、愿贷"[②]，支持制造业转型升级。

### (四) 使绿色金融交易便利化

区块链债券目前已经比较常见，运用区块链债券有机会使绿色金融交易更加便利化。一是债务关系记录在区块中可以确保交易信息的不可篡改性和可追溯性。绿色金融融资存在信息不对称的风险，即资金需求方隐藏信息的道德风险，例如，一些绿色资产在存续期内发生变化，变成非绿色的资产，资金供给方存在被欺诈的风险。区块链技术具有不可篡改的特性，在联盟链环境下，多个金融机构结点都会存储相同的绿色金融融资信息，如果资金需求方擅自修改，必须获得多数甚至全部结点的同意，这就可以确保信息的可靠性，以不可更改的方式记录债券发行方最初的绿色金融承诺，即便二级市场多次交易，投资人总是能详细了解资产的绿色信息。二是区块链技术具有良好的可分性。通过分布式记账（DLT）可以方便将固定金额债券打散后销售，在二级市场中也更加容易找到小额买家，提升交

---

[①] Kadri‐Mai Kuldkepp, Mariel Luuk Karl Partel, Triin Killing. Anti‐greenwashing: the Green Mythbusters. Pioneers, 2020.

[②] 刘鹤主持召开国务院促进中小企业发展工作领导小组第七次会议［EB/OL］. 中国政府网，2021‐01‐21.

易市场活跃度，促进绿色金融定价走向更加合理。三是防范绿色金融债券在存续期内出现破坏环境的情况。通过区块链跟踪债券资金使用情况[①]，用它来追溯绿色金融债务的环境保护承诺，可以使投资人随时掌握债券的环保风险，从而实现对绿色金融债务承诺的全生命周期追责。

## 四、相关启示

### （一）期待金融业抓住绿色金融契机，升级数字化经营能力

一是积极参与中国环境与发展国际合作委员会等机构的研究工作[②]，在该委员会合作框架下试点开展可持续发展与生物多样性的压力测试。通过自动化技术降低压力测试的工作量，提前发现我国金融业资产存在的潜在风险，优先考虑采用金融科技的方法来缓释风险。二是研发运用空间金融信息系统，防范绿色金融风险。与北斗系统等全球地理信息定位企业合作，对环保敏感地点进行标签化登记，当有新增贷款项目申请时，系统自动评估项目的环境风险，对环境风险提前预警。三是将金融科技嵌入到工业互联网中，支持制造业企业绿色化改造。通过将5G集成到工业互联网数据采集设备内，解决近场通信痛点，避免工厂厂房实施现场网络改造，同时，金融机构通过远程通信可以实时掌握工厂车间的环保数据，包括工业企业的排放、排污等诸多环境监测数据，并以此作为"反洗绿"手段，判断是否对企业绿色化改造进行融资。四是推广区块链技术，发展绿色金融债券。以区块链的方式建设绿色金融"朋友圈"。发挥区块链债券可分拆的优势，活跃绿色金融债券交易市场，增加债券交易流动性；利用区块链溯源功能追踪资金具体投向，提高绿色金融债券透明性，方便投资人更加高效地筛选绿色资产。五是在绿色金融中积极应用隐私保护技术，保障

---

① 张纯信. 全球资本市场与经济形势论坛圆桌对话［EB/OL］. 复旦大学泛海国际金融学院，2021-01-27.

② 马春峰，边鹏. 抓住难得的时代机遇 打造国际化绿色银行［J］. 现代商业银行导刊，2007（11）：29-31.

企业数据安全。目前中国人民银行金融数据综合应用试点在14个省市进行试点，所涉及的多种隐私保护技术，如多方安全计算、联邦学习、同态加密等，虽然这些技术还不成熟，但从全球来看，我国在隐私保护技术的专利、市场规模等方面有一定优势，有机会在该技术领域走在世界前列，而且该类技术将影响到金融科技的未来走势。期待金融数据综合应用试点能够加快解决隐私保护技术中"安全、效率、准确"的不可能三角问题。

### （二）期待更多政策推动金融科技支持绿色金融发展

一是加强政策引导。在金融业"十四五"有关规划中鼓励金融科技支持绿色金融的发展。重点建设节能型金融大数据中心，大力研发并推广低功耗芯片，节省能源的同时，有效延长电池寿命，降低环保压力。在产品创新方面，鼓励发展基于ESG数据的智能投顾，实时更新投资组合。二是金融业与信息产业形成合力。在国产开源社区平台开辟绿色金融专区，研发空间金融信息系统、基于ESG的智能投顾等绿色金融相关开源软件，对接金融机构与软件厂商，通过透明化的社区，切实提升我国绿色金融软件水平，增强我国金融软件的供应链韧性。

### （三）希望国际环保组织秉持开放思维，加强前瞻性研究

一是尝试金融科技的开源应用。虽然金融机构目前可以自行研发空间金融信息系统，但是重复研发增加了金融机构成本，延长了见效时间。希望世界自然基金组织等国际组织可以将自有空间金融软件开源出来，例如开源到我国的原子开源基金会，供金融机构直接使用或者二次开发后使用。二是加强绿色金融的前瞻性研究。全球都在发展支持农业包括畜牧业的金融业务，但当金融科技支持越来越有效时，获得支持的农业对象（如某个牛物品种）将越来越繁荣，会不会压缩其他生物的生存空间，从而降低生物多样性，这方面还需要环保组织未雨绸缪，开展进一步专业研究。

**科技创新案例五：**

# 利用金融科技支持制造业中小企业发展
## ——关于破解制造业中小企业金融困境的思考

中国建设银行研究院研究员　边　鹏

我国对小微企业贷款保持了较高的增长态势，截至 2021 年 11 月末，全国银行业普惠型小微企业贷款约 18.73 万亿元，同比增长 24.1%。但是，我国制造业里还有大量介于微型企业和大型企业之间的"夹心层"——中小企业，他们依然存在很多无法满足的资金需求[1]。在工业互联网浪潮下，金融科技有条件、有能力破解制造业中小企业存在的金融困境——经营数据获取难、共享难，通过实时获取和深度分析企业经营的多维数据，建立基于企业"主体信用"、交易"数据信用"的多方互信机制，促进商业数据流通[2]，更好地支持实体经济发展。

## 一、制造业中小企业的金融困境：
## 经营数据获取难和共享难

国际货币基金组织（IMF）报告[3]显示：金融科技能更好地服务中小企

---

[1] 李克强主持召开国务院常务会议 部署进一步采取市场化方式加强对中小微企业的金融支持 确定加大对制造业支持的政策举措 促进实体经济稳定发展［EB/OL］. 新华社，2021 − 12 − 15.
[2] 国务院办公厅. 国务院办公厅关于印发要素市场化配置综合改革试点总体方案的通知［EB/OL］. 中国政府网，2022 − 01 − 06.
[3] Yiping Huang, et al. Fintech Credit Risk Assessment for SMEs: Evidence from China. IMF Working Paper, 2020（09）.

业,只要拥有企业经营信息,就可以在风险评估中补充或替代信用记录,允许没有银行历史数据的中小企业借贷。而当前我国制造业中小企业存在经营数据获取难、共享难。

## (一) 企业难以全面获取自身的经营数据

获取经营数据的前提是企业经营实现数字化,企业要首先实现工业互联网化,但目前制造业中小企业经营者自身往往都很难全面掌握企业的经营数据。

1. 制造业中小企业应用物联网技术时成本较高

国内外企业竞争背后反映出国家之间制造业控制权之争。物联网成本高的核心在于设备数据控制权与工厂场景控制权的争夺,表面上看是工业互联网领域设备厂商与企业主(生产场景)之间的价格博弈,其实是国外高新技术设备厂商与中国生产制造中心之间的竞争,是技术竞争也是综合国力竞争。

2. 国家支持工业互联网改造的补贴资金难以支持中小企业

目前地方政府代替中小企业采购权的工业互联网政策资金集中采购存在问题,无法实现工业互联网行业百家争鸣,在容易产生垄断可能性的情况下,增加政策资金落实用处的风险,还使整个工业互联网化进度阻塞于少数几家企业的服务能力上,集中采购采取的一对多服务模式如同独木桥的串行,降低了中小企业数字化转型的速度。

3. 底层技术日趋成熟,但行业化的门槛高

随着技术不断成熟,物联网本身的成本已经不高,关键是适配于具体的行业场景,工业互联网必须聚焦行业去做,要在每个细分行业打造行业龙头,才会把数字化转型的路越走越宽,因此导致工业互联网的行业化进度缓慢。

4. 工业环境复杂恶劣,影响传统工业企业互联网化

通常而言,制造业工厂的环境复杂恶劣,而且中小企业工厂更是电子化程度普遍较低,大量使用机械仪表。如果更新成电子仪表,成本动辄百万元

计,不具有可行性,相当多的传统设备仪表都是指针型,甚至部分工厂用电数据没有监控仪表,对仪表数据的识别存在通信、水雾和粉尘等问题。通信问题主要是影响中场、近场通信,特别是钢筋框架或金属网罩较多的工厂更加麻烦。水雾和粉尘是常见的工厂仪表问题,都会影响图像识别的效果。

## (二) 企业难以共享经营数据给金融机构

企业将经营数据共享给金融机构,才可能获得金融资源支持,但这些数据的可靠性和权属问题依然存疑。

### 1. 工业互联网数据可靠性还需要进一步评估

主观上,企业主为了获取金融资源,担心金融机构不愿意在其经营数据变差时"雪中送炭",从而存在对经营数据消极提供甚至造假的动机;客观上,我国失信与造假成本仍然过低,企业主仍有冲动去突破这些管理底线约束。这两方面也共同导致了金融风控体系的最薄弱环节——数据失真。随着物联网[1]、区块链[2]等技术的逐步成熟,在数据采集、存储、传输、应用过程中存在错误与失真的可能性会不断降低,但是如果工业互联网及相关数据仍然由企业方完全独占而无法打破企业边界,那么依然无法从源头上清除人为造假可能。

### 2. 工业互联网数据权属问题影响金融机构介入

如果金融机构在无法确定数据权属的情况下使用数据,可能会存在合规风险,阻碍金融机构合法使用企业经营数据开展信用评价。数据所有权存在多种可能,包括但不限于企业主、供应链上的核心企业、金融机构、政府机构等,主要取决于采购工业互联网设备时的合同约定。企业主为了加强对工厂现场管理,可能会部署工业互联网设备来实现实时监控,这时数据属于企业主。供应链上的核心企业可能要求下游企业安装,以锁货锁定销售价格,也可能要求上游企业安装,制定灵活的采购政策,如账期、

---

[1] 宋华,刘文诣. 供应链多技术应用研究综述 [J]. 供应链管理,2021 (01).

[2] 宋华,杨雨东,陶铮. 区块链在企业融资中的应用:文献综述与知识框架 [J]. 南开管理评论,2021 (9).

优先排产、优先排物流、折扣等，实现产能分配的最优，扩大市场份额，打击竞争对手，这时数据属于核心企业。政府机构可以要求中小企业安装，以制定税收等优惠政策，这时数据属于政府机构。

## 二、以非侵入式技术与方法，降本增效，消除制造业中小企业经营数据获取和共享痛点

传统制造业中小企业在转型升级工业互联网的过程中，往往会遇到成本高、周期长、影响产能等一系列问题，尤其是以引入境外生产设备为主的行业，单个企业的内部数字化和整个行业的外部互联网化进程，将无法自主掌控。为此，如果能够综合集成多种当前成熟技术，通过不影响工厂正常生产的"非侵入"方式，采集工厂运转数据①供金融机构分析评估使用，同时降低企业现有改造成本，提高工业互联网的效能，将会为我国工业互联网发展开辟出一条新路。

### （一）非侵入技术支持经营数据的可负担获取

1. 集成5G和移动电源，避免现场网络和电路施工

我国通信技术发展迅速，特别是5G的发展日趋成熟，工业互联网的远场通信技术下沉，可以取代近场通信。通过将5G集成到工业互联网数据采集设备内，解决近场通信痛点，避免工厂厂房实施现场网络改造。工厂电缆布线要求各不相同，通过集成电源设备，可以避免现场接线甚至电缆布线改造。

2. 客户化定制安装套件与夹具，方便系统自动与现场工人读取工厂数据

根据行业和制造业设备，定制安装套件与塑料夹具，将数据采集设备以可拆卸的形式固定在工厂仪表上，在防尘、防水雾和防震的前提下，通

---

① 纪志宏. 践行新发展理念 扎实推进普惠金融高质量发展［D］. 2021金融街论坛年会，2021 - 10 - 21.

过摄像头图像识别实现自动化读取工厂仪表数据,同时,工厂工人也可以将其方便取下,用人眼识别数据,使原有工厂流程不被中断。

3. 通过边缘计算"反算"生产数据

对于连指针型仪表都没有的工厂,通过在电缆等设备上卡环放置传感器,再结合边缘计算,可以反向测算电流数据,实现非侵入式的数据采集。

### (二)智能技术赋能经营数据的可信共享

1. 以人工智能技术,交叉验真多传感器数据真实性

用人工智能技术验证工厂经营数据的真实性,将多源传感器收集的数据进行交叉检验,根据机器学习对历史数据进行学习建模,把传感器数据与工厂实际产能进行关联匹配,判断工厂工人记录的生产数据是否真实。

2. 以"智能合约+契约"的方法,赋权金融机构分析、评估中小企业数据

我国正在借鉴国际经验,加大个人信息保护力度①,2021年6月、8月我国相继出台了《中华人民共和国数据安全法》和《中华人民共和国个人信息保护法》。在这种环境下,一方面金融机构可以制定严格的数据使用与保密协议,如果中小企业同意安装有关数据采集设备,金融机构就可以评估企业真实经营情况,开展贷前评估和贷后管理,以合法合理的方法获得数据的使用权。另一方面,对于中小企业担心金融机构不愿意"雪中送炭"的困境,可以采取区块链智能合约的方式,约定经营数据指标与贷款匹配关系,由区块链智能合约自动触发执行。以利益驱动企业放弃独占经营数据,自愿打破企业边界,确保"(企业)数到(银行)钱来",而金融机构不会"见死不救"。

3. IT软硬件的供应链韧性有保障

这套解决方案不仅能解决金融支持制造业中小企业发展问题,同时也

---

① 易纲. 易纲行长在2021年香港金融科技周上的视频演讲[EB/OL]. 中国人民银行官网,2021-11-03.

能缓解供应链韧性问题。目前,方案涉及的约95%物联网设备已经实现国产化,约5%的物联网设备也有国产化替代方案。物联网设备已有较多国内供应商,例如"新大陆""有人物联网""远望谷""中瑞思创"等已经可以满足这套非侵入式技术与方法。

## 三、以嵌入式金融服务提升制造业中小企业的竞争力

### (一)对产业政策的建议

**1. 重视中小企业的工业互联网改造升级,通过支持信息服务商加速工业互联网进度**

工业互联网的政策性补贴不仅要对核心企业"锦上添花",更要向中小企业"雪中送炭";加强对工业互联网服务商的补贴通道,不仅补贴工厂企业帮助其实现产业数字化,更要补贴相关服务商,加速数字产业化进程。

**2. 灵活使用政府之手与市场之手,更有效地激发中小企业自主性**

建议适当放松目前代替制造业中小企业采购权的政策资金集中采购控制,让企业自己选择工业互联网服务商与服务内容,地方政府制定标准,对于优秀工业互联网改造项目给予奖励和政策补贴。

**3. 金融科技相关发展规划政策要重点支持制造业中小企业**

工业互联网平台的搭建与B2C平台的搭建不一样,各个行业之间差别巨大,例如生产袜子的工厂与钢铁工厂差异巨大,金融科技服务实体经济也应该聚焦细分行业,金融大数据技术的应用也应该建模于细分行业的基础上。建议我国丰富金融科技相关政策引导,如在金融业"十四五"规划、金融业信息化"十四五"规划中鼓励金融科技支持制造业中小企业。

### (二)对金融业的建议

**1. 将中小企业贷后管理与工业互联网数据结合,防范风险,降本增效**

据了解,江苏银行某分支机构使用工业互联网数据开展贷后管理后,

降低了银行客户经理80%的工作量。建议金融业加强对工业互联网行业的纵深分析，以银行贷后智能监管切入，增强对企业真实经营情况的洞察，减少银行客户经理贷后管理的人力成本，提高贷后管理效率，防范贷后风险。

2. 创新贷前信用评估手段，支持制造业中小企业发展，支持我国制造业升级

建议以前瞻性思维定位工业互联网数据对降低信息不对称的价值，降低对制造业中小企业授信门槛。在合法合规和签订数据获取协议的前提下，根据工业互联网交叉验证的工厂历史数据、实时数据、工厂周边多源异构数据等，以新模型预测评估中小企业的非抵押型授信，审慎开展智能合约等金融科技创新，通过支持制造业中小企业发展，助推我国制造业升级。

3. 支持金融系科技子公司加快布局参与工业互联网建设，深度赋能中小企业数字化转型

建议纵向深度介入企业数字工厂建设。将金融领域领先的人脸识别、人工智能、反欺诈等技术和组件运用于企业的应收应付账款、票据管理、人力资源管理、差旅报销、办公采购等场景，优先研发远程协同办公、财务管理ERP系统、供应商管理等系统，优先解决中小企业内部管理痛点。横向与头部工业互联网平台对接。发挥"金融+科技"的复合优势，并对内打通社会化平台，达到互相引流、协同服务的效果；同时，利用国有大行的行业资源储备和企业数据积累，优先帮助先进制造业上下游企业找投资、找技术、找服务、找项目，推动产业链升级再造，助力我国制造业抢占全球创新制高点。

# 参考文献

［1］黄毅. 金融科技引领战略转型：国际大型银行实践［M］. 北京：中国发展出版社，2020.

［2］《新时代金融机构党建工作与创新》编写组. 新时代金融机构党建工作与创新［M］. 北京：中共中央党校出版社，2019.

［3］人民日报. 习近平：深化金融供给侧结构性改革 增强金融服务实体经济能力［R/OL］.（2019－02－23）［2022－05－12］. https：//baijiahao. baidu. com/s？id＝1626244459364064398&wfr＝spider&for＝pc.

［4］央视网. 习近平在全国金融工作会议上强调 服务实体经济防控金融风险深化金融改革 促进经济和金融良性循环健康发展［R/OL］.（2017－07－15）［2022－05－12］. http：//news. cctv. com/2017/07/15/artis8y3 hkpw8pei2qpde5be170715. shtml.

［5］中国政府网. 防范金融风险 服务实体经济——解读中共中央政治局集体学习维护国家金融安全［R/OL］.（2017－04－27）［2022－05－12］. http：//www. gov. cn/xinwen/2017－04/27/content_5189180. htm.

［6］中国政府网. 中共中央 国务院 关于完善国有金融资本管理的指导意见［R/OL］.（2018－07－08）［2022－05－12］. http：//www. gov. cn/zhengce/2018－07/08/content_5304821. htm.

［7］中国人民银行. 中国金融稳定报告（2020）［R/OL］.（2020－11－06）［2022－05－12］. http：//www. pbc. gov. cn/goutongjiaoliu/113456/113469/4122054/index. html.

［8］中国政府网. 刘鹤主持召开国务院金融稳定发展委员会第五十次

会议［R/OL］.（2021-04-08）［2022-05-12］. http：//www. gov. cn/guowuyuan/2021-04-08/content_5598472. htm.

［9］新华网. 国家外汇局党组理论学习中心组集体学习研讨习近平总书记关于金融工作重要论述精神［R/OL］.（2022-04-27）［2022-05-12］. http：//www. xinhuanet. com/politics/2022-04/27/c_1211641542. htm.

［10］前瞻产业研究院. 中国科技金融服务深度调研与投资战略规划分析报告［R］.